福建省社会科学规划项目"闽西南协同发展区物流协同发展的动态测度、联动机制与提升路径研究"（编号：FJ2019B103）

厦门市社会科学调研课题（重大项目）"推动闽西南协同发展区加快发展的对策研究"（编号：厦社科研[2020]A05）

资助

闽西南协同发展研究：
动态评价、影响因素与提升路径

邱洪全 著

图书在版编目(CIP)数据

闽西南协同发展研究:动态评价、影响因素与提升路径/邱洪全著.—厦门:厦门大学出版社,2021.8
ISBN 978-7-5615-8273-2

Ⅰ.①闽… Ⅱ.①邱… Ⅲ.①区域经济发展—协调发展—研究—福建 Ⅳ.①F127.57

中国版本图书馆 CIP 数据核字(2021)第 123586 号

出 版 人	郑文礼
责任编辑	施建岚
封面设计	李嘉彬
技术编辑	朱 楷

出版发行 *厦门大学出版社*

社　　址	厦门市软件园二期望海路 39 号
邮政编码	361008
总　　机	0592-2181111　0592-2181406(传真)
营销中心	0592-2184458　0592-2181365
网　　址	http://www.xmupress.com
邮　　箱	xmup@xmupress.com
印　　刷	厦门市青友数字印刷科技有限公司

开本	720 mm×1 000 mm　1/16
印张	14
插页	2
字数	250 千字
版次	2021 年 8 月第 1 版
印次	2021 年 8 月第 1 次印刷
定价	58.00 元

本书如有印装质量问题请直接寄承印厂调换

厦门大学出版社
微信二维码

厦门大学出版社
微博二维码

前 言

改革开放40余年来,我国经济和社会发展取得举世瞩目的伟大成就,一跃成为世界第二大经济体,社会民生持续向好,创新动能逐渐凸显,生态环境不断改善,社会治理能力显著提升。但是,在新形势和新常态下,面对百年未有之大变局,尤其是中美贸易摩擦背景下,全球贸易保护主义思潮抬头,逆全球化倾向初见端倪,为区域经济和社会发展蒙上阴影。如何突破纷繁复杂和风云变幻的外部环境制约,需要打破传统思维方式,另辟蹊径,通过区域协同发展、创新驱动和构建国内国外双循环的新发展格局等激发内部发展动力,建立内生增长机制,才能推动我国经济和社会持续高质量发展。

近年来,随着京津冀协同发展、长三角一体化、粤港澳大湾区等建设上升为国家战略并得到快速发展,成为经济发展最活跃、创新动能最强劲的区域增长极,成为驱动区域经济、社会和创新发展的重要引擎和动力源,带动其他协同发展区、城市群、经济带的迅速崛起,逐渐形成以跨省域协同发展区为核心,省内跨市域协同发展区为发展轴的多层次、立体化的区域协同发展新格局。学界和业界对区域协同发展的理论研究和实践探索也不断深入,取得丰硕的成果,但是这些成果主要聚焦于跨省域协同发展区和城市群领域,尤其是对京津冀、长三角、粤港澳方面的研究已经比较系统和深入。但是,对省内跨市域的协同发展区的研究和探索却少之又少,难以有效指导迅速崛起的省内跨市域协同发展区的建设实践。为此,针对省内跨市域协同发展区的实际情况,深度探究其内在协同机理,构建其动态评价指数体系,识别其关键制约与影响因素,建立其联动机制和探索其提升路径具有十分重要的理论意义和实践价值。

本书以区域协同发展和高质量发展理论为研究视角,运用复杂系统协同理论对闽西南协同发展的内在运行机理、动态评价体系、关键影响与制约因素、高质量发展逻辑结构、联动机制与提升路径等进行系统、深度阐述和探讨。本书内容共九章,具体安排如下:

第一章,绪论。本章围绕引出本书具体研究内容展开,包括区域协同发展的研究背景与研究意义;对现有研究成果进行梳理和总结,分析现有研究存在的不足与缺陷,提出本研究的贡献和价值;对本书的研究思路、主体研究内容、采用的研究方法和本书的主要创新点等进行阐述。本章在全书中起到一个概览的效果,起到一个引导出本书后续内容的作用。

第二章,区域协同发展的理论概述。本章对区域协同发展的相关概念进行界定和内涵阐释,并对区域协同发展相关的复杂系统理论、耗散结构理论、协同学理论、高质量发展理论进行概述。本章内容是本书内容框架的理论依据和理论指导,起到一个理论统领的作用。

第三章,闽西南协同发展区概况。本章对闽西南协同发展的历史与现状进行描述和概括,包括闽西南协同发展的历史演化、闽西南协同发展区概况、闽西南协同发展的基础与条件、闽西南协同发展区建设的举措与成就四块内容。本章内容是对本书的研究对象进行总体介绍,起到一个描述研究对象的作用。

第四章,闽西南协同发展的动态评价。本章综合运用哈肯协同理论、层次分析法和熵值法等构建闽西南协同发展区高质量协同发展指数的测度模型,在采集相关数据的基础上对闽西南协同发展指数进行实证测算,并分析其空间分异与时序演化特征。本章内容是对研究对象进行系统、动态的评价,起到测评的作用。

第五章,闽西南协同发展的影响因素识别。本章运用DEMA-TEL-AHP理论方法对影响闽西南协同发展的因素进行识别,将相关指标因素划分为原因型指标因素和结果型指标因素,结果发现创新投入、产业结构、政策开放、经济增速、人才开放、绿色投入六个指标因素成为强原因型指标因素,成为影响闽西南协同发展的关键因素。本章内容是对研究对象的内在研究机理进行识别,起到认知影响机理的作用。

第六章,多维邻近性、空间关联与闽西南高质量协同发展。本章构建了多维邻近性、空间关联与区域高质量协同发展之间的逻辑框架模型,运用空间计量分析方法实证研究了多维邻近性对区域空间关联以及区域空间关联对区域高质量协同发展的影响。本章内容起到认知研究对象逻辑机理的作用。

第七章,闽西南协同发展的联动机制。本章建立了闽西南协同发展联动机制的框架体系,从动力机制、运行机制、协调机制和保障机制四个维度阐述闽西南协同发展联动机制的核心内涵,并对其具体内容进行详细阐述和设计。本章内容起到建立区域协同联动机制的作用。

第八章,闽西南协同发展的困境与提升路径。本章结合闽西南协同发展区建设的实际情况,从多维度、多视角和多层面分析闽西南协同发展的困境,并从政策与府际关系层面,基础设施互联互通层面，产业布局与规划层面，区域统一市场建设层面，区域协同创新体系构建层面，区域公共服务体系共享层面，区域中心城市的引领、辐射与带动作用层面，发挥对台沟通、交流与互动优势层面提出具有针对性和可行性的提升路径。本章内容起到提供发展路径和策略的作用。

第九章，结论与展望。对本书的研究内容和研究成果进行总结，并对区域协同发展的研究进行展望，提出需要进一步研究的选题方向。

由于笔者学识与能力有限，理论积累不足，相关资料、数据难以全面采集，本书还存在诸多不足和局限，还有待在将来的研究中进一步深入和完善。此外，鉴于研究水平、研究条件和研究基础有限，书中不足和错误之处在所难免，恳请各位专家学者和读者批评指正，本人定当虚心接受并一一改正。

邱洪全
2021 年 4 月

目 录

第一章　绪　论　　　　　　　　　　　　　　　　　　　　/ 001 /
　第一节　研究背景与意义　　　　　　　　　　　　　　　/ 001 /
　第二节　研究现状与评述　　　　　　　　　　　　　　　/ 006 /
　第三节　研究思路与主要内容　　　　　　　　　　　　　/ 016 /
　第四节　研究方法与主要创新点　　　　　　　　　　　　/ 020 /

第二章　区域协同发展的理论概述　　　　　　　　　　　　/ 022 /
　第一节　相关概念界定　　　　　　　　　　　　　　　　/ 022 /
　第二节　复杂系统理论　　　　　　　　　　　　　　　　/ 028 /
　第三节　耗散结构理论　　　　　　　　　　　　　　　　/ 034 /
　第四节　协同学理论　　　　　　　　　　　　　　　　　/ 037 /
　第五节　高质量发展理论　　　　　　　　　　　　　　　/ 042 /
　第六节　本章小结　　　　　　　　　　　　　　　　　　/ 047 /

第三章　闽西南协同发展区概况　　　　　　　　　　　　　/ 048 /
　第一节　闽西南协同发展的历史演化　　　　　　　　　　/ 048 /
　第二节　闽西南协同发展区概况　　　　　　　　　　　　/ 053 /
　第三节　闽西南协同发展的基础与条件　　　　　　　　　/ 058 /
　第四节　闽西南协同发展区建设的举措与成就　　　　　　/ 067 /
　第五节　本章小结　　　　　　　　　　　　　　　　　　/ 071 /

第四章　闽西南协同发展的动态评价　　　　　　　　　　　/ 072 /
　第一节　区域协同发展测度的研究现状　　　　　　　　　/ 072 /
　第二节　评价指标选取　　　　　　　　　　　　　　　　/ 074 /
　第三节　评价指标权重确定　　　　　　　　　　　　　　/ 080 /
　第四节　动态协同评价模型构建　　　　　　　　　　　　/ 087 /

第五节 实证分析 / 087 /
第六节 本章小结 / 098 /

第五章 闽西南协同发展的影响因素识别 / 099 /
第一节 DEMATEL 简介 / 099 /
第二节 实证研究 / 106 /
第三节 结果分析 / 110 /
第四节 本章小结 / 115 /

第六章 多维邻近性、空间关联与闽西南高质量协同发展 / 116 /
第一节 相关研究综述 / 116 /
第二节 理论框架 / 119 /
第三节 变量测度与数据来源 / 123 /
第四节 空间计量模型及结果分析 / 130 /
第五节 研究结论与启示 / 137 /
第六节 本章小结 / 140 /

第七章 闽西南协同发展的联动机制 / 141 /
第一节 联动机制的框架体系 / 141 /
第二节 动力机制 / 148 /
第三节 运行机制 / 158 /
第四节 协调机制 / 161 /
第五节 保障机制 / 169 /
第六节 本章小结 / 171 /

第八章 闽西南协同发展的困境与提升路径 / 173 /
第一节 闽西南协同发展的困境分析 / 173 /
第二节 闽西南协同发展的提升路径 / 186 /
第三节 本章小结 / 200 /

第九章 结论与展望 / 202 /
第一节 研究结论 / 202 /
第二节 不足与展望 / 203 /

参考文献 / 205 /

第一章 绪 论

第一节 研究背景与意义

一、研究背景

(一)区域社会发展动能转换

改革开放40余年来,在政策利好、资源驱动、人口红利和对外开放等多重因素叠加下,我国区域经济和区域社会得到快速发展,取得了举世瞩目的光辉成就。在改革开放的进程中,各区域发展呈现不均衡性和差异性,深圳、珠海、汕头、厦门和海南五个经济特区成为我国改革开放的试验田和示范点,成为我国经济腾飞的"星星之火"。进入21世纪后,随着我国加入世界贸易组织(WTO),东部沿海城市通过发展外向型经济迅速崛起,成为我国最具活力和动力的区域。但是,2008年美国爆发次贷危机以来,随着土地、劳动力、原材料等资源成本的不断上涨,出口导向的外向型经济受到巨大的冲击,在一定程度上弱化了东部沿海城市的发展动能,需要探求经济和社会转型升级的新驱动力。根据国家政策的统一部署,将我国经济和社会发展定位为"新常态",认为社会发展的动能已经从"资源驱动""要素驱动"转向"创新驱动""协同驱动",创新与协同已经成为区域经济、社会、文化、民生、生态协调发展的新引擎和新动力,并实施了与之相对应的发展战略。

在推动我国经济和社会协调发展的历史进程中,国家先是制定了西部开发战略、中部崛起战略、振兴东北老工业基地和产业转移战略等,以缩小东部、中部和西部之间的发展差距;然后是将京津冀协同发展区、长三角一体化、粤港澳大湾区等上升为国家战略,在其带动下,协同发展区、城市群、经济一体化等协同发展区域不断涌现,成为推动我国区域经济和社会转型升级和协调发展的新动能。党的十九大报告明确提出"实施区域协调发展战略"作为新常态背景下"贯彻新发展理念、建设现代化经济体系"的重大举措之一,通过打破传统行政区域治理体系的地方本位主义和保护主义,从整体性、全局性、动态性和开放性的视角优化区域内部的资源和要素配置,运用创新思维从组织、制度、政策、文化、产业、民生、生态等多维度改进区域之间的合作与协同模式,使区域协同发展从初级到高级、从无序到有序、从竞争到协作动态演化,形成"互惠共生、协作共赢"的良好局面,构建"1+1>2"的内生增长机制,促进区域经济、文化、社会、生态、创新等系统的稳定、有序、和谐与可持续发展。

(二)多层次区域协同发展格局形成

随着全球化和区域一体化的不断推进,不管是世界区域合作还是我国区域协同发展都取得长足进步。尽管在美国贸易战的影响下,逆全球化的风声鹊起,但是全球化和区域一体化的趋势不可逆转,并逐渐形成了多层次、立体化的区域协同发展新格局。

首先是跨国的区域经济协同发展不断取得突破,呈现多级态势,除了欧盟(EU)、北美自由贸易区(NAFTA)、中国-东盟自由贸易区(CAFTA)、美洲自由贸易区(FTAA)、全面与进步跨太平洋伙伴关系协定(CPTPP)和巴拿马科隆自由贸易区外,2020年11月正式签署的区域全面经济伙伴关系协定(RCEP),有15个成员国、22.7亿人口,GDP超过26万亿美元,出口总额高达5.2万亿美元,均占全球30%左右,经济规模占全球比重超过全面与进步跨太平洋伙伴关系协定(CPTPP)。RCEP的签署对构建开放型世界经济、支持多边贸易体系、促进地区经济一体化具有十分重要的作用和贡献。

其次是跨省的区域协同发展逐渐成为引领我国经济和社会高质量发展和协调发展的引擎和动力,京津冀协同发展、长三角一体化、粤港澳大湾区等国家区域发展战略不断得到实施,为跨省区域协同发展注入强心剂,极大地推动了跨省城市群的发展,先后诞生了长三角城市群、珠三角城市群、长江中游城市群、京津冀城市群、成渝城市群、哈长城市群、辽中南城市群、天山北坡城市群、呼包鄂榆城市群、山东半岛城市群、山西中部城市群、兰州-西宁城市群、宁夏沿黄城市群、关中平原城市群、中原城市群、海峡西岸城市群、黔中城市群、滇中城市群和北部湾城市群等。

再次是省内协同发展区在跨省区域协同发展的带动下异军突起。近年来,涌现了大量的省内协同发展区。如闽西南协同发展区、闽东北协同发展区、长株潭城市群、辽中南城市群、关中平原城市群、山东半岛城市群、武汉城市群、广佛同城化、成德绵一体化、宁镇扬一体化、汕潮揭一体化、珠中江经济圈、合淮同城化、马芜铜经济圈、珠三角一体化、广西北部湾经济区、贵遵安同城化、锡澄协同发展区、深莞惠一体化、环鄱阳湖城市群、滇中城市群、乌昌石城市群、呼包鄂城市群、太原城市群、南宁城市群等。由此,逐渐形成了跨国协同发展区、跨省协同发展区、省内协同发展区的多层次、立体化的区域协同发展格局。

(三)区域协同发展"福建方案"实施

福建省地处东南沿海,与台湾隔海相望,地理区位优越。改革开放40余年来,福建经济得到快速增长,尤其是沿海的福州、厦门、泉州,在"出口导向型"经济的带动下,取得了长足的发展。但是在经济发展新常态下,沿海城市的经济发展动能受到一定的冲击,尤其是在当前中美贸易战悬而未决的情况下,外向型经济的发展前景存在较大的不确定性,一方面,产业战略转移、区域核心城市向纵深方向辐射和渗透,培育多个增长极的"多级"格局已经成为新的发展模式与发展理念;另一方面,由于闽东南沿海地区经济迅速崛起,而闽西北地区相对落后,各城市之间发展的不平衡性日益凸显,核心城市的引领带动功能不足,不同城市之间协同与均衡发展的需求十分迫切。与此同时,在长三角一体化和粤港澳大湾区建设加快部署,抱团取暖之势越来越凸显的大环境下,福建省正好处于两大区域的"夹击"中,呈现逐渐被孤立和边缘化的风险。在此背景下,福建省政府高瞻远瞩、审时度势,于2018年适时提出"闽东北协同发展区"和"闽西南协同发展区"的战略规划和布局,构建区域协调发展的"福建方案",为福建区域的协同发展注入新活力和新动力,为福建经济、社会、文化、民生、生态和创新等系统的稳定、有序、和谐与可持续发展指明了新方向和新思路。

闽西南协同发展区办公室于2018年10月16日在厦门挂牌成立,使得闽西南协同发展进入实质性运作阶段,为推动闽西南协同发展和高质量发展注入新的活力和动力。近年来,闽西南协同发展在厦漳泉同城化、厦门龙岩山海协作经济区的基础上,通过强化顶层设计、政策主导、项目带动、资源融合等方式构建立体化、多层次的区域协同发展理论框架和实践体系,尤其是在2019年5月,《闽西南协同发展区发展规划》发布实施,标志着闽西南协同发展向更深、更广、更精细融合的方向迈进,闽西南协同发展的前景广阔、未来可期、意义深远。

二、研究价值与意义

(一)研究价值

本书的研究将以国家和福建省委、省政府的政策为指引,运用区域协同发展的相关理论和工具对闽西南协同发展开展实证研究,本书的研究具有以下几个方面的研究价值。

1.契合国家和省委、省政府的战略规划和政策指向。在经济发展新常态下,国家和福建省委、省政府都将区域协同发展作为驱动创新发展和高质量发展的重要引擎和动力源。闽西南协同发展是福建省委、省政府践行国家区域协同发展战略的重要探索,也是闽西南区域均衡发展与共生发展的正确选择。本书的研究是执行国家和省委、省政府关于区域协同发展战略和政策的重要组成部分,在理论和实践层面都具有重要的研究价值。

2.丰富和充实区域协同发展的理论框架和实践体系。本书从研究对象、研究内容、研究视角、研究方法等方面都对现有研究进行了拓宽、延伸和突破,丰富和充实了现有理论框架;且本书针对闽西南协同发展区的实际情况开展研究,针对性强且可行性高,丰富和充实了区域协同发展理论在省内区域协同发展实践中的运用和推广。

3.为政府部门制定区域协同发展政策提供依据和参考。闽西南协同发展是一项新课题,无法复制京津冀、长三角或粤港澳等区域的成功经验。本书的研究将区域协同发展的理论体系与闽西南协同发展区的实际情况相结合,提出推动闽西南协同发展的具体对策建议,为政府部门制定区域协同发展政策提供依据和参考。

4.有助于构建多层次、立体化的区域协同发展网络体系。区域协同发展的地域范围是广泛的,可以是跨国(地区)区域、省域区域、市域区域、县域区域等。但是目前理论研究和实践探索的重点在省域区域协同发展层面,而市域区域和县域区域协同发展研究缺位,本书的研究将有助于填补这方面的缺失,有助于构建多层次、立体化的区域协同发展网络体系。

(二)研究意义

1.理论意义

本研究的理论意义主要体现在以下方面:(1)拓展和延伸区域协同发展理论体系的研究范畴和实践边界。目前绝大多数关于区域协同发展领域的研究对象都是针对跨省区域,而以省内区域为研究对象的研究非常少,因此本书的研究可以在一定程度上拓展和延伸区域协同发展理论体系的研究范畴和实践边界。(2)丰富和充实区域协同发展评价与测度的理论方法。探讨区域协同发展评价指标体系的研究不少,但是编制区域协同发展指数,动态监测区域协同发展程度的研究几乎没有,因此本书的研究可以在一定程度上丰富和充实区域协同发展评价与测度的理论方法。(3)为识别系统关键制约因素提供新的理论工具。本书将决策实验分析法(DEMATEL)运用到闽西南协同发展关键制约因素的识别中,开创了系统关键制约因素识别的新理论工具。

2.现实意义

本研究的现实意义主要体现在以下方面:(1)动态评价和监控闽西南协同发展程度和效果。本书通过编制闽西南协同发展指数,并对其时空演化特征进行分析,以实时和动态监控闽西南协同发展的程度和效果。(2)精准识别闽西南协同发展的关键制约因素。本书运用决策实验分析法(DEMATEL)对闽西南协同发展的关键制约因素和发展瓶颈进行精准识别。(3)为闽西南协同发展提供整体性治理方案和策略。本书在分析闽西南协同发展存在的问题以及识别其关键制约因素的基础上,运用整体性治理理论提出完整的解决方案和策略。(4)推动闽西南协同发展并提升区域竞争力。本研究通过构建闽西南协同发展的内生增长机制,不断提升其协同发展程度和水平,提升区域竞争力。

第二节　研究现状与评述

一、国内外理论研究现状

区域协同发展是一个不断演化和创新的论题,经历了从区域合作到区域协调,再到区域协同发展的演化进程,其研究的范畴与边界、概念与内涵、理论与方法、内容与框架等都存在较大的差异性。为此,本节将从区域合作到区域协调,再到区域协同的思路对现有研究成果进行系统梳理。

(一)关于区域合作领域的研究

区域合作是区域之间加强联系和谋求共同发展的常见形式,尤其是在20世纪70年代赫尔曼·哈肯提出"协同学理论"之前,区域之间的关联基本上称为区域合作。关于此领域的研究成果主要集中在区域合作的机制、策略和影响因素等方面。

1.区域合作机制

Qi Tong(2009)对现有国际区域合作的主流模式进行梳理,将其划分为三种典型的合作机制:亚太经合组织的开放合作机制、北美自由贸易协定的程序法合作机制和欧盟的实体法合作机制,认为中国应该在充分利用国际多边竞争策略的基础上,遵循区域合作发展的有序性,谋求从不具有约束力到具有约束力,从国内法到国际法,从基本法到程序法再到实体法的国际区域合作路径。Bartosz Bojarczyk 认为波斯湾地区是当前全球安全系统中最重要的组成部分,世界各主要经济体都将其作为能源竞争的核心话题,从而引发区域乃至全球的安全危机。为此,建议成立海湾合作委员会,构建区域合作的一体化机制,将能源危机转化为区域经济和安全合作的契机。赵峰等(2011)认为区域合作是推动区域要素自由流动、优势互补、共同发展的内在要求,并以长三角为例,对其区域合作机制进行总结,分析其经验和借鉴作用,并提出设立长三角发展促进基金、加强国家对区域合作的政策供给等完善区域合作机制的建议。刘爽(2012)以中俄利益共同体为核心,探讨中俄区域合作的推进机制和目标选择,随着中俄共同推进双方战略协作伙伴关系不断深化,形成以中俄区域合作规划纲要为基础构建重大合作项目为核心的区域合作机制,此合作机制的目标在于反映中俄双方的共同关切,尤其是推动区域经济发展、谋求区域社会安全与稳定。郝寿义等(2015)研究发现现有"自上而下"和"自下而上"的两种区域合作路径存在区域合作机制失灵的逻辑障碍,集中体现在地方政府的"越位"和"缺位"、竞争过度而合作不足等方面,并以长江经济带为研究案例,从动力机制、协调机制、分配机制和补偿机制四个维度建立其区域合作机制。满舰远等(2019)从演化博弈的视角对区域合作机制进行分析,将其划分为共赢型、互补型和共建型三种类型,研究发现区域合作的环境机制对于改善三种区域合作类型都具有显著的促进作用。

2. 区域合作策略

Masuo 等(2019)对中国与日本的区域竞争与合作策略进行分析,认为随着中国经济的快速崛起,日本的单边主义策略将发生改变,从一味与美国占边并与中国对抗到与中国合作,并认为中日之间的区域合作策略应该摒弃对美国的过度依赖,着眼于两国之间的经贸发展和区域的安全与稳定。林祯家等(2012)通过建立区域合作策略模型(RCPM)对区域之间的合作策略选择提供理论依据,RCPM 模型包括区域服务评估模型(LSEM)和合作伙伴分配模型(CPAM),并以台湾东部区域合作为分析案例,在对其区域合作策略进行选择的基础上提出具体的区域发展战略。

孙震海（2007）对东亚各国的区域合作状况进行研究，认为制定东亚区域合作策略应该充分考虑各国经济发展水平和利益诉求的差异性，以各国共同利益的最大公约数为基础，采取渐进式、多层次、全方位的合作策略，构建共赢与互利的区域合作模式。李君安（2014）研究认为中日韩三国在经济上的密切联系和政治、安全上的分离，形成失衡的二元结构，尤其是在美国亚太再平衡战略环境下，中日韩之间的区域合作面临挑战，中国的应对策略应该极力推动中韩自贸区建设，同时加强与韩国的政治合作，以牵制日本并取得博弈的主动权。全毅（2020）在对我国推进区域合作和自由贸易协定（FTA）的进程与成果进行梳理和总结的基础上，认为我国区域贸易安排的自由化程度较低，与 TPP/CPTPP、欧日 EPA 和北美 USMCA 等第二代自由贸易区协议存在较大差距；我国在构建新一轮国际经贸规则的竞争中处于被动地位，应该制定清晰的全球 FTA 战略，在战略目标、合作方式及推进策略方面，深度融入世界经济体系。

3.区域合作的影响因素

Lin Qiaowen 等（2020）以海南建设国际旅游岛为背景，从政府层面的政府协调、旅行社层面的市场宣传、游客层面的满意度三个维度对海南北部区域旅游合作的影响因素进行分析，认为政府、旅行社和游客的利益和需求进行协调的条件下区域旅游合作才能得到最佳效果。Tikhonovich Ellada 等（2018）以俄罗斯与哈萨克斯坦的跨境区域合作为例，对影响区域合作的关键因素进行研究，研究显示消费市场和政府政策导向是影响跨境区域合作最重要的因素。罗若愚等（2012）以长株潭和成渝经济区为例，对区域合作治理战略进行分析，运用三圈理论从价值、能力和支持三个方面对区域合作的影响因素进行分析，并对这些因素对区域合作成败的影响程度进行比较。赵雪（2013）对东亚区域合作以及区域经济一体化的现状和趋势进行分析，认为美国主导的东亚区域政策是影响东亚区域经济、政治和安全合作的关键因素，认为东亚区域合作和区域一体化的发展前景关键在于美国的主导程度，中日两国对于区域领导权的配置和领导路径的选择。周琦等（2018）认为在后跨太平洋伙伴关系协定（TPP）时代，国家间区域合作将以重构全球价值链为核心目标，区域合作协定的签订与实施会受到舆论表达与交易费用、实施意愿与行为方式、博弈与潜规则等三重因素的影响,认为我国在区域合作实践中应该通过构建开放透明的区域合作新常态、贡献互惠共赢的区域合作新思路、打造独立专业的区域合作新智囊、推进灵活高效的区域合作新实践以实现更高层次和更高质量的区域合作新局面。

(二)关于区域协调发展领域的研究

我国区域协调发展的研究始于20世纪90年代,经过二十多年的理论研究和实践发展,区域协调发展取得比较丰富的成果。这些成果主要聚焦于区域协调发展的概念界定和内涵阐释、区域协调发展的评价与测度、区域协调发展的策略与路径等方面。

1.区域协调发展的概念界定和内涵阐释

我国较早对区域协调发展进行论述的是知名经济学家刘再兴,其在1993年发表的《九十年代中国生产力布局与区域的协调发展》一文对改革开放初期暴露的区域经济发展不平衡、区域产业结构趋同和经济发展秩序混乱等问题进行了精辟的阐述,并提出了区域协调发展的战略构想。之后国家物价局的蒋清海(1993)在《论区域经济协调发展》一文中对区域经济协调发展的内容和标志、前提和条件、对策和措施等进行论述。到了1994年,国务院发展研究中心课题组出版了《中国区域协调发展战略》一书,对我国区域经济发展不平衡的现状进行深入调研和分析,并提出区域协调发展的战略构想,为区域协调发展的理论研究和实践探索奠定基础。

王琴梅(2007)认为区域协调发展是协调区域发展中的"效率"与"公平",实现区域利益的"分享式改进",并最终实现各区域之间的共同发展和共同富裕;且区域协调发展是动态演化的,通过区域非均衡协调发展最终达到均衡的发展过程。覃成林等(2011)从系统的逻辑联系视角将区域协调发展定义为"各区域之间经济联系日益紧密,区域分工更加合理,经济社会发展差距逐渐缩小并趋向收敛,整体经济效率持续增长的过程"。徐康宁(2014)从"胡焕庸线"角度阐述区域发展不平衡是长期的常态现象,并将区域协调发展的概念界定为在既定的条件和环境下,各地区的发展机会趋于均等,发展利益趋于一致,总体上处于发展同步、利益共享的相对协调状态。王曙光等(2019)认为区域协调发展具有丰富的理论内涵和鲜明的时代特征,基于"以人为本"的价值目标,将区域协调发展战略定义为:以区域开放、利益共享和风险共担为前提,区域之间相互分工合作和后发地区加快发展,使区际发展差异稳定在合理适度的范围并逐步收敛,最终实现人的自由全面发展、协同增益格局的基本方略。

2. 区域协调发展的评价与测度

Xiong Guoqiang等(2008)采用数据包络分析法(DEA)与静态比较分析(SCA)相结合的DEA/SCA方法构建区域经济与社会协调发展水平的评价指标体系,并以陕西省为例对其区域协调发展水平进行测度和评价,进而分析制约区域协调发展的关键影响因素。Cheng Kun等(2019)采用动态耦合协调模型从资源子系统、社会经济子系统和生态子系统三个方面建立区域水资源协调发展评价指标,并运用改进的熵权法确定指标权重,以中国黑龙江省为例在评价其协调耦合程度的基础上,提出相对应的策略与措施。曾珍香等(2008)依据系统整体性和可操作性原则,将区域协调发展评价指标分为经济子系统、社会子系统和生态子系统三个维度,采用主成分分析法建立区域协调发展评价指标体系,并对京津冀区域协调发展现状进行综合评价。王继源(2019)构建了包括经济发展、公共服务、基础设施、人民生活、科技创新、生态环保构六个一级指标的区域协调发展指标体系,对我国各省级区域协调发展程度进行评价,并分析其时间系列特征与趋势。胡海洋等(2019)研究中部崛起战略对推动区域协调发展的效果进行评价,采用倾向得分匹配双重差分法对我国293个地级市的面板数据进行实证分析,研究发现中部崛起战略对缩小区域经济差距、促进区域经济协调发展效果不显著,未起到理想效果。毛阳海等(2019)以西藏为研究案例,建立包括经济规模与经济增长、经济结构、区域布局、基本公共服务、要素流动与市场一体化、经济发展与生态环境协调、地区间互联互通与经济关联七个一级指标,运用专家评分法确定各指标权重,并对西藏区域协调发展水平进行测度与评价。冯江茹等(2014)构建了包含经济、社会、环境、资源四个子系统的综合评价指标体系,并运用均方差及线性加权等方法对中国31个省市自治区综合发展水平的协调性进行测度;研究结果表明我国不同地区协调度差异较大,整体呈现"东优、中良、西差"空间格局,分析认为导致中西部地区协调度总体较差的原因主要在于经济发展水平落后、社会进步程度较低。为此建议加大对中西部地区在基础设施、教育、社会保障等方面的支持力度。

3.区域协调发展的策略与路径

Su Teng(2008)认为在经济新常态下,中国经济发展应该实施扩大内需的政策,促进国内经济循环发展,而城乡区域经济协调发展是促进经济内循环的重要组成部分,且面对当前城乡消费和流通业不平衡的现状,应该通过拉动农村消费和完善农村流通业,推进新型城镇化高质量发展。Shi Wenlei等(2015)以京津冀协同发展区建设为研究背景,对河北省衡水市融入区域协调发展体系,建设冀东地区中心城市的发展策略进行研究和探讨,认为衡水市应该重点发展农业供应链,承接劳动密集型产业,完善区域物流枢纽等区域协调发展策略。张学良等(2018)认为经济发展新常态下为更好地促进区域协调发展战略的实施、提高区域政策的精准性,应当及时推进跨区域层面的都市圈建设;促进都市圈建设应当以促进要素流动、明确区域分工、加强城市治理和协调机制建设,形成都市圈"功能—产业—人口—空间—公共服务"相协调的发展格局。张首魁等(2020)认为区域协调发展体现了我国特色社会主义的多重治理价值维度,构建区域协调发展新机制,要进一步创新功能定位、优化政府间关系、加强要素市场与空间载体建设、共建区域间联动平台、形成城乡融合发展机制。李松龄(2018)认为区域经济协调发展是区域协调发展的经济基础,而劳动力和资本是经济发展的两大基本要素,应该通过完善社会主义市场经济体制,深化以产权制度和要素市场化配置为重点的改革,在要素自由流动、价格灵活反应、竞争公平有序的市场机制的引导下,实现区域劳动力和资本的平衡充分发展,促进区域经济协调发展。马交国等(2020)从行政区划调整视角研究济南都市圈区域协调发展策略,认为济南省会作用不突出与其面临行政区划掣肘有关,提出行政区划调整导向下的济南都市圈区域协调发展规划策略,包括强化核心、动能转换、区位再造、文化协同、生态共治等。姚鹏等(2019)以五大发展理念为依据建立区域协调发展指数评价指标体系,实证研究结果显示区域发展差距、社会协调发展水平、资源环境协调发展水平呈现上升趋势,但是区域一体化与城乡协调发展水平出现小幅度下降趋势;进而从促进区域发展能力、深化要素跨区域流动的机制体制改革、完善区域协调发展的配套政策、健全区域协调发展的体制机制、促进区域互动发展、创新产业转移协作方式等方面提出促进区域协调发展的政策建议。

(三)关于区域协同发展领域的研究

协同学理论本是德国物理学家赫尔曼·哈肯(Hermann Haken)于20世纪70年代提出的物理学概念,后广泛地运用到经济学、社会学、管理学等社会科学领域,从微观的企业协同到中观的区域协同,再到宏观的社会协同,都发挥了积极作用。而区域协同发展的理论研究和实践探索起步于20世纪90年代,进入21世纪后成为研究和实践热点,取得了丰硕的研究成果,这些成果主要聚焦在区域协同发展机制、区域协同发展影响因素、区域协同发展评价与测度等方面。

1.区域协同发展机制

区域协同发展机制是要解决区域内各子系统之间的结构关系和运行方式。现有研究主要集中在区域协同发展的运行机制、联动机制、动力机制、协调机制等方面。Qi Tianzhen 等(2016)以京津冀为研究对象,从区域低碳协同的视角分析区域协同机理和合作框架,提出从政府、产业和消费者三个层次构建区域低碳协同发展的联动机制。Fan Haiqiang 等(2018)从区域经济与生态环境协同发展的视角,将区域扩展与生态补偿相结合,构建了区域经济与生态协同发展的补偿机制,并以福州沿海区域为实证研究案例,对其区域扩展预测、生态补偿和区域空间模拟等进行深度探讨。T Börzel(2010)对欧盟与南美洲和亚洲地区的区域协同机制进行对比分析,发现欧盟针对不同区域在不同历史阶段采用不同的区域合作策略,体现了其区域协同机制和策略的时空分异性。李琳(2016)研究认为协同区域的差异性和空间分异性决定了区域协同模式的多样性,不同区域协同模式适合采用不同的运行机制,一般包括动力机制、协调机制、决策机制、评价机制、整合机制、激励机制等。陈雯等(2019)以长三角为实证研究案例,运用博弈论和政府行为理论提出了共享型、损益型、比较利益型三种区域协同模式,并从成本-收益视角对长三角区域协同发展的动力机制、行为框架和策略选择进行研究。

2. 区域协同发展影响因素

区域协同发展影响因素是区域协同发展系统的内部运行机理和影响区域协同发展的驱动因素和制约因素。Rolf Bergs(2012)对欧盟跨境区域合作的影响因素进行实证研究,结果表明跨境区域合作的重要影响因素是经济发展程度、产业结构、货币政策、贸易自由度。李琳等(2015)认为区域协同发展具备耗散结构的系统开放、非平衡状态、非线性关系和涨落现象等四个特征,并运用哈肯模型对区域协同发展的驱动因素进行实证分析,发现区域比较优势(RCA)、区域经济联系(RER)和区域产业分工(RID)是影响区域经济协同发展最重要的驱动因素。陈昭等(2018)以新经济地理的3D(密度、距离、整合)理论为分析框架,实证分析了各经济地理要素对粤港澳区域协同发展和市场一体化建设的影响作用,研究结果表明经济地理因素对粤港澳协同发展和市场一体化建设的影响呈现显著的空间异质性。蒋敏娟等(2019)以京津冀协同发展为实证研究对象,运用整体性治理的理论分析框架从网络、协作和整合三个维度对京津冀协同发展的影响因素进行分析,研究结果表明隐性因素、显性因素和共享因素是影响京津冀协同发展的关键因素。

3. 区域协同发展评价与测度

区域协同发展评价和测度方面的研究主要集中在区域协同发展评价指标体系构建和区域协同发展模型选择方面。Yuan Yaoqing 等(2014)以湖南湘西地区为例,采用 PSR 模型构建了一个区域环境-旅游-经济系统协调发展的评价指标体系;Ma Chaoping(2018)运用系统耗散结构理论对区域经济协调发展进行定量研究,以年度 GDP 为序参数建立基于灰色关联熵理论的系统协调评价模型,对区域协调发展程度进行评价和测度。张杨等(2017)以京津冀为研究对象,采用距离协同模型构建区域协同发展测度模型,并以 1995—2014 年的面板数据进行定量分析,根据定量分析的结果对京津冀协同发展程度的时空演化特征进行概括。欧阳慧等(2019)运用修正 Haken 模型从协同规模、协同比例、协同强度、协同质量和协同密度五个维度指标构建区域协同发展测度,并从静态分布、动态蔓延、所有制差异等视角实证分析了我国区域协同发展的状况。

二、国内外实践探索现状

(一)国外实践现状

区域协同发展的实践起源于欧美发达国家,美国从20世纪70年代开始,随着工业化的发展,以及种族问题的凸显,逐渐形成大都市区,如波士顿-华盛顿城市群、芝加哥-匹兹堡城市群、圣地亚哥-旧金山城市群,管理与运行城市群的核心思想是区域主义,弱化大都市区中心城市的地位,重点发展郊区和周边城市,使得中心城市的主导地位受到削弱,而郊区和周边城市成为低税收、高生活质量的"天堂"。进入20世纪90年代以后,随着大都市区新问题的不断涌现,美国区域协同发展的思想开始演变为新区域主义,强调用区域协同治理的思想来管理大都市区,鼓励政府、社会组织和个体通过互动和协作,积极参与城市管理和治理,形成多主体协同治理模式。在欧洲,从1965年的欧洲共同体到1991年诞生的欧盟,是当今世界最大的区域协同组织,其成功运作成为区域协同发展的典范和奇观。此外,大巴黎地区城市群、荷兰兰斯台德城市群、德国莱茵-鲁尔区城市群、英伦城市群是欧洲有名的城市群,也是区域协同发展的示范和标杆,其中既有核心城市带动型的城市群(如大巴黎地区城市群和英伦城市群),也有多中心齐头并进型的城市群(如德国莱茵-鲁尔区城市群),欧洲城市群建设重视产业链协调与合作、社会协同治理,以及民众共享政府高福利和社会公共服务体系。

(二)国内实践现状

我国区域协同发展的实践始于20世纪90年代,1993年刘再兴教授在《九十年代中国生产力布局与区域的协调发展》中提出区域协调发展的理念;1994年国务院发展研究中心课题组出版了《中国区域协调发展战略》,对区域协调发展进行了比较系统和全面的论述。进入21世纪以来,区域协同发展的实践探索逐渐兴起,先后提出了西部大开发、振兴东北老工业基地、中部崛起等区域协调发展战略,以缩小东、中、西部发展不均衡的问题。此后京津冀协同发展、长江三角洲经济一体化、珠江三角洲城市群(粤港澳大湾区)等逐渐上升为国家战略;同时其他城市群也风起云涌,长江中游城市群、哈长城市群、成渝城市群、中原城市群、北部湾城市群、关中平原城市群、呼包鄂榆城市群、兰西城市群不断崛起并得到国务院批复。2018年11月中共中央、国务院发布的《中共中央 国务院关于建立更加有效的区域协调发展新机制的意见》明确指出,以城市群推动国家重大区域战略融合发展,建立以中心城市引领城市群发展、城市群带动区域发展新模式,推动区域板块之间融合互动发展。跨省域城市群和区域协同发展的快速崛起也带动了省内城市群和协同发展区的建设,如辽中南城市群、山东半岛城市群、闽东北和闽西南协同发展区等。总体而言,目前我国区域协同发展热度高、潜力大,政策供给足且发展效果显著;同时跨省域协同发展区规模大、影响力强、关注度高,而省内协同发展区规模较小、影响力较弱、关注度较低。

三、研究述评

从以上区域协同发展的理论研究和实践探索现状来看,针对区域协同发展的理论成果和实践经验已经比较丰富,对指导区域协同发展具有积极的作用和意义。但是概括来说,目前区域协同发展的研究还不够全面、深入和系统,且针对性弱、时效性不强,具体而言,主要存在如下突出问题:(1)研究对象的层次性和立体感不足,协同发展区是一个广泛而开放的系统,由不同层次的区域构成的立体空间网络,但目前研究和实践的多数是跨省区域,而对省内跨市等其他协同发展区类型的研究明显滞后,使得研究对象的层次性和立体感不够丰富和饱满;(2)研究方法的综合性和适用性不足,由于区域协同发展的复杂性和动态性,使得其对应的研究方法也应该具备综合性和适用性的属性,但现有研究多为定性分析和静态分析,定量分析和动态分析较少,缺乏综合性和适用性;(3)研究内容的逻辑性和完整性不足，目前区域协同发展的多数研究只关注问题的某一个侧面或支点，缺乏从现状评价、问题分析、制约因素识别、对策建议等方面进行系统研究，缺乏研究内容的逻辑性和完整性；(4)研究理论的系统性和整体性不足，区域协同发展是一个复杂的系统工程，需要从多视角、多层面、多维度构建完善的理论体系和理论框架，但是目前对区域协同发展的研究还不够系统和成熟，缺失理论研究框架的系统性和整体性。(5)对策建议的针对性和可操作性不强，由于不同协同发展区的差异性，使得其对策建议也应该具有针对性，但是已有研究的对策建议大都停留在一般理论范式的分析，缺乏针对性和可操作性。为此，本书以闽西南协同发展区为实证研究对象，综合运用多种理论方法对闽西南协同发展区的现状评价、问题分析、制约因素识别、对策建议等进行系统研究和探讨，为加快推动闽西南协同发展和高质量发展提出具体、可行的对策建议，具有一定的研究意义和价值。

第三节　研究思路与主要内容

一、研究思路

本书的研究思路遵循科学研究的一般逻辑：理论研究概述→数据收集与准备→闽西南区域协同发展测度与时空演化特征分析→闽西南协同发展影响因素识别→闽西南协同发展联动机制→提升闽西南协同发展的路径选择。章节之间存在内在的逻辑关系和层层递进关系，符合科学研究和科学探索的一般思路和逻辑，具有一定的合理性和科学性。具体的写作思路如图1-1所示。

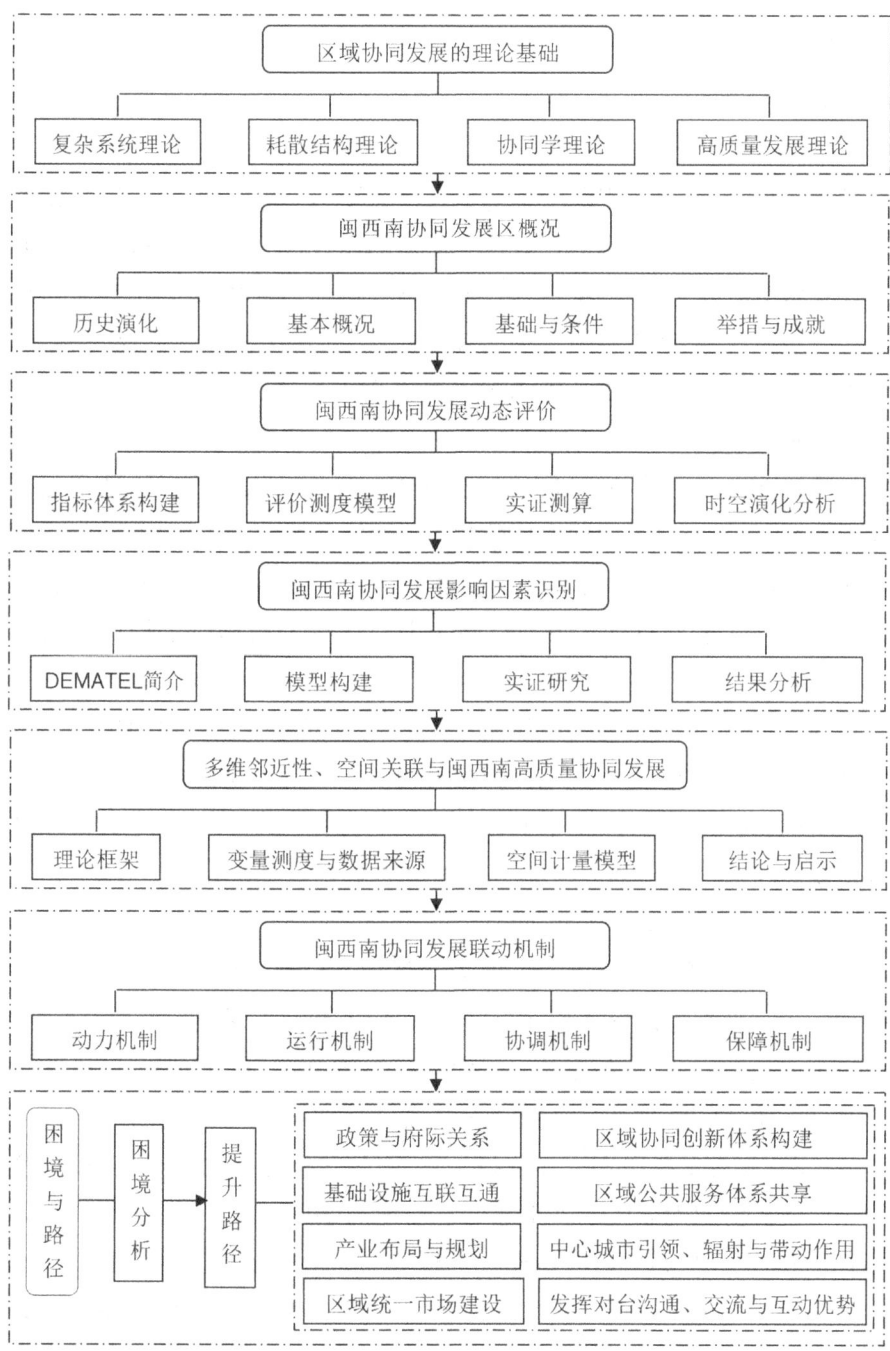

图 1-1 研究思路与框架图

二、主要内容

本书内容分为以下九部分：

第一部分，绪论。围绕引出本书具体研究内容展开，对本书的写作依据进行阐述，对本书的内容和框架进行设计。主要包括区域协同发展的研究背景与研究意义；对现有研究成果进行梳理和总结，分析现有研究存在的不足与缺陷，提出本研究的贡献和价值；对本书的研究思路、主体研究内容、采用的研究方法和本书的主要创新点等进行阐述。该部分在全书中起到一个概览的效果，起到一个引出本书后续内容的作用。

第二部分，区域协同发展的理论概述。对本书依托的主要理论进行集中阐释，首先对区域协同发展的相关概念进行界定和内涵阐释，然后依次对区域协同发展相关的复杂系统理论、耗散结构理论、协同学理论、高质量发展理论进行概述。该部分是本书内容框架的理论依据和理论指导，起到一个理论引领的作用。

第三部分，闽西南协同发展区概况。对本书的研究对象的历史与现状进行描述和概括，主要包括闽西南协同发展的历史演化、闽西南协同发展区概况、闽西南协同发展的基础与条件、闽西南协同发展区建设的举措与成就四块内容。该部分内容是对本书的研究对象进行总体介绍，起到一个介绍研究对象的作用。

第四部分，闽西南协同发展的动态评价。对闽西南高质量协同发展的程度和水平进行评价和测度，以高质量发展和新发展理念为理论框架，通过构建经济发展、创新驱动、协调发展、生态文明、市场开放、民生共享六个子系统及其序参量，采用层次分析法和熵值法综合确定各序参量的权重，建立高质量协同发展评价指标体系；接着运用 DTS 协同测度模型测算闽西南协同发展区各子系统的有序度和协同度，以及系统综合协同度；根据实证分析结果系统和深入分析闽西南协同发展区协同发展的时间演化和空间分布特征。该部分内容是对研究对象进行系统、动态的评价，起到测评的作用。

第五部分，闽西南协同发展的影响因素识别。运用 DEMATEL-

AHP 理论方法对影响和制约闽西南高质量协同发展的因素进行识别,将相关指标因素划分为原因型指标因素和结果型指标因素,结果发现创新投入、产业结构、政策开放、经济增速、人才开放、绿色投入六个指标因素成为强原因型指标因素,成为影响闽西南协同发展的关键因素。该部分内容是对研究对象的内在研究机理进行识别,起到认知影响机理的作用。

第六部分,多维邻近性、空间关联与闽西南高质量协同发展。从高质量协同发展的内在机理和逻辑关系探讨多维邻近性、空间关联与闽西南高质量协同发展之间的关系,在构建多维邻近性、空间关联与区域高质量协同发展之间的逻辑框架模型的基础上,运用空间计量分析方法实证研究了多维邻近性对区域空间关联以及区域空间关联对区域高质量协同发展的影响。该部分内容起到认知研究对象内在逻辑机理的作用。

第七部分,闽西南协同发展的联动机制。对闽西南协同发展的运行机制进行整体设计,首先建立闽西南协同发展联动机制的整体框架体系,然后从动力机制、运行机制、协调机制和保障机制四个维度阐述闽西南协同发展联动机制的核心内涵,并对其具体内容进行详细阐述和设计。该部分内容起到设计和建立区域协同发展联动机制的作用。

第八部分,闽西南协同发展的困境与提升路径。结合闽西南协同发展区建设的实际情况,从多维度、多视角和多层面分析闽西南协同发展的困境,并从政策与府际关系层面,基础设施互联互通层面,产业布局与规划层面,区域统一市场建设层面,区域协同创新体系构建层面,区域公共服务体系共享层面,区域中心城市的引领、辐射与带动作用层面,发挥对台沟通、交流与互动优势层面提出具有针对性和可行性的提升路径。该部分内容起到提供发展路径和策略的作用。

第九部分,结论与展望。对本书的研究内容和研究成果进行总结,对本书存在的不足进行说明,并对区域协同发展的研究进行展望,提出需要进一步研究的选题方向。

第四节 研究方法与主要创新点

一、研究方法

本书在研究过程中,主要运用了如下研究方法:(1)田野调查法。深入闽西南协同发展区中的厦门、泉州、漳州、龙岩、三明五市开展田野调查和问卷调查,全面、系统和真实地了解各地市经济、社会、文化、创新、生态等方面的发展状况,以及五地市相互之间的联系和关联状况;同时了解五地市各阶层群体对闽西南协同发展区的认识、看法和诉求,为本研究收集第一手研究数据、资料和信息。(2)访谈与咨询法。走访相关科研院所、职能部门、企业的专家学者、政府职能部门官员、专业人员和社会民众,以获取区域协同发展领域最新的理论与实践研究动态和研究成果,了解闽西南协同发展区各子系统协调发展的状况,为本研究提供多维度、多层面的视角和观点,扩展研究视野,启迪研究思路。(3)系统协同度测度法。在选取经济、社会、文化、创新、生态五个子系统及其序参量的基础上,运用熵值法建立区域协同发展评价指标体系,再运用DTS协同测度模型构建有序度和协同度算法,以测算闽西南协同发展区协同发展程度。(4)系统关联度测度法。运用空间引力模型建立系统关联度测度算法,对闽西南协同发展区各子系统的关联度和系统关联度进行验算。(5)复杂系统分析法。本书的研究将区域协同发展作为一个复杂、动态、开放、非线性的系统,运用复杂系统理论和思维对区域协同发展进行综合考量,基于复杂系统整体、全局和动态优化的视角展开分析与探讨。

二、主要创新点

本书的主要创新点为:(1)研究对象创新。目前关于区域协同发展、区域一体化的研究与实践主要针对跨省区域和跨境区域,如京津冀区域、长三角区域、长江经济带等,而针对省内区域协同发展的研究还很少,缺乏系统的理论研究和实践探索。本书的研究可以拓宽区域协同发展的研究对象和研究范畴,使区域协同发展的理论与实践具有更强的适用性和通用性。(2)研究视角创新。现有研究多数从区域经济与政治、文化、生态、产业中某一项的协同发展进行研究,缺乏区域系统整体协同发展的研究,且多数研究局限于某一时间节点的静态分析,缺乏刻画时空演化的动态研究。本书的研究从系统整体性和发展动态性的视角探索区域协同发展问题,在研究视角方面具有一定的探索性和创新性。(3)研究方法创新。现有研究区域协同发展的成果多为定性分析,定量分析较少,且定量分析方法主要集中在主因子分析法、层次分析法(AHP)、DEA效率评价法、协同度模型等传统方法,缺乏创新性。本书将定性分析与定量分析相结合,综合运用田野调查法、访谈与咨询法、系统协同度测度法、系统关联度测度法、复杂系统分析法等,将进一步丰富和完善区域协同发展的研究方法。(4)理论体系创新。目前针对区域协同发展的研究还处于初始阶段,不够系统和成熟,缺乏完善的理论体系和理论框架。本研究将以复杂系统理论、协同学理论、耗散结构理论为基础,从多视角、多层面、多维度构建比较完善的理论体系和理论框架,能够充实和完善区域协同发展的理论体系。

第二章 区域协同发展的理论概述

第一节 相关概念界定

一、区域协同发展的概念

区域协同发展是一个不断变迁和演化的过程,从区域合作到区域协调,再到区域协同,体现了区域协作的不同阶段和不同层级。学界和业界对区域协同发展已经有一些研究,但是还尚未形成统一共识。

(一)已有观点阐释

穆东(2004)将区域协同发展定义为将人类全面发展目标的实现作为目的,通过促进区域内经济、社会和环境等子系统之间及各子系统内部各要素之间的相互适应和协调,最终形成同步发展的良性演进状态[52]。黎鹏(2005)认为区域经济协同发展是区域内各地域单元和经济组分之间协调共生、自成一体,形成高效和高度有序化的整合,实现区域内各地域单元和经济组分的"一体化"运作与共同发展的区域经济发展方式[53]。李琳(2016)在《区域经济协同发展:动态评估、驱动机制及模式选择》一书中认为区域经济协同发展是区域之间或同一区域内各经济组分间的协同共生,合力推进大区域经济实现由无序至有序、从初级到高级的动态转变,形成"互惠共生,合作共赢"的内生增长机制,并最终促进大区域经济高效有序发展的过程[42]。朱文秀(2019)认为区域协同发展是在特定的区域内进行信息、技术、能量等的交换与共享,实现区域资源的协调配合、相互融通,寻求区域经济最优解,实现社会整体效应最大化[54]。赵成伟(2019)认为区域协同发展是"协同"与"发展"的有机组合,协同是系统内部要素间良好的关联状态,发展是系统的演化过程,区域协同发展是区域系统内部各要素配合得当、良性循环,共同促使系统从低级向高级、由无序到有序逐步演化的过程;且认为区域协同发展是一种多元发展方式,发展是目标,是系统升级的方向,协同是控制和管理,使得系统能够更高效地向目标运动[55]。

(二)本书的概念界定

协同发展即"协同"与"发展"有机结合与辩证统一,协同是指系统内部要素间良好的关联状态,发展指的是系统的演化过程,协同发展是两者的交集,表示某系统内部的各要素配合得当、良性循环,共同促使系统从低级向高级、由无序到有序逐步演化。协同发展是一种多元发展的方式,发展是目标,是系统升级的方向,协同是控制和管理,使得系统能够更高效地向目标运动。

区域协同发展是指区域系统内部及其各个子系统之间的相互适应、相互协作、相互配合和相互促进,耦合而成的同步、协作与和谐发展的良性循环过程,以推进区域经济、社会、文化、生态和创新等子系统从无序到有序、从初级到高级的动态演化,形成"互惠共生,合作共赢"的内生增长机制,实现1+1>2的效果。区域协同发展主要包含以下几个方面的含义:(1)区域协同发展强调的系统整体最优性,不是单个子系统或某个城市(地区)的最优化,而是一种"整体性""综合性"和"内在性"的聚合,是所有子系统之间相互关联、作用的动态过程的反映[52]。(2)区域协同发展所涵盖的范畴是全面和整体的,不仅是区域经济的协同发展,还包括区域社会协同发展、区域文化协同发展、区域生态协同发展、区域民生协同发展、区域创新协同发展等,是区域经济协同发展的升级和延伸。(3)区域协同发展强调区域内或区域之间的协同共生,相互之间的和谐相处、互惠互利、相互促进,形成双赢甚至是多赢局面。(4)区域协同发展强调区域内的开放性,建立区域内互联互通机制,鼓励和促进区域内各种资源和要素的自由流动,通过市场机制对区域内的资源和要素进行优化配置,提高资源和要素的使用效率。(5)区域协同发展强调区域的均衡与平等发展,区域中心城市(地区)要起到拉动、辐射和溢出效应,带动周边欠发达城市(地区)的发展,区域内各地区之间、城乡之间的差距持续缩小;社会民众平等地享有经济和社会发展的成果,在教育、医疗、养老、交通等公共服务领域资源配置相对均衡和公平。

二、区域协同发展与相关概念的辨析

(一)区域协调发展与区域协同发展

区域协调发展与区域协同发展概念相似,容易混淆。区域协调发展是以区域开放、利益共享和风险共担为前提,区域之间相互分工合作和后发地区加快发展,使区际发展差异稳定在合理适度的范围并逐步收敛,最终实现区域均衡发展的过程(王曙光等,2019)。本书认为区域协调发展与区域协同发展之间既有联系又相互区别。

在联系方面,一是区域协调发展是区域协同发展的结果和表现,而区域协同发展是区域协调发展的过程和内在要求,为区域协调发展提供内在动力;区域协同发展是区域协调发展的前提和条件,而区域协调发展是区域协同发展的必然体现。二是区域协调发展与区域协同发展的目标是相似的,就是区域内各城市(地区)之间相互协作、联动运作,实现共同与均衡发展,具有目标指向的一致性。三是区域协调发展与区域协同发展都表征了系统运动发展演化的内在规律,体现了系统协同学和耗散结构理论的内在要求,系统从无序状态到有序状态,再到更高层级的有序状态,正是区域协调发展和区域协同发展需要共同遵循的客观规律。

而在区别方面,一是区域协调发展与区域协同发展属于不同的发展层次和发展阶段,从历史演化的进程看,先提出区域协调发展,后升级为区域协同发展,区域协同发展是更高层次、更高水平、更高质量的区域协调发展,是区域发展的理论创新和实践升华。二是区域协调发展与区协同发展涵盖的范畴不同,多数区域协调发展主要指经济领域,通过区域内生产要素的优化配置和产业的梯度异构,实现经济发展水平差距的缩小,并最终趋向收敛;而区域协同发展不仅涉及经济领域,还包括社会、文化、民生、生态和创新等领域,是全方位、多元化、系统化的区域发展理念,其内涵和外延都更加丰富。三是区域协调发展与区域协同发展的内涵存在差异性,区域协调发展侧重于区域系统运动发展演化的状态和结果,而区域协同发展侧重于区域系统运动发展演化的过程和内在机理、动力,为产生区域协调发展目标的实现创造条件和提供内动力。四是区域协调发展与区域协同发展对区域合作的理念存在差异,区域协调发展强调同一层次的子系统之间要素的统一、差距的缩小,乃至趋向收敛,而区域协同发展强调的是多层次的子系统之间要素的优化配置,强调层次的多元性和立体化,同时注重要素之间的竞争与合作,实现相互之间的互惠互利和协同共赢。

(二)区域协同发展与区域一体化

区域一体化的提出始于20世纪50年代,是从国际关税联盟角度提出的,目的在于消除贸易壁垒,建立超国家的共同机构。后来区域一体化的概念逐渐从国与国之间扩展到国内省域之间、市域之间,打破行政壁垒和地理空间障碍,扩大区域内的自由与开放程度,促进资源和要素的自由与有序流动,使得区域内资源和要素等生产条件的均衡化。李瑞林等(2007)将区域一体化定义为通过降低交易成本,促进产品、要素等的自由流动,实现区域资源的优化配置,实现区域一体化的途径应该以市场化为基础,降低交易成本为核心,有效的主体组织和适当的补偿机制为保证,区域一体化是状态与过程、手段与目标的统一。

区域一体化与区域协同发展之间既有联系也有区别。其联系主要体现在以下方面:一是区域一体化是实现区域协同发展的重要手段和工具,区域一体化的核心就是区域市场一体化,通过打破区域的行政与制度壁垒,消除区域之间的各种关卡和贸易障碍,实现资源和要素的自由与有序流动,这样可以极大地增强区域内各主体的联系,激发经济发展动力和活力;同时可以平衡区域内经济生产的环境和条件,创造公平竞争的市场氛围,提升区域协同发展的外部环境。二是区域一体化可以缩小区域内各地区(城市)的差距,促进区域协同发展,区域发展不平衡的因素很多,但是各地的资源和要素禀赋差异是造成区域发展不平衡的关键因素,通过区域一体化可以降低甚至是消除区域资源和要素的差异,通过市场交易弥补资源和要素的缺失,使得资源和要素成本的均衡化,从而使得区域差异缩小并最终趋向收敛,推动区域协同发展。三是区域协同发展有助于更好地实现区域一体化,区域协同发展是一个系统和体系,区域协同发展程度较高时,区域内各地区(城市)之间通常已经建立起良好的合作与互动关系,府际之间、企业之间和民众之间都已经构建起良好的合作渠道和氛围,为区域一体化奠定良好的基础,加速区域一体化的建设速度。

区域一体化与区域协同发展的区别主要体现在以下方面:一是区域一体化与区域协同发展的范畴不同,区域一体化主要是区域产品和要素市场的一体化,而区域协同发展不仅涉及经济领域的市场协同问题,还包括经济领域的其他问题,如产业结构梯度异构、形成有序的竞合关系等;还包括社会、文化、民生、生态和创新等领域的区域协同发展问题。可见,区域协同发展的范畴要远远大于区域一体化的范畴,区域一体化是区域协同发展的子集,它们之间是包含与被包含的关系。二是区域一体化与区域协同发展的发展路径不同,区域一体化是通过打破行政和区域壁垒,建立统一市场机制,促进资源和要素在区域内的自由与有序流动,从而达到区域一体化的目的;而区域协同发展是通过构建区域协同共生、互惠互利、协作共赢的内生增长机制,通过建立系统运行的内在机理和机制来实现区域协同发展。

三、区域协同发展的特点

区域协同发展作为一个复杂的大系统,具有其自身独有的特征,这些特征集中体现在以下几个方面。

(一)系统性

区域协同发展是一个涉及多主体、多要素、多目标、多层次的复杂、动态、开放、非线性的复杂系统。在主体方面,区域协同发展主要涉及政府部门、企业、社会团体、民众等;在要素方面,区域协同发展主要涉及人才、资本、市场、制度等;在目标方面,区域协同发展主要涉及经济、社会、文化、民生、生态、创新等领域;在层次方面,区域协同发展有跨国的区域协同、跨省域的区域协同、跨市的区域协同等。正因为区域协同发展可以视为一个复杂巨系统,所以需要运用复杂系统的理论和方法对其进行综合考量和整体性治理。

(二)共生性

"共生"是由德国微生物学家 Anton de Bary 于 1879 年提出的一种生物现象,意指不同的生物密切生活在一起,达到一种互补、合作、协调与共享的和谐局面。随着认识和研究的不断深入,专家和学者们发现共生不仅是一种自然现象,也是一种社会现象,具有普遍性。到了 20 世纪末,共生理论开始向社会科学领域延伸和拓展,并取得良好的效果;区域协同发展的共生性是指区域内和区域之间相互开放且相互依赖,彼此之间的要素可以自由、低成本地流动,形成一体化互惠共生模式,达到互补、合作、协调与共享的理想模式。区域协同发展区通过共生可以实现各子系统之间的良性互动和协同运作,达到提升系统有序度和协同度的目的。

(三)有序性

有序性是区域协同发展的必备条件,也是区域协同发展的目标。区域协同系统本身具备持续的无序运动状态,尤其是在区域协同系统的内力驱动和外力牵引下,系统各要素持续保持运动状态,系统协同的有序性是将系统内微小的无序运动整合成对系统整体而言有序的运动,形成合力,共同推动系统向有序方向前进,不断提高系统的整体协同度。区域协同发展的有序性主要靠系统内部驱动力,这种驱动力源于系统的内生增长机制,将众多无序运动通过内生增长机制转变成有序运动,减少内耗和阻力,朝着统一的目标方向运动和前行。

(四)动态性

区域协同发展是一个动态演化的过程,任何一个复杂系统都遵循由低水平的"初级—中级—高级"向高水平的"初级—中级—高级"的演化路径,外部环境不断变化要求系统内部呈现多层次、多时空的变化,系统始终处于非平衡的状态,在内外部因素的驱动下系统从无序走向有序,又从新的无序走向新的有序,由此反复,逐渐推动区域协同发展系统向更高水平和更高协同度的方向演进[42]。正是由于区域协同发展系统的动态不平衡性,使得区域协同发展的内涵不断深化和外延不断扩展,从低层级、低动能、低水平的协同发展状态向高层级、高动能、高水平的协同发展状态发展和演变。

第二节 复杂系统理论

一、复杂系统的概念

系统思想的产生与人们的社会实践活动密切相关,人们在认识世界和改造世界的过程中,逐渐认识到自然界的事物之间存在普遍的联系和影响,形成一个统一、不可分割的整体。系统思想的产生有悠久的历史,古希腊唯物主义哲学家提出宇宙大系统的概念,就是朴素系统思想的体现;亚里士多德指出"整体大于部分的总和",说明系统内部各要素的组合可以产生"内生动力";我国西周出现的世界构成"五行说",至今仍然有一定的影响;中国人做成事讲究天时、地利、人和,以及谋事在人,成事在天;中医诊断患者时重视形、气、色的综合辩证;我们日常吃饭注重食物的色、香、味俱全;公元前六世纪军事家孙武撰写的《孙子兵法》讲究打仗要把道(义)、天(时)、地(利)、将(才)、法(治)五个要素有机结合起来……这些都是系统思想的体现。

我国著名科学家钱学森将系统定义为由两个以上相互联系的要素组

成,且具有特定功能、结构和环境的整体。在系统的定义中,强调系统的目的性、整体性、关联性和动态性。其中系统的目的性,表明任何一个系统都是有特定功能的,为了达到某种预期目的而存在的,我们研究系统就是为了更有效地达成系统目的。系统的整体性强调构成系统的各要素之间不是相互孤立和离散的,是一个统一的整体,各要素之间是一种"你中有我,我中有你"的相互依存关系,且通常各要素处于最佳状态,难以保证系统整体的最优性。系统的关联性强调构成系统的各要素之间是相互影响、相互关联、相互制约的。系统的动态性强调系统总是处于运动中,并在与外界进行物质、能量、信息的交换中不断运动和变换,改变系统状态。

系统通常分为简单系统、随机系统和复杂系统。简单系统一般遵循简单的规律,其包含的要素比较少且要素之间的关联关系比较弱,近似符合"整体功能等于部分功能之和"的规律。随机系统是指具有不确定性的系统,系统受到外界环境的随机干扰,使得系统状态随机发生变化。复杂系统往往由许多同类或不同类的子系统构成,同时子系统还可以划分为更小的子系统,这些子系统具有智能性和自适应性,且各子系统间具有强烈的耦合作用。系统某一层次的性质并非其低层次子系统性质的简单加总,而是具有新的功能和性质,即整体功能大于部分之和,这个过程被称为涌现,是系统具有的重要性质之一[58]。

二、复杂系统的发展与主要流派

(一)系统科学的发展历程

系统思想和系统科学的发展始于20世纪40年代,先后经历了三个发展阶段。第一是硬系统阶段,主要以维纳的控制论为代表,以机器为主要研究对象,其功能主要是接收控制指令,完成指定的工作任务。第二是复杂随机系统阶段,主要以普利高津的耗散结构理论和哈肯的协同学说为代表,研究的系统具备两个特征:一是系统的要素多,可以达到1 020数量级,此时采用控制论已经难以适应并达到理想的效果。二是系统要素之间具有自身的、另一层次的、独立的运动,导致系统具有统计性和随机性,出现了自组织涨落、相变等新的概念;同时系统开始变"软"了,能够适应社会系统和经济系统等更加复杂的研究对象。第三是开放的复杂巨系统阶段,此阶段开始使用计算机技术和手段研究系统,提出人工神经网络、案例推理、人工智能等理论和工具,强调个体的主动性,承认个体有其自身的目标、行为取向,能够在与环境的交换和互动作用中有目的、有方向地改变自己的行为方式和行为模式,达到适应环境的合理状态,称之为复杂适应系统。

(二)复杂系统主要流派

随着人们对复杂系统理论研究的不断深入,对复杂系统的理解和认知也不断深入。但是,人们对复杂系统的研究仍然处于快速发展过程中,远未达到成熟状态,各种理论和方法不断涌现。就目前而言,主要有三个比较主流和有影响力的学派:复杂适应系统流派、开放的复杂巨系统流派、系统动力学流派。

复杂适应系统流派的代表是美国圣塔菲(Santa Fe Institute,简称为SFI),其宗旨是开展跨学科、跨领域的复杂性研究。之后是美国霍兰(John Holland)教授在1994年提出了复杂适应系统,把经济、社会、城市、生态、免疫系统、胚胎、神经系统以及计算机网络等称为复杂适应系统,认为存在着某些一般性的规律控制着这些复杂适应系统的行为。并提出"适应性主体""可变图示""混沌边缘""适应性景观"等概念表征和刻画复杂适应系统的整体多样性和演化模型。

开放的复杂巨系统流派是由我国著名的系统科学家钱学森为代表的"中国学派"提出的,其核心思想是根据子系统的数量级划分系统的复杂程度,将系统分为小系统(成千上万个元素)、大系统(上百亿个元素)、巨系统(万亿个元素);按照子系统关联关系的复杂程度,可将系统划分为简单系统和巨系统;按系统与其环境是否有物质、能量和信息的交换,可将系统划分为开放系统和封闭系统,形成如图2-1所示的系统分类图。

系统动力学(System Dynamics,简称为SD)是系统科学理论与计算机建模与仿真紧密结合、研究系统反馈结构与行为的一个流派。该流派汲取了控制论与信息论的精髓,分析解决问题的方法是定性与定量分析的统一,以定性分析为先导,以定量分析为支持,两者相辅相成。它从系统内部机制、微观结构入手,剖析系统、进行建模,借助计算机模拟技术,分析研究系统内部结构与其动态行为的关系,并寻找解决问题的对策。因此,系统动力学的建模方法,可视为"实际系统的实验室",它特别适合于分析解决社会、经济、生态和生物等一类非线性复杂大系统的问题。系统动力学1956年由美国麻省理工学院斯隆管理学院的福瑞斯特(Jay W. Forrester)教授创建,初期它主要应用于工业企业管理,处理诸如生产与雇员情况的波动,市场股票与市场增长的不稳定性等问题,也因此得名"工业动力学"。1969年福瑞斯特从宏观层次研究了城市兴衰问题,出版了《城市动力学》。20世纪70年代,系统动力学逐渐走向成熟,福瑞斯特和他的学生梅多斯分别建立了探讨人口增长与资源枯竭问题的世界模型(WORLD Ⅱ和WORLD Ⅲ模型),这一时期系统动力学受到世界范围的关注。到了20世纪90年代以后,系统动力学在宏观领域、项目管理领域、学习型组织领域、物流与供应链领域、公司战略领域得到了广泛应用。

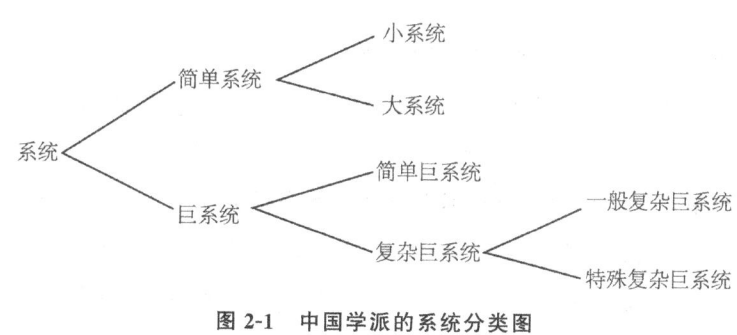

图 2-1　中国学派的系统分类图

三、复杂系统特征

尽管学界对复杂系统的研究还不够成熟,理论体系也还不完善,但是对复杂系统特征的概括和表征还是比较一致。主要可以归纳为以下几个方面。

(一)非线性与动态性

线性是简单系统的特征,而非线性是复杂系统的特征,在非线性系统中,系统各元素之间相互联系、相互影响、相互制约,形成复杂的网络关系与反馈回路,各元素之间的关系不是等比例变化的,而是形成复杂的非线性耦合模型。也就是说系统整体不是系统各部分的简单叠加,而是系统整体大于系统各部分的总和。且复杂系统运行过程中,会受到外界环境干扰和人为干预,各元素的状态会随机变化,加剧系统元素的不确定性、多样性和不可预测性。

复杂系统在运行中会不断与外界环境发展物质、能量和信息的交换,发生时序演化。通常复杂系统经过不断调节、适应、自组织的作用,从混沌的无序结构向更加高级的有序结构演变,并涌现独特的整体特性。如果系统处在均衡的静止状态,复杂系统将停止不前,缺乏活力和动力,可见复杂系统必然处在持续动态演化中。

(二)开放性与非周期性

系统可以分为开放系统和封闭系统。但是复杂系统必然是开放系统,只有开放系统才能不断与外部环境发生物质、能量和信息的交换和交互,焕发系统新的元素及其状态,提高复杂系统的自组织能量,优化和调整其反馈机制,不断适应外部环境的变化,实现复杂系统与外部环境的和谐与统一,进而达到复杂系统从简单到复杂、从低级到高级、从无序到有序的变迁与演化。事实也充分证明越是开放的复杂系统,其活力越强,适应能力越佳,系统运行状态越良好。

复杂系统在运行过程中,一般遵循循序渐进、不断上升的发展进程,没有普遍的规律性和秩序性,一般不出现周期性规律。这是因为复杂系统受到外部环境的影响,而在实践中外部环境通常是不可逆的,不会出现周期性变化,不会重复原来的发展路径和运行轨迹,也不会回到之前经历的状态;且现实中的复杂系统多数是不断发展和不断优化的,后一阶段的状态优于前一阶段的状态。

(三)多层次与多重反馈

复杂系统的构成元素众多,这些元素之间是分层次和等级组织起来的,由小系统组成大系统,由大系统组成巨系统,形成多层次的层级网络。且复杂系统的层级网络会随着系统元素及状态的改变而演变,还会产生新的系统层级,进而涌现新的系统特性和功能,导致系统的复杂度不断提高。复杂系统的层次量是衡量系统复杂程度的重要指标,层次越多,系统复杂度越高,系统内部运行机理越抽象。

复杂系统不仅元素众多,且元素之间的相关影响、相互关联也十分复杂,形成复杂、网络化的反馈回路,比如系统 A 元素发生变化,可能导致 B 元素和 C 元素发生变化,而 C 元素发生变化导致 D 元素发生变化,而 D 元素发生变化又反过来导致 A 元素发生变化,形成一个非线性的反馈环。经过因果的多重反馈循环,反馈不但对系统本级输入产生影响,而且还对系统前几级输出产生影响。一个结果不但对系统的前几级输出产生影响,同时还对系统前几级输入产生影响。

(四)自组织与涌现性

复杂系统在系统内外两方面因素的复杂非线性相互作用下,系统内部某些要素偏离平衡和稳定状态的涨落可能会被放大,从而在系统中产生更大范围更强烈的长程相关,出现系统"涨落"现象,是系统内部根据其内在机理和机制自发组织起来,推动系统从无序到有序,从低级到高级,从低层级向高层级发展和演化[59]。自组织是复杂系统自身适应环境变化和发展壮大的内在机理和内在机制,在此机理和机制的驱动和作用下,促使系统自发地发展和优化。比如生物界中的自然选择和优胜劣汰,物理学中的贝纳德水花,化学中的贝洛索夫-扎博廷斯基生物钟都是复杂系统自组织驱动的结果。

涌现性是复杂系统的重要特征,是系统的非还原性或非叠加性,是复杂系统内部各组成要素之间在外部环境和内在机理的共同作用下,相互影响、相互关联、相互作用、相互制约而激发出来的,属于系统新的特性和功能,是复杂系统整体大于局部之和的主要来源和依据。涌现性也是复杂系统科学研究的主要对象,本质上讲复杂系统科学就是一门研究系统涌现性的学科。

(五)积累效应与奇怪吸引性

复杂系统是一个随时间动态演变的时序系统,系统运行过程中,某些元素的状态发生微小变化,在系统内部机理的作用下触发其他元素的状态变化,这些变化会不断积累和放大,最终导致系统状态和系统行为发生巨大的改变,这就是复杂系统的积累效应,或称为蝴蝶效应。复杂系统的积累效应有时会增加系统运行的不确定性和风险性,敏感性越强的复杂系统,这种不确定性和风险性就越显著。

复杂系统运行过程中,随着时间的推移,可能会形成奇怪吸引子,也就是随着复杂系统随时序演化后逐渐收敛于某一区域的一系列点集。简单讲,吸引子是复杂系统在不受外界干扰的情况下,其自身在其自组织和内在机理的作用下趋近于一个相对稳定的行为状态,而这种稳定的行为状态是相对的,不是绝对的。首先复杂系统不是收敛于一个点,而是一系列的点集,属于一个相对平衡和稳定的状态;其次复杂系统处于相对稳定的行为状态时,只要受到微小的外界干扰或系统内部某些元素发生微小的变化,复杂系统的行为状态可能重新转化为波动和不稳定的运行轨道。

第三节 耗散结构理论

一、耗散结构理论概述

耗散结构理论是由著名物理学家伊里亚·普里戈金于20世纪40年代提出的系统理论,其核心思想是一个远离平衡态的非线性开放系统(不管是物理的、化学的、生物的乃至社会的、经济的系统)通过不断地与外界交换物质和能量,在系统内部某个参量的变化达到一定的阈值时,通过涨落,系统可能发生突变即非平衡相变,由原来的混沌无序状态转变为一种在时间上、空间上或功能上的有序状态。这种在远离平衡的非线性区形成新的稳定的宏观有序结构，由于需要不断与外界交换物质或能量才能维持，因此称之为"耗散结构"。

在耗散结构理论中，认为一个复杂系统只有满足了一定的条件之后才可能属于耗散结构，这些条件主要包括：(1) 开放系统是有序的前提，开放系统是指在系统运行过程中，与外界环境进行物质、能量和信息的交换，只有开放系统才具备自我补偿和自我修复的功能，通过与外界环境进行物质、能量和信息的交换，瓦解系统的旧结构，形成进化有序的新结构和新系统。(2) 系统的非平衡状态是有序之源，在平衡状态，熵产生为零，是一种稳定的状态。而在近平衡状态中，"涨落"虽能使系统暂时的偏离，但是在热力学第二定律的作用下又将会使系统重新回到原先的状态。只有当系统远离平衡状态时，"涨落"才会被放大，进而影响整个系统，并强迫役使系统朝着新的有序方向演化。可见只有当系统远离平衡状态时，系统才能保持对"涨落"的敏感性，在临界点处产生突变，使系统形成新的稳定和有序结构。(3) 系统的非线性是有序的保证，系统属于线性还是非线性与系统的反馈特性有关，由负反馈和正反馈引起的系统，都属于线性系统，只有由正反馈和负反馈同时作用产生的非线性系统，由于正反馈与负反馈两者的共同作用，使得系统的运行呈现周期性的演化状态，通常是演化为敏感且依赖于内部环境的混沌状态。(4) "涨落"实现有序，"涨落"是耗散结构的触发器，引导系统从一个状态演化为另一个状态，引导系统从无序到有序，从有序到良序的转化，普利高津研究发现"在耗散结构中，在不稳定之后出现的宏观有序是由增长最快的涨落决定的"，这种新型的有序称之为"通过涨落的有序"。

二、区域协同发展系统的耗散结构特征

区域协同发展系统是一个涉及多主体、多要素、多目标、多层次的复杂、动态、开放、非线性的复杂系统。它具备耗散结构理论的四个条件，这四个条件也成为区域协同发展系统的耗散结构特征。

第一，开放性特征。区域协同发展系统是一个地理空间和区位范围

概念,随着社会的发展与变迁,经济、社会、文化、生态、民生、创新等功能子系统在运作过程中,都需要不断在区域内部、区域之间进行物质、能量和信息的交换交互,形成一个开放的复杂系统。所有的区域都具有一定程度的开放性,不同区域开放程度存在差异性和异质性,通常区域开放程度越高,区域发展的活力越强,区域协同发展指数越高。区域协同发展系统内各地区(城市)的发展程度、资源禀赋、产业结构、生态环境、创新创业基础等都存在差异,形成位势,使得物质流、能量流和信息流等从低位势区域向高位势区域流动,形成负熵流,拉动区域协同发展系统的持续运转,推动区域协同发展系统从低级向高级、从无序到有序不断演化与发展,促进区域协同发展。

第二,非平衡状态特征。区域协同发展系统的资源与要素禀赋在区位空间分布上呈现不均衡性,区域发展规模和结构都具有一定程度的异质性和差异性,体现出要素不均衡、多元、有序、熵值小、混沌程度低等特征。具体而言,区域协同发展系统在空间、时间和功能三个维度上均具备较高的有序性,呈现远离平衡态的状态。在空间维度上,区域内各地区(城市)的发展水平和所处阶段存在区位势差,并引起竞争形成动态的流和力,在外界环境驱动下,有规则的波动和随机扰动相叠加,从而出现新的"涨落",促使系统远离平衡状态。在时间维度上,区域协同系统总是从远离平衡状态向相对平衡状态演化,再从更高层次、更高水平的远离平衡状态向新的相对平衡状态演化,区域协同系统总是处于动态的远离平衡状态,保持着时间上的高度有序,始终保持动态的演化模式。在功能维度上,区域协同发展包括经济、社会、文化、生态、创新等功能子系统,各子系统相互影响、相互制约,形成一个复杂巨系统,系统内每一个子系统的动态变迁,都会引起系统的扰动,使得区域协同发展系统长期处于远离平衡的状态[42]。

第三,非线性特征。区域协同发展系统由相互影响、相互作用的子系统构成,每个子系统又由众多要素组成,形成复杂的立体网络关系。因此,区域协同发展系统中要素与要素之间的关系也是动态、复杂和非线性的,很难用简单的线性关系进行描述和表征。且系统内部各要素之间的相关影响关系,形成复杂的因果关系链和因果关系环,进而形成系统反馈机制,根据要素之间的相关影响和变化关系可以分为正反馈和负反馈,正反馈体现要素之间的同向变化趋势,要素的改善促进系统优化;而负反馈体现要素之间的反向变化趋势,要素的增长阻碍系统优化,甚至导致区域协同发展系统陷入恶性循环。总之,区域协同发展系统的复杂性、不确定性和外界干扰性,使得系统内部各要素之间相互影响和相互作用呈现不规律性、复杂性和非线性。

第四,"涨落"的内生驱动特征。区域协同发展系统远离平衡状态的特征,使得系统有从远离平衡状态向平衡状态变迁和转变的内在驱动力,形成系统的"涨落"现象。而系统的"涨落"成为驱动区域协调发展系统从无序向有序、从低级向高级动态演化的内生动力。在区域协调发展系统中,"涨落"现象普遍存在,且引起"涨落"的因素也很多,宏观政策变化、资金异动、人才流动、技术革新、市场波动、突发公共卫生安全等都是引起区域协同发展系统出现"涨落"的关键因素,任何一个子系统或要素的微小波动,造成其偏离平衡状态的小"涨落",都有可能通过系统非线性的反馈机制,引起瞬时状态变量的巨大波动,进而引发区域协同发展系统的大"涨落"。如 2019 年底暴发的新冠肺炎疫情,作为突发公共卫生安全事情,严重影响和扰乱了全球经济、社会运转和人们的生活,形成巨大的"涨落";同时疫情也将催生新的模式和业态,推动社会向更高安全级别、更和谐相处的方向前进。

第四节 协同学理论

一、协同学的产生与主要概念

(一)协同学的产生

协同学又被称为"协调合作学""协和学",是由德国斯图加特大学的科学家赫尔曼·哈肯于 20 世纪 70 年代在多学科研究基础上逐渐形成和发展起来的一门新兴、交叉学科,是系统科学的重要分支理论。耗散结构理论强调了系统结构动态优化的必然性,哈肯以此为基础,致力于探索支配系统从无序到有序、从有序到良序发展的普遍规律,他以非线性动力学为数学工具,结合平衡相变理论、激光理论、信息理论、控制理论、复杂系统理论、动力学理论等,提出了协同学理论。协同学是一种系统理论,是一般系统理论的重要组成部分,它把所研究的对象看成是由组元、元素或子系统构成的系统,这些组元、元素或子系统通过物质、能量和信息交互与外界环境进行联系,同时系统内不同组元、元素和子系统之间相互影响、相互作用,形成统一的整体,并呈现组元、元素或子系统所不具备的全新特质和功能。

(二)协同学的主要概念

协同学是研究系统内各子系统整体协同变化的自组织理论,其涉及的主要概念如下。

相变:是系统从一种相转变为另一种相的过程。其中相是物质系统中物理和化学性质完全相同,与其他部分具有明显分界面的均匀部分。比如水,可以有固态、液态和气态三种状态,对应其具有固相、液相和气相三种相。系统相变发生在临界点状态,当系统状态超过临界点时,系统的相变发生突变,系统的相是影响系统有序性的重要因素,系统不同的相具有不同的有序度。

序参量:系统运行中表征相变出现的参量叫序参量,用于描述系统有序化程度以及相变程度的基本参量。序参量决定了系统的无序或有序状态的程度,是对系统有序性、层级性进行量化阐释的参量。

熵:原本是物理学中的概念,指热能除以温度所得的商,用于刻画或表征热量转化为功的程度。在复杂系统协同学中是指系统的混乱程度和消耗状况。

涨落:复杂系统运行过程中,由于受到外部环境及内部元素相互作用和影响,其状态出现随机波动,使得系统宏观量的瞬间值偏离平衡状态而出现的波动与起伏。在物质世界里,是指物质远离热力学平衡情况下,系统的熵在一定时间内增加或减少的相对概率。

自组织：复杂系统在运行过程中，由于内部作用机理，以及与外部环境进行物质、能量和信息交换时发生状态不断自发地改变，从无序到有序、从低级到高级的演化过程。

混沌：原本是力学概念，是指物质确定但是不可预知的运动状态，它不同于杂乱无章的混乱，通常是物质进化的一个过程，尽管其状态变化的速度和时间未知，难以准确预测，但是其进化的方向是明确的。在复杂系统协同学理论中，也用于表述系统状态的方向性、偶然性和不可预知性。

弛豫时间：在物理力学中，弛豫时间是指物质的某个变量由暂态趋向于某个定态所需要的时间。在复杂系统协同学中，用于描述系统序参量变化和演化到相对稳定状态所需要的作用时间。

二、协同学的研究对象

协同学的研究对象是非平衡开放系统中各元素的自组织及其形成的有序结构。系统通常是由众多的元素或子系统构成，系统运行过程中各元素或子系统相互作用、相互影响和相互制约，形成系统从无序到有序的演化过程，而协同学所研究的正是系统从无序到有序的演化过程。系统运行中，当外界环境发生变化时，导致影响系统运行的控制参量发生变化，进而影响系统从无序到有序、从有序到新有序、从新有序到混沌的演化进程。协同学所研究的系统通常具备以下条件和特征：（1）开放系统，系统在运行过程中可以与外界环境进行物质、能量和信息的交换与交互，且系统处于远离平衡的非平衡状态；（2）自组织，也叫非平衡相变，当系统的某个状态变量的变化达到特定的阈值时，系统的状态发生变化，从原有的稳定状态自发地演化为非稳定的临界状态；（3）有序化转变，系统运行进程中，新稳定状态的有序度会比旧稳定状态的有序度更高，由此推动系统不断从无序到有序、有序到新有序的演化与突变；（4）临界减慢，系统运行过程中，当系统状态趋近临界点时，因为元素或子系统的涨落而出现偏离稳定状态后，其重新恢复至稳定状态所需要的时间无限增长，且系统恢复至稳定状态的速率越来越小，呈现边际递减规律；（5）系统转变动力源，系统运行中结构状态的转变需要依赖物流、能量和信息的支撑。

三、协同学的基本思路与基本原理

协同学的基本思想是当复杂开放系统内的各个子系统处于一定环境和条件下时,它们会通过非线性的相互作用而产生关联作用和相干效应,在一定范围内,通过涨落达到一定的临界点,进而以自组织的方式使系统状态发生演化,并形成新的有序状态,新结构系统在时间、空间、性质、功能等各方面发生根本变化,新的有序产生的关键在于大量子系统的非线性相互作用和影响[60]。

协同学理论揭示了复杂开放系统内部各子系统之间如何通过相互关联作用产生协同效应,从而使系统由无序向有序、由低级有序向高级有序、再由有序向无序转化的一般规律。协同学所研究的有序结构是通过自组织的方式形成的,同时,协同学也认为,可以采用他组织方式,从外部环境对系统自组织的序参量施加影响和作用力,通过改变控制参量对序参量的协同竞争产生影响,进而自组织状态发生改变,促使系统达成有序或高级有序的状态[60]。系统的协同演化过程如图2-2所示。

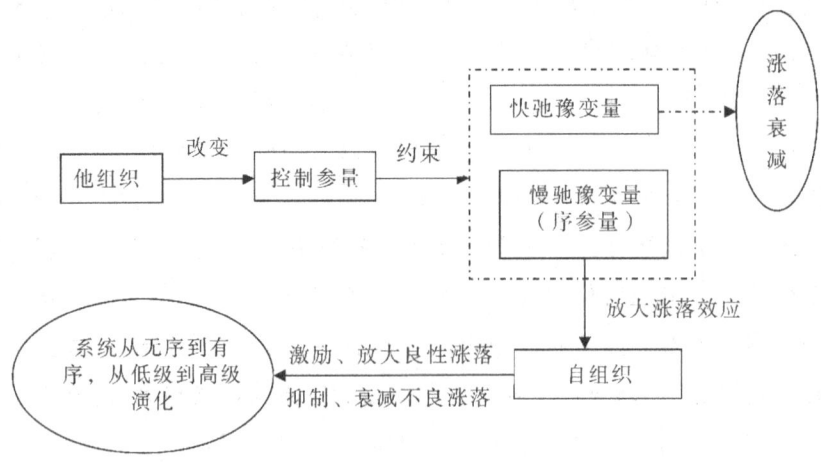

图2-2 系统协同演化过程

四、协同学的研究内容

哈肯提出的协同学理论主要包括以下三个方面的内容：(1)协同效应，协同效应是指由于协同作用而产生的结果，是指复杂开放系统中大量子系统相互作用而产生的整体效应或集体效应（《协同学引论》）。对千差万别的自然系统或社会系统而言，均存在着协同作用。协同作用是系统有序结构形成的内驱力。任何复杂系统，当在外来能量的作用下或物质的聚集态达到某种临界值时，子系统之间就会产生协同作用。这种协同作用能使系统在临界点发生质变产生协同效应，使系统从无序变为有序，从混沌中产生某种稳定结构。协同效应说明了系统自组织现象的观点。(2)伺服原理，伺服原理用一句话概括，即快变量服从慢变量，序参量支配子系统行为。它从系统内部稳定因素和不稳定因素间的相互作用方面描述了系统的自组织过程。其实质在于规定了临界点上系统的简化原则——"快速衰减组态被迫跟随于缓慢增长的组态"，即系统在接近不稳定点或临界点时，系统的动力学和突现结构通常由少数几个集体变量即序参量决定，而系统其他变量的行为则由这些序参量支配或规定，正如协同学的创始人哈肯所说，序参量以"雪崩"之势席卷整个系统，掌握全局，主宰系统演化的整个过程。(3)自组织原理，自组织是相对于他组织而言的。他组织是指组织指令和组织能力来自系统外部，而自组织则指系统在没有外部指令的条件下，其内部子系统之间能够按照某种规则自动形成一定的结构或功能，具有内在性和自生性特点。自组织原理解释了在一定的外部能量流、信息流和物质流输入的条件下，系统会通过大量子系统之间的协同作用而形成新的时间、空间或功能有序结构。

第五节 高质量发展理论

一、高质量发展的提出

改革开放四十多年来,我国经济建设取得重大成就,为世界经济增长做出了卓越贡献。但在经济快速增长的同时,也显露出发展失衡、质效偏低、创新不足等问题。在新形势、新常态下,面对世界百年未有之大变局,党的十九大报告做出"我国经济已由高速增长阶段转向高质量发展阶段,正处在转变发展方式、优化经济结构、转换增长动力的攻关期"[61]的重要论断。2017年召开的中央经济工作会议进一步指出,要把推动高质量发展作为当前和今后一个时期确定发展思路、制定经济政策、实施宏观调控的根本要求,推动中国经济在实现高质量发展上不断取得新进展。2020年4月,习近平总书记主持召开中央政治局会议时再次强调,要坚持以改革开放为动力推动高质量发展。由此可见,我国已经开始从规模速度型向质量效能型转变,高质量发展成为我国步入新时代后的崭新课题。

高质量发展理论的提出是基于我国当前经济社会发展的客观现实,一是我国社会矛盾转变为人民日益增长的美好生活需要和不平衡不充分的发展之间的矛盾。而高质量发展就是要以人民的需求和发展为目标和落脚点,不断满足人民在经济、政治、文化、民生、生态等领域的需求,同时实施区域协调、城乡协调发展战略,解决经济和社会发展不均衡、不公平的问题。二是针对资源约束趋紧,节能减排,提高经济发展的质量和效率,成为实现我国经济可持续发展的必然要求,在此情况下要通过高质量发展,提升生产要素的使用效率,提高投入产出比;优化资源配置和生产组织方式,优化产业结构,从供给侧和需求侧进行改革和匹配,提升资源和要素的配置效率;通过创新驱动,引领社会发展,提升全要素生产效率。三是面对百年未有之大变局,以及新常态下的发展理念问题,应该以新发展理念引领新发展格局。习近平总书记在党的十八届五中全会上提出了

"创新、协调、绿色、开放、共享"的新发展理念,高质量发展应该是体现新发展理念的发展。

二、高质量发展的内涵

对高质量发展的概念界定和内涵阐释,专家和学者们进行了广泛的研究和探讨。刘迎秋(2018)认为人民的获得感和幸福感是高质量发展的核心,高质量发展就是要满足人民在经济、政治、生活、生态等各个方面的美好生活需要的发展,就是更好地推动人的全面发展、社会全面进步的发展[62]。张军扩(2018)强调高质量发展是经济、政治、社会、文化、生态五位一体的全面发展,强调经济增长要与社会、生态等相协调、相适应,在发展经济的同时要重视经济结构优化、生态环境保护、社会文明提升等[63]。王一鸣和胡敏(2018)从宏中微观三个层次出发定义高质量发展,在微观层面,高质量发展主要指产品和服务的高质量;在中观层面,高质量发展主要指产业和区域发展的高质量;在宏观层面,高质量发展主要指国民经济整体的高质量和高效率,通常指生产要素的使用效率[64,65]。赵剑波等(2019)认为高质量发展应能够满足人的多层次需求,既为人民提供高质量的产品和服务以满足人的基本需要,也要保障公平正义,为人的自我实现创造社会环境和基本条件[66]。

党的十九大报告将高质量发展描述为更高质量、更有效率、更加公平、更可持续的发展。专家和学者们普遍认为高质量发展,就是能够更好地满足人民日益增长的美好生活需要的发展,是体现"创新、协调、绿色、开放、共享"新发展理念的发展,是创新成为第一动力、协调成为内生特征、绿色成为普遍形态、开放成为必由之路、共享成为根本目的的发展。

三、高质量发展的特征

(一)系统性

高质量发展是一个涉及多主体、多要素、多目标的复杂系统,具有系统特征。高质量发展在发展思路上体现了全面建设社会主义现代化国家、全面深化改革、全面依法治国、全面从严治党的"四个全面"战略布局的整体思想;在发展动力上体现了内在性动力与外在性动力的统一和国内国际两个大局的统一;在发展内容上体现了科学与价值、客观规律与主体诉求、人的发展与社会发展的统一。高质量发展涉及内容广泛,比如经济方面、社会方面、文化方面、生态方面和创新方面等。在经济上,如产业布局与结构问题、发展模式和发展方式问题、发展动力问题、发展效率问题、技术创新问题等;社会方面,包括了就业、失业、居民消费行为、需求趋势、教育、医疗等。这就要求我们全面领会贯彻中央总体部署,结合实际,发挥优势、补齐短板,形成具有区域特色的现代化体系,为推动我国高质量发展提供有力支撑。高质量发展的系统性特征,也要求我们把握其内在联系,不能顾此失彼,比如既要解决发展方式、发展动力以及发展不平衡、不协调问题,又要解决人与自然和谐问题、全球化背景下的发展路径问题以及发展成果分配的公平正义问题等[67]。

(二)可持续性

高质量发展是一个长期的发展战略,不是短期的权宜之策,也不能一蹴而就。高质量发展的可持续性,主要体现在以下几个方面:一是高质量发展重视生态环境保护,减少环境污染和加强环境治理,重视节能减排,重视减少资源和能源消耗,重视降低碳排放;确保我们拥有绿水青山,确保我们生活的地球和环境的清洁性和宜居性。二是高质量发展是一个长期的过程,需要重视顶层设计,整体规划;同时也要结合当前国内外的新形势和新状况,特别是面对当前百年未有之大变局和中美贸易竞争的大环境,应该调整发展结构、转变发展方式、增强发展动力,解决发展面临的矛盾、障碍、问题,立足大局,把握规律,多点突破,持续推进高质量发展。

(三)创新性

在我国经济发展新常态下,经济和社会发展动力已经从资源和投资等传统要素向创新和创业等高级要素转移,创新逐渐成为驱动高质量发展最重要的引擎和动力源。通过创新生产活动,可以整合生产资源和要素的关联,优化资源配置,提高生产效率和效益;同时通过创新生产活动才能发展新业态、新模式,才能运用新技术、推广新产品、提供新服务,实现提高社会生产力,改善生活水平,提高民生质量。此外,通过创新生产活动,提高我们的科技水平,解决高科技领域的"卡脖子"问题,提升自主创新能力,增强国际竞争力,在中美贸易摩擦中占据主动地位。为了更好实施创新驱动高质量发展战略,必须将创新放在更加重要和凸显的地位,提高创新驱动战略的意识,不断增加科技创新投入,改善科技创新环境和氛围,激发科技创新工作者的潜能,聚集创新要素和资源,加快科技创新成果的转化和产业化,提升科技创新破解矛盾和解决问题的能力和水平。

(四)普惠性

高质量发展的出发点和落脚点是解决人民日益增长的美好生活需要和不平衡不充分发展之间的矛盾问题,因此应该将高质量发展取得的成就和成果更广范畴、更加公平、更加平等地惠及全体人民,让全体人民共同享有高质量发展的成果和福祉,这不仅是高质量发展的内在要求,也是社会主义的本质要求。高质量发展到越高层次、越高水平,越要坚持人人参与、人人尽力、人人享有的原则和策略,使高质量发展更具公平性和普惠性。高质量发展要求我们必须始终坚持将人民的切实利益放在首位,始终坚持以人民的利益和福祉为中心,始终与人民同呼吸、共命运,想他人之所想,思他人之所思,急他人之所急,忧他人之所忧,切实做到让高质量发展的成果惠及全体人民。

四、高质量发展的路径

对于如何推进高质量发展,党的十九大四中全会提出应重点做好以下四个方面的工作:第一是全面贯彻"创新、协调、绿色、开放、共享"的新发展理念;第二是深化供给侧结构性改革,充分发挥我国超大规模市场优势和内需潜力,构建国内国际双循环相互促进的新发展格局;第三是完善社会发展体制和机制,加快建设现代化经济体系;第四是全面落实创新驱动发展战略,提升社会发展动力。

首先是全面贯彻新发展理念,发展理念的关键在于"新"。提到"新"一定有"旧",新发展理念是为解决什么问题而提出的?在高质量发展阶段,比 GDP 的规模和速度更重要的是质量与效益,因而就有了质量第一、效益优先的本质要求。"创新、协调、绿色、开放、共享"的新发展理念中,创新发展注重的是解决发展动力问题;协调发展注重的是解决发展不平衡问题;绿色发展注重的是解决人与自然和谐问题;开放发展注重的是解决发展内外联动问题;共享发展注重的是解决社会公平正义问题。以新发展理念为引领的高质量发展,是体现了遵循经济规律的科学发展,是注重系统、考虑协调和体现整体、优化结构、提升质量、释放优势、赢得效益的发展;体现了遵循自然规律的可持续发展,既要经济发展也要环境保护,既要物质文明、精神文明上台阶也要生态文明上台阶,既要发展生产也要优化生态的发展;体现了遵循社会发展规律的包容性发展,是以提高人民生活水平实现梦想为奋斗目标、矢志不移走共同富裕道路的发展。

其次是深化供给侧结构性改革,充分发挥我国超大规模市场优势和内需潜力,构建国内国际双循环相互促进的新发展格局。我们说供给侧结构性改革是高质量发展阶段宏观政策的主线索,它的对应面是需求管理,是以逆周期调节为主要特征的需求管理政策。我们应该在加强供给侧结构性改革的基础上,实施需求侧改革,双管齐下、齐头并进,推进供给与需求之间的同步协调和匹配。我们提出供给侧结构性改革,要用供给侧结构性改革匹配高质量发展,要解决的是经济发展的结构问题、供给侧问题。因而,从需求管理政策迈向供给侧结构性改革是高质量发展阶段所必须面对的关键问题。同时,我们一定要充分利用国内 14 亿人口的需求和消费市场,以及我国强大、完整的工业生产体系,以拉动内需和促进消费升级为抓手,提高经济发展的自主性、可控性和安全性。

再次是完善社会发展体制和机制,加快建设现代化经济体系。党的十九大报告指出加快建设现代化的经济体系,是未来我国经济建设和高质量发展的一个总纲领,要坚持质量第一、效率优先的方针,坚持深化供给侧结构性改革的主线,推动质量、效率、动力三大变革,建设实体经济、科技创新、现代金融、人力资源四位协同的产业体系,建设市场机制要有效、微观主体要有活力、宏观调控要有度的经济体制[67]。在完善社会发展体制和机制进程中,要始终坚持和全面贯彻"创新、协调、绿色、开放、共享"的新发展理念,充分发挥创新的驱动作用,解决发展不平衡和不均衡的问题,坚持走绿色可持续发展道路,深化改革开放促进内外联动和双循环体系构建,坚持以人民利益和福祉为导向的社会公平和公正建设。

最后是全面落实创新驱动发展战略,提升社会发展动力。创新是推动社会发展和进步的不竭动力,尤其是在高质量发展阶段,科技创新成为社会发展的第一动力源,只有不断营造良好的创新环境和氛围,加快科技创新投入,聚集科技创新要素和资源,激发科技创新潜能,才能推动科技创新的高质量发展。占领科技领域的制高点,能有效解决高科技领域的"卡脖子"问题,才不会受制于人,也才能在中美贸易竞争中处于有利地位,抢占科技领域的话语权。为此,我们要加快专业科技人才和高尖端人才的培育,加强与国际接轨,瞄准科技领域的前沿;我们要构建科技创新体系建设,在科技资金投入、科技机构组织与管理、科技成果转化、科技项目考核等方面构建完整的体系;我们要加强高科技攻关,尤其是针对那些芯片制造、集成电路、高端制造、精密生产仪器、计算机操作系统、生物制约等"卡脖子"的领域,需要集中优势资源和力量,重点突破;我们营造良好的科技创新环境和氛围,为科技创新人才提供良好的福利待遇,解决他们的后顾之忧,提升科技创新人才的社会地位,吸引青年高学历学者和具备科技创新能力和潜力的人才进入科技领域。

第六节 本章小结

本章对区域协同发展的相关理论进行阐释,首先是对区域协同发展的相关概念进行界定,对与其相似的区域协调发展和区域一体化等概念进行辨析,并指出区域协同发展的特点;其次对区域协同发展相关的理论、工具和方法进行介绍,主要是对复杂系统理论、耗散结构理论、协同学理论、高质量发展等进行阐述,为后续章节内容的介绍提供理论基础和理论依据。

第三章　闽西南协同发展区概况

第一节　闽西南协同发展的历史演化

闽西南协同发展区属于省内跨市域协同发展区,2018年福建省委、省政府提出闽东北、闽西南协同发展战略,构建区域协同发展的"福建方案"。同年10月闽西南协同发展区办公室在厦门挂牌成立,2019年5月印发《闽西南协同发展区发展规划》,闽西南协同发展走上正轨和快车道。尽管闽西南协同发展的历史不长,但是闽西南区域合作却有悠久的历史。早在1994年,厦门、泉州、漳州、龙岩和三明五市签订了《闽西南五地市区域经济合作章程》,拉开了闽西南合作的序幕;2011年,为了促进厦漳泉同城化,签署《厦漳泉大都市区同城化合作框架协议》,厦漳泉闽南金三角的区域合作战略开始实施和推进;2014年为深化发达地区与欠发达地区之间的区域协作,推动厦门和龙岩两地协调发展,厦门龙岩山海协作区成立,双方签署《厦门龙岩共建山海协作经济区框架协议》;2018年4月,福建省委、省政府部署成立闽西南经济协作区,同年9月,将经济协作区上升为协同发展区,将协作的范畴从经济领域扩展为经济、社会、民生、生态、创新等领域,实现全方位的协同与融合,构建区域协调发展的"福建方案",为福建区域的协同发展注入新活力和新动力。

一、闽西南经济合作

1994年12月,为推动海峡西岸经济区建设,地处闽西南的厦门、泉州、漳州、龙岩、三明五市召开第一届党政领导联席会议,审议通过《闽西南五地市区域经济合作章程》,共同发起成立闽西南五市经济合作区的倡议,闽西南经济合作由此拉开序幕。闽西南五市位于海峡西岸经济区的核心位置,拥有厦门和泉州两大中心城市,集经济特区、沿海开放城市、侨乡工贸区、台商投资区和海峡两岸农业合作试验区于一体,是全国对外开放时间最早、开放程度最高、开放层次最多的地区之一,也是福建省经济发展最具活力的地区。闽西南五市地理位置相邻,资源禀赋差异大,经济与产业结构互补性强,闽南文化与闽西文化融合性强,具有良好的区域合作基础和前景。

党政领导联席会议是闽西南经济合作区的最高决策层,基本上每年举行一次。1997年,闽西南五市党政第三次联席会议上审议通过《闽西南经济合作区交通规划》。1999年11月,闽西南五市党政第五次联席会议上,通过九龙江流域水污染与生态破坏综合整治工作方案。2004年8月,闽西南五市党政第八次联席会议上,闽西南区域制造业合作思路确定。2005年8月18日,闽西南五市党政第九次联席会议上,通过了《推进闽西南五市区域经济合作行动宣言》,总结了十年来五市区域合作经验,明确地规范了区域经济合作各方面内容,提出了今后一阶段时期的合作方向,成为五市合作的纲领性文件。2007年6月,闽西南五市党政第十一次联席会议,确定闽西南五市区域合作要在更高层面上全方位、多层次地向紧密型、实质性发展。会议提出要加强闽西南五市宣传、交通、规划、旅游、工业、商贸、科技、环保、教育、卫生、劳动与社会保障、物流十二个部门之间的对口联系与合作,会议审议通过了《加强闽西南五市部门合作工作方案》。

闽西南经济合作区在五市党政领导的共同努力下,取得丰硕的合作成果。在交通基础设施方面的成果尤为显著,1997年漳泉肖铁路开通,2001年梅坎铁路开通,2005年赣龙铁路建成通车,2010年向莆铁路建成通车;1998年闽粤赣沿海高速公路厦漳段全线通车,1999年,漳龙高速公路龙岩段二期工程建成通车,2002年漳诏高速公路全线通车,2003年漳龙高速公路全线通车;2012年厦漳跨海大桥建成通车,同时漳州港与厦门港合并,组成新的厦门港。闽西南经济合作区的立体交通网络逐渐成熟并趋于完善。产业协作不断推进,泉州中国国际信息技术(福建)产业园、厦门泉州(安溪)经济合作区湖里园、厦门泉州(安溪)经济合作区思明园、长汀县晋江工业园、厦龙山海协作经济区雁石片区、龙海泰宁产业园、明溪—鲤城山海协作共建产业园、集美(清流)共建产业园、翔安云霄山海协作共建产业园等一大批产业协作园区建立,对推动闽西南经济合作区的产业合作与经济协调发展具有十分重要的作用和贡献。

二、厦漳泉同城化

厦门、漳州和泉州同属于闽南地区,俗称闽南金三角,同属沿海城市,三市语言相通、文化相承、习俗相近,经济交往和人员往来频繁,产业互补性强,具有发展城市群的天然条件和基础。2010年7月,为全面实施海峡西岸城市群发展规划,推动城市联盟,在更高层次、更大平台集聚竞争优势,推动区域科学与跨越发展,福建省委、省政府提出构建厦漳泉大都市区建设的战略构想,推进厦漳泉一体化发展。2011年7月,厦漳泉大都市区同城化第一次党政联席会议召开,厦漳泉同城化进程的大幕正式拉开,随后福建省发布《加快推进厦漳泉大都市区同城化工作方案》,为厦漳泉同城化提供整体思路和方案;9月,厦门、泉州和漳州签署《厦漳泉大都市区同城化合作框架协议》;12月,厦漳泉大都市区同城化纳入国务院批准实施的《厦门市深化对台交流合作综合配套改革试验总体方案》。2012年《厦漳泉大都市区同城化总体规划》编制完成并发布,厦漳泉同城化进入发展的快车道。

在《厦漳泉大都市区同城化总体规划》中,对厦漳泉大都市区的发展目标、发展定位、空间布局等都进行了明确的规划。在发展目标方面,提出2015年厦漳泉大都市区初步实现同城化,即交通通信基础设施同城化联网、公共服务信息平台同城共用、基本社会公共服务有效融合、资源要素市场体系一体化形成和综合经济能力的显著增强。2020年基本实现同城化,实现同城化共建共享机制将较为完善,实现产业、空间和社会的高度融合。在发展定位方面,规划提出了厦漳泉大都市的四个发展定位:中国对外开放的重要国际门户、海峡西岸先进制造业和现代服务业中心、国家海洋经济发展先行示范区、两岸经济文化融合发展的先行示范区和先行先试区。在空间布局方面,闽西南大都市区规划为"一核、三带、两轴",其中"一核"为大都市核心区,由核心区中部、核心区西部、核心区东部构成;"三带"包括绿色山地生态保育带、沿海产业城镇聚集带、蓝色海洋保护与开发带;"两轴"指厦漳-龙岩-赣州发展轴和厦泉-三明-抚州发展轴。

三、山海协作发展

为解决区域发展不平衡问题,促进革命老区的发展,2014年5月福建省政府批复成立"厦门龙岩山海协作经济区";同年12月,厦门和龙岩签订《厦门龙岩共建山海协作经济区框架协议》,山海协作模式正式开始运行;2015年4月,厦门龙岩山海协作经济区党工委、管委会、纪工委正式挂牌成立,行使相应职能。协作区秉承"政府搭台、企业唱戏、市场运作、产业协作、管理合作"的合作模式,将厦门的产业优势和龙岩的环境资源优势相结合,形成了共建共管共享的区域协调发展新模式。

协作区位于龙岩的龙雁新区,规划面积35平方公里,合作区将以先进制造产业、新能源、新材料、旅游休闲等新兴产业为主导,建设宜居宜业的生态型城市新区。根据规划,协作区中的雁石产业园将重点发展机械制造、新型建材、精细化工产业,白沙—苏坂产业园将重点发展电子机械、生物医药、农产品深加工、商贸物流、休闲农业及旅游等产业。协作区的实质运作旨在推动厦门和龙岩的共享与双赢,对于厦门来说,经济和产业发达,但是陆域面积小,缺乏产业发展的腹地和空间,有了协作区后,可将其看作是厦门的"第七区",承接厦门一些产业的转移,拓宽发展空间。同时,对于龙岩来说,可以通过协作区发展产业,增加就业,拉动经济发展。

四、闽西南协同发展

2018年4月,为适应新时期、新常态、新形势下区域协调发展战略的需要,福建面对上有长三角、下有粤港澳,处在两大区域的夹击之中,两大区域的虹吸效应将对福建的区位优势产生弱化和边缘化的风险;且受到国内外环境影响,经济发展速度变缓,从规模和速度向质量和效益转变,需要转换经济增长动能,促进区域协调发展。在此背景下,福建省委、省政府提出构建闽东北、闽西南两大经济协作区的战略设想;同年8月将经济协作区升级为协同发展区,将协调范畴由单一经济领域升格为经济、社会、民生、创新和生态等领域,形成双轮驱动、南北互动、协调推进、统筹发展的全方位、一体化的协同发展区,构建了具有福建特色区域协同发展模式。

2019年5月印发《闽西南协同发展区发展规划》,为闽西南协同发展区建设指明了方向和路径。其内容包括规划背景、总体要求、优化协同发展格局、健全互联互通的基础设施体系、构建协同创新网络和现代创业体系、推进公共服务共建共享、构建全面开放新格局、共建互认互惠区域市场、推动生态共建环境共治九部分内容。尤其是空间布局方面,构建了"一核三湾两带两轴"的区域协同发展格局,其中"一核"是厦漳泉都市区,厦门为中心城市,以此作为闽西南协同发展的引擎,全面推进厦漳泉同城化建设,打造高质量发展的样本和典范、参与国际合作与竞争的高地,建设成为辐射带动闽西南协同发展的发动机。"三湾"是指厦门湾、泉州湾和东山湾,立足各湾区的发展基础、区位特征和资源禀赋,推动各湾区发挥优势、差异化发展,强化联动互动,加快建设高端临海产业带、创新要素集聚区、先进海空枢纽港、深度融合城市圈,打造产业聚集、科技密集、交通汇集、城市群集的现代化湾区,成为带动闽西南协同发展的主体。"两带"是指沿海城镇发展带和山区绿色发展带,在厦门全域、泉州和漳州东部重点发展城镇空间布局,合理规划岸线开发利用和港口建设,推进临港产业和战略性新兴产业发展,建成人口与产业集聚、创新要素集聚的沿海城镇发展带;而在龙岩和三明全域、泉州和漳州西部发挥山地绿色生态资源优势,统筹开发利用红色旅游与生态旅游资源,协同提升特色产业发展水平,打造山区绿色发展带。"两轴"是厦漳龙发展轴和厦泉三发展轴,依托地理位置和交通网络,打造贯通山海、连接中西部的重要通道,深化区域产业合作,实施产业梯度转移,打造优势产业链群,推进厦漳泉都市区和内陆腹地的整体联动。

闽西南协同发展区挂牌成立以来,在"闽东北闽西南两个协同发展区建设领导小组"的有力领导和闽西南协同发展区办公室的积极运作下,通过"联席会议"的形式推动闽西南协同发展区各项工作的稳步开展,取得了不俗的成绩。2019年立项的重大(重点)项目达143个,正按计划有序落地和启动,总投资8 312.10亿元、2019年计划投资946.57亿;2020年重点推进的124个重大项目总投资约10 687.3亿元,年度计划投资1 014.4亿元。以项目拉动闽西南协同发展是目前的主要方式,也取得一定的效果。但是闽西南协同发展不仅要"输血",还需要有自身"造血"功能,要通过建立协同发展机制体制,加强产业梯度异构和协同联动,构建"1+1＞2"的内生增长机制,形成"互惠共生、协作共赢"的良好局面,才能真正推动闽西南协同发展区高质量发展。

第二节　闽西南协同发展区概况

闽西南协同发展区由闽南的厦门、漳州和泉州与闽西的龙岩和三明五市构成,厦门、漳州和泉州属于沿海城市,龙岩和三明属于内陆城市。从经济和社会发展程度看,厦门和泉州较为发达,漳州居中,而龙岩和三明较为落后。闽西南陆域面积6.8万平方公里,占福建全省陆域面积的55%;2020年人口2 297万,占福建全省人口的60%;2020年地区生产总值(GDP)26 874亿元,占福建全省的61%。可见闽西南协同发展区的陆域面积、人口和GDP都超过福建省的一半,在福建省域具有举足轻重的作用和地位。

一、厦门简介

厦门,简称"厦",别称鹭岛,位于福建省东南端,是国务院批复确定的经济特区、副省级城市、计划单列市,东南沿海重要的中心城市、港口及风景旅游城市。2019年末,全市下辖6个区(思明区、湖里区、海沧区、集美区、翔安区和同安区),陆域面积1 700.61平方公里,其中本岛面积157.98平方公里(含鼓浪屿),海域面积约390平方公里;常住人口429万人,其中户籍人口261万人,常住外来人口221万人。厦门依托其区位优势和经济特区的优惠政策,成为改革开放的高地,是国家综合配套改革试验区、国家物流枢纽、东南国际航运中心、自由贸易试验区、国家海洋经济发展示范区,已成为海峡两岸新兴产业和现代服务业合作示范区、两岸区域性金融服务中心和两岸贸易中心。

2020年厦门实现地区生产总值6 384.02亿元,比上年增长5.7%。其中,第一产业增加值28.89亿元,增长2.5%;第二产业增加值2 519.84亿元,增长6.1%;第三产业增加值3 835.29亿元,增长5.5%。三大产业占比分别为0.45%、39.47%和60.08%,第三产业占比超过60%,成为拉动经济增长的重要引擎。厦门以电子信息、高端机械制造、光电、软件与信息服务、港口与现代物流、旅游与会展等为支柱与主导产业。厦门是知名旅游城市,环境优美,连续23年被评为国家卫生城市(1996—2019年),拥有鼓浪屿、环岛路、植物园、南普陀寺、园博苑、胡里山炮台等旅游景点。

二、泉州简介

泉州,别称鲤城,位于福建省东南部,是福建省三大中心城市之一,北承省会福州,南接厦门特区,东望台湾宝岛,西毗漳州、龙岩、三明。现辖鲤城、丰泽、洛江、泉港4个区,晋江、石狮、南安3个县级市,惠安、安溪、永春、德化、金门(待统一)5个县和泉州经济技术开发区、泉州台商投资区。全市陆域面积11 015平方公里(含金门),2019年末常住人口874万人(不含金门县)。泉州是国务院首批历史文化名城、东亚文化之都、古代

"海上丝绸之路"起点城市,"一带一路"建设的重要节点城市,文化积淀深厚,素有"海滨邹鲁""世界宗教博物馆""光明之城"的美誉。泉州是我国历史上重要的对外通商港口,有着上千年的海外交通史,自唐代开始即为中国南方四大对外通商口岸之一,到了宋元时期泉州港跃居为四大港之首,以"刺桐港"之名驰誉世界,成为与埃及亚历山大港媲美的"东方第一大港"。泉州是全国著名侨乡和台湾汉族同胞主要祖籍地,旅居世界各地的泉州籍华侨、华人720多万人,港澳同胞70多万人,台湾汉族同胞900多万人。

2020年泉州实现地区生产总值10 158.66亿元,比上年增长2.9%。其中,第一产业增加值226.60亿元,增长1.8%;第二产业增加值5 808.15亿元,增长2.8%;第三产业增加值4 123.91亿元,增长3.2%。三大产业占比分别为2.20%、57.20%、40.60%,第三产业增加值占GDP比重突破40%。泉州是福建GDP排名第一位的城市,工业发达,特色鲜明,晋江的"中国鞋都"、泉港的"石化基地"、丰泽的"中国树脂工艺之乡"、石狮的"中国服装名城"、南安的"中国建材之乡"、惠安的"中国石雕之乡"、德化的"工艺陶瓷之乡"、永春的"芦柑之乡"、安溪的"乌龙茶之乡"等都驰名中外。

三、漳州简介

漳州,位于福建省南部,是闽南金三角的重要城市之一,东邻厦门,东北与厦门市同安区、泉州市安溪县接壤,北与龙岩市漳平、永定毗邻,西与广东省大埔、饶平县交界,东南与台湾隔海相望。漳州下辖4个区(芗城区、龙文区、龙海区和长泰区)、7个县(漳浦县、云霄县、诏安县、东山县、南靖县、平和县和华安县)。陆域面积1.26万平方公里,海域面积1.86万平方公里,海岸线狭长,海洋资源丰富;2019年末常住人口516万人。漳州是历史文化名城,人类活动历史约一万年左右,是古代海上丝绸之路的重要源头和节点城市。漳州地域辽阔,物产富饶,漳州素有"花果之城""鱼米之乡"的美称;这里盛产"五大名花":水仙花、茶花、兰花、红梅、蜡梅;"十大名果":芦柑、荔枝、香蕉、龙眼、柚子、菠萝、枇杷、杨梅、桃、番石榴;"漳州三宝"(八宝印泥、水仙花与片仔癀)更是驰名海内外。漳州还是福建重点侨乡和台胞的主要祖籍地,现有台湾人口中,祖籍漳州的占35.8%,全市旅居海外的侨胞、港澳同胞80多万人,归侨、侨眷50多万人。

2020年漳州实现地区生产总值4 545.61亿元,比上年减少4.1%。其中,第一产业增加值498.71亿元,增长3.1%;第二产业增加值2 056.79亿元,下降9.1%;第三产业增加值1 990.11亿元,增长1.1%。三大产业占比分别为10.97%、45.25%、43.78%。漳州农业资源丰富,现代农业发达,农业在地区生产总值中的比重相对较高;近年来漳州工业发展迅速,逐渐形成石化、钢铁、食品、装备制造等四大主导产业和新材料、信息、生物医药和新能源等四大新兴产业。且漳州旅游资源丰富,东山岛、土楼、滨海火山自然生态风景区、天福茶博物院景区、花博园景区、云洞岩等都是知名的旅游景点。

四、龙岩简介

龙岩,位于福建省西部,地处闽粤赣三省交界,通称闽西。龙岩是海峡西岸经济区、全国革命老区、原中央苏区的重要组成部分,七个县(市、区)均为原中央苏区县,是全国赢得"红旗不倒"光荣赞誉仅有的两个地方之一,享有"二十年红旗不倒"赞誉。也是福建省最重要的三条大江——闽江、九龙江、汀江的发源地。龙岩下辖2个区(新罗区和永定区)、1个市(漳平市)和4个县(上杭县、长汀县、连城县和武平县)。2019年末,龙岩陆域面积19 027平方公里,常住人口264万人,户籍人口318万人。龙岩曾经是远古时代"古闽人"的天堂,是"闽越人"的祖籍地,河洛人的祖居地之一和"南海国"的国都所在地及其中心区域,是享誉海内外的客家祖地。龙岩有75%以上人口是客家人。龙岩是国家客家文化生态保护实验区,长汀被称为"客家首府",汀江被誉为"客家母亲河",永定客家土楼被列入世界文化遗产名录。客家文化和闽南文化在这里交融,孕育了龙岩人热情好客、勤劳进取的品质。

2020年龙岩实现地区生产总值2 870.90亿元,比上年增长5.3%。其中,第一产业增加值 319.73 亿元,增长 3.3%;第二产业增加值 1 263.37 亿元,增长 5.3%;第三产业增加值 1 287.80 亿元,增长 5.7%。三大产业占比分别为 11.14%、44.01%、44.85%。龙岩属于边远山区,农业资源较为丰富,工业较为落后。但是随着改革开放的不断深入和交通网络的日臻完善,龙岩的工业有了较快的发展,尤其是在金属冶金、装备制造、烟草等领域逐渐形成具有竞争力的主导产业。龙岩旅游资源十分丰富,尤其是红色之旅(古田会议旅游区、万里长征起点、福音医院旧址、福建省苏维埃政府旧址、瞿秋白纪念碑、新泉革命旧址、刘亚楼纪念馆等)、客家文化之旅(永定土楼、培田古民居、连城四堡、上杭李氏大宗祠等)、生态之旅(冠豸山、梅花山、龙䂥洞、九鹏溪、江山睡美人、梅花湖等)。

五、三明简介

三明,位于福建省中部连接西北隅,东依福州市,西毗江西省,南邻泉州市,北傍南平市,西南接龙岩市,是一座新兴的工业城市,是全国文明城市和国家卫生城市、国家园林城市及中国优秀旅游城市。三明下辖两区(三元区和沙县区)、一市(永安市)和八县(尤溪县、大田县、明溪县、清流县、宁化县、将乐县、泰宁县和建宁县)。2019 年末,龙岩陆域面积 22 965 平方公里,常住人口 259 万人,户籍人口 288 万人。三明地处福建中部,承南接西,闽中文化、闽西文化和闽南文化交融相会,形成文化多元性和方言多样性。

2020 年三明实现地区生产总值 2 702.19 亿元,比上年增长 4.1%。其中,第一产业增加值 314.57 亿元,增长 3.9%;第二产业增加值 1 401.90 亿元,增长 4.2%;第三产业增加值 985.72 亿元,增长 4.1%。三大产业占比分别为 11.64%、51.88%、36.48%。三明是福建省工业化较早的城市,但是由于受到地理位置、资源禀赋等方面的制约,现代工业较为落后。近年来,在三明市政府的引导下,逐渐形成了以汽车及机械装备、纺织、化工、建材、林产加工、新材料(氟、硅、稀土、石墨、石墨烯等)为重点的主导产业。

第三节　闽西南协同发展的基础与条件

一、深厚的历史文化底蕴和良好的区域协同发展基础

(一)深厚的历史文化底蕴

深厚的历史文化底蕴是驱动闽西南协同发展的外在动力和凝聚力。闽西南协同发展区的厦门、泉州、漳州、龙岩和三明五市中,厦门、泉州和漳州属于闽南三角洲,同属闽南语系,其语言相通、地理相连、文化相承、人文相亲、风俗相近,他们在行为习惯、思想观念、意识形态、思维方式、生活方式、饮食习惯、人情世故等都具有极高的相似性,文化趋同和认可加强了社会民众之间的相互信任和依赖,使得民间交往频繁,文化交流密切,联姻通婚普遍,推动了厦门、泉州和漳州区域的联动和互动,为闽西南协同发展奠定了坚实的社会基础。龙岩和三明多数县(市、区)属于客家人,讲客家话,遵从客家文化,他们勤劳勇敢、热情好客、团结友善、开放包容,富有开拓精神和进取意识。且随着闽南文化与闽西客家文化的交往日益深入,闽南文化的开放和包容与闽西客家文化的诚朴与宽厚逐渐交汇与融合,逐渐使得闽南文化与闽西文化之间的界限不断模糊起来,形成浑然一体之势。龙岩的新罗区和漳平市属于闽南语系和闽南文化,漳州的南靖、诏安和华安等地的边远地区聚集着大量的客家族群,三明的大田等地也通闽南语,文化与闽南近似。因此,在闽西南协同发展区基本形成了以闽南文化为主、客家文化为辅的文化体系,且闽南文化与客家文化的融合与交汇使得两种文化的相容性和互通性逐渐增强,为驱动闽西南协同发展提供黏合动力和凝聚动力。

(二)良好的区域合作基础

闽西南地区有悠久的合作历史,从20世纪90年代开始成立的闽西

南经济合作区,正式拉开了闽西南五市合作的序幕,当年审议发布了《闽西南五地市区域经济合作章程》,成为闽西南五市合作的框架和蓝皮书,在闽西南党政联席会议的组织下开展各项合作工作,取得丰硕的合作成果,特别是在合作区域的港口整合、立体交通网络完善和产业园区合作等方面的成效尤为突出,为闽西南五市的交通基础设施完善、经济合作和产业优化布局等领域奠定了良好的合作基础。接着是 2010 年在福建省委、省政府的统筹和指导下,提出厦漳泉同城化的战略构想,试图在更高层次、更大平台集聚竞争优势,建设厦漳泉大都市区,推动区域科学与跨越发展。2012 年编制的《厦漳泉大都市区同城化总体规划》对同城化的发展目标、发展定位、空间布局等进行了明确的设计和规划,但由于缺乏更高层次的组织与协调,以及涉及各方核心利益的议题难以有效推进,厦漳泉同城化进展缓慢,比如电话区号统一和取消厦漳泉通讯漫游等议题的讨论,只到通讯漫游退出历史舞台仍然未取得实质性进展。2014 年福建省政府批复成立的厦门龙岩山海协作经济区,在龙岩的龙雁新区成立实体的协作区,按照"政府搭台、企业唱戏、市场运作、产业协作、管理合作"的合作模式,将厦门的产业优势和龙岩的环境资源优势相结合,形成了共建共管共享的区域协调发展新模式。最后就是 2018 年成立的闽西南协同发展区,将协调范畴由单一经济领域升格为经济、社会、民生、创新和生态等领域,形成双轮驱动、南北互动、协调推进、统筹发展的全方位、一体化的协同发展区,构建了具有福建特色区域协同发展模式。由此可见,闽西南协同发展历史悠久,根基扎实,为区域协同发展打下良好的合作基础。

二、雄厚的经济发展基础和逐渐优化的产业结构

(一)经济发展规模和质量不断提升

2020 年,闽西南协同发展区实现地区生产总值 26 661.38 亿元,比 2019 年增加 703.5 亿元,增长 2.7%。其中泉州市 2020 年地区生产总值 10 158.66 亿元,比 2019 年增长 2.1%,首次突破万亿元大关,居全省第一

位;厦门市2020年地区生产总值6 384.02亿元,比2019年增长6.5%,保持较高增长速度;漳州市2020年地区生产总值4 545.61亿元,比2019年减少4.1%,是福建省唯一地区生产总值下降的城市;龙岩市2020年地区生产总值2 870.90亿元,比2019年增长7.2%,是福建省增长速度最快的城市;三明市2020年地区生产总值2 702.19亿元,比2019年增长3.9%。与闽东北协同发展区相比(表3-1),闽西南协同发展区陆域面积占全省55%,人口占全省59%,但是创造了接近61%的地区生产总值,由此可见闽西南协同发展区比闽东北协同发展区的经济发达指数更高、增长活力更强,其经济发展的规模和质量潜力正在逐渐凸显。

表3-1 2020年闽西南协同发展区与闽东北协同发展区的比较

指标 区域	陆域面积		人口		GDP	
	数量/万平方公里	比例/%	数量/万	比例/%	数量/亿元	比例/%
闽西南协同发展区	6.8	55%	2 297	59%	26 661.38	60.73%
闽东北协同发展区	5.6	45%	1 596	41%	17 242.51	39.27%

(二)产业结构不断调整和优化

近年来,随着闽西南协同发展的稳步推进,供给侧结构性改革和高质量发展战略的逐渐推行和落实,推动闽西南区域的产业结构不断转型升级和调整优化。厦门市第一产业占比很小,不足0.5%;第二产业占比呈现下降趋势,2020年占比下降至40%以下;第三产业占比持续优化,2020年占比已经超过60%,可见厦门市产业结构得到持续优化和改善。泉州市是一个典型的工业城市,第二产业占比较高,尽管呈现缓慢下降趋势,但2020年占比依然高达57.20%;而第一产业和第三产业占比相对偏低,其中第一产业只有2.20%,第三产业则刚超过40%。漳州市传统农业较为发达,第一产业占比相对较高,接近11%,第二产业占比呈现下降趋势,2020年占比只有45.25%,第三产业占比却呈现上升趋势,2020年占比达到43.78%。龙岩市属于山区城市,第一产业占比也较高,且近三年来呈现上升趋势,2020年占比超过11%;第二产业占比呈现逐年下降趋势,2020年占比已经低于45%;而第三产业占比却呈现逐年上升趋势,2020年占比已经开始超过第二产业占比,接近45%。三明市也属于山区城市,第一产业占比比较稳定,2020年占比为11.64%;第二产业占比较高,超过50%;第三产业占比相对较低,但呈现上升趋势,2020年占比为36.48%。对于闽西南协同发展区整体而言,第一产业占比达到5%左右;第二产业接近50%,但是整体上呈现下降趋势,2020年已经低于49%;第三产业占比尽管依然低于第二产业占比,但是呈现上升趋势,2020年占比已达45.85%。由表3-2可见,闽西南五市和闽西南整体的产业结构基本呈现第二产业占比下降,而第三产业占比上升的良好势头,产业结构转型升级和调整优化效果较为显著。

三、优越的区位条件和立体化的交通网络格局

(一)优越的区位条件

闽西南协同区位于福建南部和西部,我国东南地区,华东区域,由沿海的厦门、泉州和漳州,以及内陆的龙岩和三明构成。其中厦门、泉州和漳州处于闽南地区,俗称"闽南金三角",都属于沿海城市,经济较为发达,对外开放程度较高,且闽南三市与宝岛台湾都隶属闽南文化,语言相通、文化相承、地理相近、风俗相近、民心相连,具有黏合功能。龙岩和三明位于闽西山区,由客家人和闽南人交错与融合分布和居住,如龙岩的新罗区、漳平市,三明的大田县、永安市同属闽南语系。闽西南地区与我国宝岛台湾隔海相望,是两岸交流和互动的桥梁和纽带,是海峡两岸一家亲和祖国统一大业的窗口与桥头堡。在台湾人口结构中,闽南人口比重最大,约占72%,外省人约占13%,客家人约占11%,少数民族约占3%,新住民约占1%,闽南人和客家人合占83%的比重。其中闽南人是从厦漳泉移民到台湾的,客家人主要是从闽西、粤东等地移民到台湾的,由此可见不

表 3-2　2018—2020 年闽西南协同发展区产业结构比较

区域	2018 年						2019 年						2020 年					
	第一产业		第二产业		第三产业		第一产业		第二产业		第三产业		第一产业		第二产业		第三产业	
	产值/亿元	占比/%	产值/亿元	占比/%	产值/亿元	占比/%	产值/亿元	占比/%	产值/亿元	占比/%	产值/亿元	占比/%	产值/亿元	占比/%	产值/亿元	占比/%	产值/亿元	占比/%
厦门	24.40	0.50	1 980.16	41.30	2 786.85	58.20	26.49	0.40	2 493.99	41.60	3 474.56	58.00	28.89	0.45	2 519.84	39.47	3 835.29	60.08
泉州	201.80	2.38	4 885.01	57.69	3 381.16	39.93	218.61	2.20	5 855.27	58.87	3 872.78	38.93	226.60	2.20	5 808.15	57.20	4 123.91	40.60
漳州	438.58	11.11	1 887.22	47.81	1 621.83	41.08	480.90	10.14	2 315.26	48.83	1 945.67	41.03	498.71	10.97	2 056.79	45.25	1 990.11	43.78
龙岩	244.08	10.20	1 147.27	47.94	1 001.95	41.86	288.23	10.76	1 218.00	45.47	1 172.73	43.77	319.73	11.14	1 263.37	44.01	1 287.80	44.85
三明	273.98	11.64	1 237.90	52.59	841.84	35.77	303.11	11.65	1 402.92	53.93	895.52	34.42	314.57	11.64	1 401.90	51.88	985.72	36.48
闽西南协同区合计	1 182.84	5.39	11 137.56	50.73	9 633.63	43.88	1 317.34	5.07	13 285.44	51.17	11 361.26	43.76	1 388.50	5.21	13 050.05	48.95	12 222.83	45.84

管是台湾的闽南人还是客家人,都与闽西南地区有着千丝万缕的联系,可以毫不夸张地说,闽西南地区是台湾多数闽南人和客家人的祖地。其文化、语言、习俗、生活方式、饮食习惯、思维方式、思想观念都具有极高的相似性,闽西南地区具有对台的独特优势。闽西南地区还是我国对外开放的重要窗口,泉州是古代"海上丝绸之路"的起点,厦门是我国五个经济特区之一,在探索对外开放方面发挥先行先试的引领与示范作用。因此,闽西南协同区在发挥对台优势和对外开放方面都具有十分显著的区位优势。

(二)立体化的交通网络格局

交通基础设施建设是区域协同发展的基础和条件,由于闽西南地区由沿海的闽南地区和山区的闽西地区构成,多为山丘和丘陵,交通较为落后,尤其是闽西地区山高路远,交通闭塞,交通基础设施建设的成本和难点较大,各市之间的立体交通网络不顺畅。近年来,随着区域协调发展的持续推动和城市交通的快速发展,各城市内部的交通网络越来越发达,如厦门基本已经形成了地铁、BRT、城市公交、共享出行等海陆空一体化的立体交通网络系统,泉州的环城高速公路网络便捷而高效,漳州公共交通系统便捷,龙岩新机场选址获批,三明高速公路网络密集。五市之间的交通连接网络也逐渐完善,2019年5月厦门"四桥一隧"取消收费、厦门轨道交通建设快速推进且向漳州和泉州延伸、漳龙高速完成扩容、厦漳泉城际轨道R1线开建等都对构建和完善闽西南立体交通网络有十分重要的作用和价值,提升了闽西南协同发展区的交通便利性,缩短了闽西南五市之间的时间距离。

四、顺畅的府际沟通与合作关系和共同的利益诉求

(一)顺畅的府际沟通与合作关系

闽西南协同发展区建设中各项工作的推进主要靠的是党政联席会议和闽西南协同发展区办公室,而非上级政府的行政命令,这就要求闽西南五市政府部门之间加强联系、沟通和协调,建立其良好的沟通和协作关

系。一是闽西南五市政府部门之间的合作基础良好,从20世纪90年代中期的闽西南经济合作开始,到厦漳泉同城化、厦门龙岩山海协作,再到如今的闽西南协同发展,闽西南五市已经走过了二十多年的合作历程,建立起了较为深厚的合作基础和丰富的合作经验。二是闽西南协同发展区五市党政联席会议每年都如期召开,对相关议题进行坦诚、深入和实质性的探讨和研究,为相关议题的落实和执行起到重要和关键的作用,在历次的党政联席会议中,五市党政领导人加强了相互了解和认知,建立起了良好的互信和合作关系,结下了深厚的合作友谊。三是对口部门的直接对接和联系,使得闽西南协同发展的各项工作能够有序铺开,闽西南协同发展区成立以来的两年多时间里,19组政府对口部门也通过联席会议开展对接工作,大大提高了各项工作的推进速度和合作效果。四是闽西南协同发展区办公室的组织与协调工作为理顺闽西南五市的政府关系起到积极和有效的作用,闽西南协同发展区办公室由厦门市政府牵头,其余四市政府派出工作人员入驻办公室协调开展工作,起到了闽西南五市政府之间沟通的桥梁与纽带作用,提高了沟通与协调的效率和效果。

(二)共同的利益诉求

闽西南协同发展区建设是福建省委、省政府贯彻落实习近平总书记重要讲话精神和新发展理念的重大举措,是解决发展不平衡不充分问题、深化山海协作、推动城乡统筹的"福建方案",是推进区域高质量协调发展的内在要求,体现了各方利益的最大公约数,凸显了新时代各方利益的共同诉求。首先,山海协作体现了区域空间优化布局的共同利益诉求,一方面厦门和泉州等经济发达城市,受发展空间和资源限制,需要扩大发展与辐射空间,释放发展的空间活力,通过闽西南协同发展区建设,可以充分利用龙岩和三明广阔的土地空间以及丰富的资源禀赋,拓展发展的空间格局。而龙岩和三明等山区城市,经济基础较为薄弱,产业发展比较落后,通过闽西南协同发展区建设,可以引进资金、技术和产业,充分发挥其土地、资源、人力等方面的优势,发展产业和经济,增加就业和提高居民收入水平。由此可见山海产业协作是一项共赢的举措,参与各方都能从中受益。其次,城乡统筹发展体现了城市与乡村协调发展的内在要求,由于受到产业结构和生产效率等因素的影响,乡村发展滞后于城市发展,城乡统筹发展,加快促进乡村振兴,不仅是乡村自身发展的需要,也是城市可持续和高质量发展的需要,只有乡村发展了,才能为城市发展提供更多更好的资源,为城市发展提供更好的环境。另外,基础设施建设将有效降低区域内的流通与交易成本,闽西南协同发展区建设的重点就是交通基础设施的互联互通建设,构建多层次、立体化、便捷性的交通网络体系,打造一小时生活圈,这有利于区域内跨城市的人口流动和物资运转,降低时间成本和费用成本,有助于建立统一开放、竞争有序的一体化市场,这对于区域内的各主体均有益处。由此可见,闽西南协同发展区建设能够体现各方的共同利益,激发各方的参加热情。

五、完善的区域协同发展规划和到位的政策供给

(一)完善的区域协同发展规划

2019年5月,《闽西南协同发展区发展规划》(简称《规划》)编制完成并发布,《规划》对闽西南协同发展区的发展方向、主要目标、空间格局、重大任务和协同机制等进行明确规定,是指导协同发展区建设的行动纲领,是编制协同发展区专项规划和推进协同发展区发展的基础和依据,对推动闽西南协同发展区高质量发展具有重要的指导作用和意义。《规划》共分十部分内容,"规划背景"部分对闽西南协同发展区的发展基础和面临的机遇与挑战进行概述;"总体要求"部分对闽西南协同发展区建设的指导思想、基本原则和发展目标进行清晰界定;"优化协同发展格局"部分包括构建"一核三湾两带两轴"发展格局、湾港产城联动提升协同发展区发展水平、山海城乡统筹促进均衡发展三条协同发展路径;"健全互联互通的基础设施体系"部分包括构建现代综合交通网络、建设高速泛在普惠信息网络、增强能源与水资源保障能力等详细内容;"构建协同创新网络和现代产业体系"部分包括增强区域创新创业创造动能、联手培育优势产业集群、推动跨区域产业转移与承接、推动军民融合产业协同发展等具体方略;"推进公共服务共建共享"部分包括提升人力资源协同水平、提高教育

发展质量和共享水平、推进医疗卫生合作机制建设、共同推动文化繁荣四项措施；"构建全面开放新格局"部分包括积极融入"一带一路"建设、联手推动闽台融合发展、主动对接国内重点区域三块内容；"共建互认互惠区域市场"部分包括加强要素市场一体化建设和优化区域市场环境两块内容；"推动生态共建环境共治"部分包括共守生态安全格局、共建跨区域环境保护机制两项内容；"建立有效的协同发展机制"部分包括建立联动协调推进机制、强化政策支撑和体制机制创新、强化项目带动机制、营造良好舆论环境四块内容。《规划》思路清晰、定位明确、内容完整、举措精准，对闽西南协同发展区建设具有重要的统领作用和指导价值。

（二）到位的政策供给

尽管闽西南协同发展区属于省内跨市域的区域协同体，不是跨省域区域协同体，还没有上升到国家战略层面，难以像京津冀协同发展区、长三角一体化、粤港澳大湾区一样获得国家和省级政府的大力支持和政策供给，但是在福建省级政府层面给予闽西南协同发展区建设提供了丰厚的政策供给和优惠支持，闽西南五市政府也积极支持和配合闽西南协同发展的各项工作。在项目资金筹措方面，闽西南协同发展区重点以项目拉动，仅2020年就有124个项目被列入协同发展区重点推进的重大项目，总投资超过万亿元，项目建设的资金来源是重点和难点，为此由闽西南五市政府共同发起成立的区域性引导基金——福建闽西南发展投资基金于2020年5月成立，基金主要投向闽西南协同发展区五市重点产业项目和重大基础设施项目，为推进闽西南城市群、港口群、产业群建设提供资金保障。在产业合作模式方面，闽西南协同发展区积极探索"飞地经济"和"产业园区"模式，在工商、税收、土地等政策层面提供便利和支持，使得一大批打破区划限制、在特定区域合作开发建设的产业园区得以顺利和有效推进，如厦门与泉州安溪共同建设的思明工业园、泉州市与三明市共建泉三高端装备产业园、厦门火炬管委会与三明市共建厦明火炬新材料产业园、龙岩市与厦门钨业签订稀土产业发展合作框架协议、晋江市与长汀县共建晋江（长汀）工业园、武平县与思明区协作共建武平县思明高新园区等都是"飞地经济"和优惠政策的产物。

第四节　闽西南协同发展区建设的举措与成就

一、组织有力，各项工作有序推进

闽西南协同发展区五市隶属不同行政区划，没有行政命令的直接约束和限制，靠的是相互之间的协调和磋商，这就需要强有力的组织来推进各项工作的有序开展。闽西南协同发展区成立以来，一是在厦门市政府的牵头和组织下，快速组建闽西南协同发展区办公室，由厦门市常委、副市长任办公室主任，闽西南五市分别派工作组进驻办公室现场办公，当场协调和处理涉及闽西南协同发展区建设进程中需要各市沟通与协商的相关事项，使得各工作组能够代表所在市行使相应的协调与磋商职能，并行使相应的决策权，使得涉及多市的相关议题能够快速展开协调与沟通工作，并有效达成共识且付诸实施，提高闽西南协同发展区建设相关事项和议题的协调速度和决策效率，保障闽西南协同发展区建设相关工作的快速、顺利与有序推进。二是闽西南协同发展区的最高决策机构是党政联席会议，基本上每年举行一次，由闽西南五市的市委书记、市长及相关部门的领导人共同出席，对涉及闽西南协同发展区建设的重要议题进行协商和探讨，并对相关规划、方案等进行审议，合作项目的签约等。如2021年初在泉州召开的闽西南协同发展区联席会议第三次会议，会议共同谋划拓展协同发展的深度广度，携手开启"十四五"闽西南五市大合作、大发展、大突破的新征程，会议总结了第二次联席会议以来闽西南协同发展区建设取得的成效，部署下一阶段的工作安排，审议通过《闽西南协同发展区平台建设总体方案》及总投资超2万亿元的闽西南协同发展区"十四五"重大工程清单，闽西南五市卫健委现场签订《合作推进闽西南协同发展区儿科学科的协议》和《合作推进闽西南急危重症专科联盟的协议》。正是有闽西南协同发展区办公室和党政联席会议强有力的组织和协调，才有闽西南协同发展区建设各项工作的快速与有序推进。

二、规划先行,勾画协同发展的顶层设计

闽西南协同发展区成立后,在闽西南协同发展区办公室的努力下,不到一年时间就精准编制并发布《闽西南协同发展区发展规划》,《规划》从战略高度对闽西南协同发展区的建设进行顶层设计,对闽西南协同发展区的发展定位、主要目标、空间格局、重大任务和协同机制等进行明确规定,是指导协同发展区建设的行动纲领,是编制协同发展区专项规划和推进协同发展区发展的基础和依据。《规划》思路清晰、定位明确、内容完整、举措精准,是闽西南协同发展区建设的蓝本和指南针,对推动闽西南协同发展区建设具有重要的统领作用和指导价值。在《规划》的统领下,闽西南协同发展区五市依次编制15个分部门的分项规划,如《闽西南协同发展区工信领域重点产业集群发展规划》《闽西南协同发展区生态环境保护专项规划》和《闽西南协同发展区互联互通交通设施规划》等相继编制并发布,为多层次、全方位、一体化推进闽西南协同发展区建设提供行动纲领和行动指南,且保证了各分项规划与总规划之间的协同性、一致性和呼应性。

三、项目拉动,基础设施建设日趋健全

目前闽西南协同发展区建设以项目拉动为主,通过基础设施建设为抓手推进闽西南协同发展区的互联互通和产业转移与升级。2018年闽西南协同发展区推出首期重大(重点)项目66项,总投资7 857.0亿元,其中交通基础设施项目包括福厦铁路客运专线、兴泉铁路(福建段)、厦门翔安机场快速通道(厦漳泉城际R1线)等;产业园区方面主要有晋江晋华集成电路存储器生产线建设项目、晋江品集成电路封装测试项目、中化泉州乙烯及炼油改扩建项目、安溪中科植物工厂、三安高端半导体项目等;社会事业方面有福州大学晋江科教园建设项目。2019年闽西南协同发展区办公室确定重大(重点)项目143个,总投资金额8 312.1亿元,其中

2019年度计划投资946.6亿元。这些项目主要涉及交通基础设施和产业园区建设方面,交通基础设施方面的项目主要有龙岩新机场、龙岩经梅州至龙川铁路(福建段)、浦城至武平高速公路;产业园区方面主要有新罗鑫鹭钨制品深加工、长汀晋江工业园区、厦龙山海协作经济区雁石片区、武平思明高新产业园区等的基础设施。2020年闽西南协同发展区推出124个重大项目,总投资金额10 687.3亿元,年度计划投资1 014.4亿元,主要集中在交通基础设施建设、产业园区建设和社会事业建设等领域,其中交通基础设施建设包括厦门翔安新机场项目、厦漳泉城际铁路R1线、莆炎高速三明段、龙岩至龙川铁路(福建段)等;产业园区建设包括古雷炼化一体化一期项目、福建龙钢智能化钢铁工业4.0定制化生产示范项目、泉三共建高端装备产业园(一期)等;社会事业包括中国福建化学工程科学与技术创新实验室(一期)、泉港科教园区等项目。可见,闽西南协同发展区相关项目的持续推出,为完善区域交通基础设施网络和加快产业转移与升级具有重要的推动作用。

四、产业联动,经济合作和互动日益深入

在闽西南协同发展背景下,产业合作是重中之重,是区域协同发展的基础和关键。应该充分挖掘闽西南区域的资源禀赋、产业基础与比较优势,全区域内优化资源配置,加强产业规划的整体性、统一性和协调性,发挥"飞地经济"和合作产业园区的优惠政策,推动产业转移与转型升级,提高区域内产业的联动性,提升区域产业链的整体竞争力,增强区域经济的内生增长机制。首先,闽西南协同发展区根据区域内的资源禀赋状况,结合现有产业分布格局,提出了联手培育优势产业集群的战略规划,将集成电路和光电产业、石化产业、汽车与零部件产业、高端装备制造产业、电工电器产业、纺织鞋服产业、建材家居产业、新材料产业、海洋高新产业、食品加工产业、现代物流产业、旅游产业十二个产业定位为闽西南协同发展区重点培育的优势产业集群,需要在全区域范围内优化资源配置,夯实产业发展基础,提升产业比较优势和竞争力。其次,多渠道和多角度构建区域协同创新网络,增强区域创新创业创造动能,依托福厦泉国家自主创新

示范区厦门、泉州片区,叠加自贸试验区、"海丝"核心区的创新发展效应,加快建设厦门区域科技创新中心,探索建设厦门翔安-泉州南翼科技创新走廊,带动漳州、三明、龙岩围绕特色产业加强创新平台建设,构建以产业需求为导向、以平台建设为基础、以成果转化为目的的闽西南协同创新体系,打造开放型区域协同发展共同体,优化区域创新发展格局,优化创新创业创造环境,推进产业链创新链融合,共建共享创新创业平台[68]。再次,通过"飞地经济"和合作产业园区等方式推进产业有序梯度转移,鼓励厦门、泉州、漳州大力发展高新技术产业和总部经济、研发设计、物流、营销等现代服务业,引导资源加工型和劳动密集型产业向三明、龙岩地区转移,建立生产基地,布局配套企业。

五、部门对接,各领域的合作全方位展开

闽西南协同发展在闽西南协同发展区办公室的实体化运作下,加强相关部门之间的对口对接,使得闽西南协同发展进入实质性、全方位、具体化的实践运作层面。在闽西南协同发展区办公室的牵头下,19组对口部门均建立了常态化对接协调机制,成立了由厦门市相应部门主要负责人担任组长的工作小组,使得区域具体事项的合作常态化。如闽西南协同发展区教育部门对接联席会、涉港部门对接联席会、卫生健康部门对接联席会、对台部门对接联席会、商务部门对接联席会、文旅部门对接联席会、交通物流部门对接联席会、生态环境部门对接联席会、环保部门对接联席会、人社部门对接联席会、农业部门对接联席会、贸促机构对接联席会、工信领域对接联席会、金融部门对接联席会、气象部门对接联席会、水资源部门对接联席会等相继成立并召开会议,商讨具体协作事项。政府对口部门纷纷成立并召开对接联席会议,意味着闽西南协同发展区进入全面实质性运作和建设阶段,区域协同发展将在各领域全面铺开,闽西南协同发展前景广阔、未来可期。

第五节 本章小结

本章对闽西南协同发展区的发展与建设状况进行阐述,着重从其历史演化历程、各城市简介、区域协同发展的基础与条件、区域协同发展的举措与成就等方面进行概述。首先,闽西南协同发展具有悠久的历史渊源,从20世纪90年代的闽西南经济合作区,到厦漳泉同城化、厦门龙岩山海协作区,再到如今的闽西南协同发展区,区域合作的层次不断提升,合作的内涵和范畴不断扩展,合作的政策供给不断升级,合作的效果和成就不断凸显,体现了闽西南区域合作实践的持续性、传承性和发展性。其次,对闽西南协同发展区的厦门、泉州、漳州、龙岩和三明五市进行介绍,对其基本状况、经济发展水平、产业结构、地方特色等方面进行概述,以对闽西南协同发展区的总体概貌有一个初步的了解和认识。再次,分析闽西南协同发展区建设的基础和条件,我们认为闽西南协同发展区建设具备良好的合作基础和条件,主要体现在具备深厚的历史文化底蕴和良好的区域协同发展基础、雄厚的经济发展基础和逐渐优化的产业结构、优越的区位条件和立体化的交通网络格局、顺畅的府际沟通与合作关系和共同的利益诉求、完善的区域协同发展规划和到位的政策供给等方面。最后,阐述闽西南协同发展区建设采取的主要举措和取得的主要成就,重点体现在组织有力,各项工作有序推进;规划先行,勾画协同发展的顶层设计;项目拉动,基础设施建设日趋健全;产业联动,经济合作和互动日益深入;部门对接,各领域的合作全方位展开。

第四章　闽西南协同发展的动态评价

第一节　区域协同发展测度的研究现状

党的十九大报告提出"实施区域协调发展战略"作为新常态下"贯彻新发展理念,建设现代化经济体系"的重大战略举措,通过打破传统行政区域治理体系的地方本位主义和保护主义,从系统性、动态性和开放性的视角优化区域内部的资源和要素配置,运用创新思维改进区域之间的合作与协同模式,使区域协同发展从初级到高级、从无序到有序、从竞争到协作的动态演化,形成"互惠共生,协作共赢"的良好局面,构建"1+1>2"的内生增长机制,促进区域经济、文化、社会、生态、创新等系统的稳定、有序、和谐与可持续发展。2018年10月福建省委、省政府提出推进闽西南协同发展区建设的战略构想,以形成"双轮驱动、南北互动、协调推进、统筹发展"的区域发展格局,这是解决福建省区域发展不平衡不充分、深化山海协作、推动城乡统筹发展的"福建方案"。

近年来,随着京津冀、长三角、粤港澳等区域协同发展的理论研究与实践探索不断深入,跨省区域协同的评价与测度取得丰硕的成果。张杨等(2017)以京津冀为实证研究案例,在构建京津冀协同发展评价指标体系的基础上,运用复合系统协同度模型对京津冀协同发展进行定量测度,深入分析其协同发展存在的困境,并提出相对应的提升策略与建议[50]。Ma Chaoping(2018)运用系统耗散结构理论对区域经济协同发展进行定量研究,以年度GDP为序参数建立基于灰色关联熵理论的系统协调评价模型,对区域协调发展程度进行评价和测度[49]。李琳等(2016)认为区域协同发展具备耗散结构的系统开放、非平衡状态、非线性关系和涨落现象四个特征,并运用哈肯模型对区域协同发展的驱动因素进行实证分析,发现区域比较优势(RCA)、区域经济联系(RER)和区域产业分工(RID)是影响区域经济协同发展最重要的驱动因素[42]。Qi Tianzhen等(2016)构建了京津冀低碳协同的系统分析框架,提出从政府、产业和消费者三个层次评价区域协同发展的成果和效度,并在京津冀区域协同发展成果评价的基础上,提出提升京津冀区域低碳协同发展路径[39]。Fan Haiqiang等(2018)从区域经济与生态环境协同发展的视角,将区域扩展与生态补偿相结合,构建了区域经济与生态协同发展评价模型(UECDM),并以福州沿海区域为实证研究案例,在对其协同发展程度进行定量评价的基础上,对其区域扩展预测、生态补偿和区域空间模拟等进行深度探讨[40]。黄玉兴等(2018)在构建灰色系统熵、系统耦合度、耦合协调度以及序参量的基础上,对长株潭城市群的系统协同度进行动态评价和测量,并对其经济系统协同演化的时空分异特征进行分析,为推进长株潭城市群经济系统的协同发展提供决策依据[69]。中国社会科学院京津冀协同发展智库京津冀协同发展指数课题组以创新、协调、绿色、开放、共享五大新发展理念为基础构建京津冀协同发展评价指标体系,并对京津冀协同发展指数进行测评和分析[70]。

从现有研究成果看,多数区域协同发展和区域一体化的研究主要针对跨省区域,如京津冀区域、长三角区域、长江经济带等,而针对省内区域协同发展的研究还很少,尤其是针对闽西南协同发展区的研究,缺乏系统的理论梳理和实践探索。为此,本章以闽西南协同发展区为研究对象,以系统协同理论和耗散结构理论为理论支撑,从"五大发展理念"的维度构建闽西南协同发展区协同发展评价指标体系,分析其协同发展测度时空演化的动态特征,为加快推进闽西南协同发展提供整体的建设方案和政策取向,具有重要的理论意义和实践价值。

第二节 评价指标选取

一、新发展理论

2015年10月,习近平总书记在党的十八大五中全会第二次全体会议上提出创新、协调、绿色、开放、共享的"新发展理念",为新常态下我国社会发展指明了新思路、新方向和新动力,成为新时期和新形势下推动我国经济和社会发展的战略指南和行动方针,对引领我国社会主义建设事业的高质量发展和超越发展具有重要统领作用。新发展理念符合我国国情,顺应时代要求,对破解发展难题、增强发展动力、厚植发展优势具有重大指导意义,成为我国经济和社会发展的指挥棒和红绿灯。新发展理念是一个统一的整体,是管全局、管根本、管长远的导向,具有战略性、纲领性、引领性。新发展理念指明了我国"十三五"乃至更长时期的发展思路、发展方向和发展着力点,要深入理解、准确把握其科学内涵和实践要求。在新时期、新形势和新常态下,面对百年未有之大变局,我国提出高质量发展的战略规划和构想,而要实现我国的高质量发展,关键就在于以新发展理念的核心基础和理论内涵,将创新、协调、绿色、开放、共享作为高质量发展的核心内容,同时将创新、协调、绿色、开放、共享作为衡量和检验高质量发展成果的重要尺度。

新发展理念将"创新"放在首位,凸显创新在新发展理念体系中的重要性和关键性。创新发展注重的是解决发展动力问题。党的十八大明确提出"科技创新是提高社会生产力和综合国力的战略支撑,必须摆在国家发展全局的核心位置","强调要坚持走中国特色自主创新道路、实施创新驱动发展战略"。长期以来,我国经济和社会发展主要依靠资源和要素驱动,而创新能力不强和科技发展水平总体不高,对经济和社会发展的驱动和支撑能力较弱。但是进入新常态后,资源和要素成本不断上涨,其拉动经济和社会发展的边际效应逐渐降低,需要寻求驱动我国经济和社会发展的新动力和新动能。在此背景下,新发展理念将"创新"放在首位,凸显其重要性和关键性,其目的在于转变经济和社会发展动力和动能,通过创新提高经济和社会发展效率,提升经济和社会发展质量。

协调发展注重的是解决发展不平衡问题。我国是社会主义国家,共同发展和共同富裕是社会主义的内在要求和本质属性。但是我国地域辽阔,人口众多,区域内资源和要素禀赋差异巨大;且在改革开放进程中,允许一部分地区、一部分人通过合法经营、诚实劳动先富起来,这样就造成了发展不平衡的问题,比如东部与西部之间失衡,城市与农村之间失衡,经济与社会发展之间失衡,物质文明建设与精神文明建设失衡等一系列突出问题。当这种不平衡达到一定程度后,就会影响整体效能的发挥,加剧社会矛盾。因此,需要通过东部与西部、城市与农村、物质文明建设与精神文明建设等协调发展,解决区域发展不平衡的问题,解决经济和社会发展不平衡的问题。我国实施的"西部大开发战略""振兴东北老工业基地""乡村振兴战略""区域协同发展"等都是推动我国协调发展的伟大实践。随着京津冀协同发展、长三角一体化、粤港澳大湾区建设快速推进,逐渐取得成功经验,带动其他协同发展区不断涌现并蓬勃发展,成为促进我们区域协调发展的重要手段和路径。

绿色发展注重的是解决人与自然和谐问题,是推动我国经济和社会可持续发展的必然要求。我国人口众多,人均耕地面积少,资源约束趋紧,工业化进程中造成的环境污染和生态系统退化的问题十分严峻,碳排放的压力和挑战仍然不容乐观。相反,随着经济和社会的发展,人民群众对清新空气、干净饮水、安全食品、优美环境等美好生活的要求却越来越强烈。破解这两者之间矛盾的必然选择就是坚定不移地实施绿色和可持续发展战略,通过提高生产效率降低能耗,发展清洁能源和新能源改善能源消耗结构,倡导绿色交通和绿色出行降低碳排放,植树造林保护绿水青山等措施和策略实施绿色发展和可持续发展。2020年9月,中国在联合国大会上向世界宣布了2030年前实现碳达峰、2060年前实现碳中和的目标,充分体现了我国政府实施绿色发展战略的决心、信心和气度。

开放发展注重的是解决发展内外联动问题。对外开放是我国改革开放的重要组成部分,是经济和社会发展的活力源泉。我国实施改革开放政策四十余年来,通过不断扩大对外开放程度,充分利用国际和国内两个市场、国际和国内两种资源,发挥我国的资源和人口红利优势,为我国经济和社会发展注入源源不断的活力。在当前新的历史时期,我们必须进一步深化改革,扩大开放,在经济特区、保税区、保税港区、自贸区、自由贸易港等对外开放模式的基础上,不断探索新的对外开放形式和模式,不断改善和优化先行先试的示范效应,提高对外开放的质量和发展的内外联动性。正如 2020 年 5 月中共中央政治局常委会会议中提出的"深化供给侧结构性改革,充分发挥我国超大规模市场优势和内需潜力,构建国内国际双循环相互促进的新发展格局"。在双循环新格局的战略背景下,不仅要重视和发挥国内市场规模和空间,扩大内需,增加经济发展的自主性、可控性,提升消费在国民经济发展中的比重和贡献率,而且要进一步扩大对外开放的广度和深度,主动融入国际化大潮流和大趋势中,为全球化发出中国的声音,奉献中国的力量。

共享发展注重的是解决社会公平正义问题。随着我国经济不断发展,国家不断强大,应该让全体人民共同分享经济和社会发展的成果,体现社会的公平性、平等性和正义性。但是长期以来,由于客观因素和制度设计的原因,目前我国经济发展不平衡问题、分配不公问题、收入差距问题、贫富差距问题、城乡公共服务水平差距问题还比较突出,难以体现社会主义公平、公正和共同富裕的本质要求。要通过区域协调发展、制度顶层设计、公共服务资源均衡化等策略和措施引导经济、社会、民生等领域的均衡与共享发展。尤其是在关系到国计民生的教育、医疗等民生领域,要切实提高区域间、城乡间的共享程度,提升社会的公平性。教育公平是社会最重要、最基础的公平,解决城市农民工和非户籍子女的入学问题、不同区域之间优质教育资源均衡配置问题、农村教育资源短缺问题等都亟须得到有效破解。医疗是民众生活的硬性需求,在我国开始进入"未富先老"的老龄化社会时代,医疗需求的重要性和紧迫性越来越凸显,医保异地报销问题、大病医疗问题、医疗收费问题都深刻地影响社会民众对医疗服务共享性和公平性的感知。

二、评价指标选取

区域高质量协同发展是一个复杂的系统工程,对其高质量协同发展水平和程度进行测度需要考虑指标选取的全面性、可行性、可操作性和指引性。从推动区域高质量协同发展的视角看,所选取的指标应该体现其"更高质量、更有效率、更加公平、更可持续"的内在要求,并阐释创新、协调、绿色、开放、共享的"新发展理念"。据此,本研究将选取经济发展、创新驱动、协调发展、生态文明、市场开放、民生共享六个维度的测度指标,包含 31 个分指标。闽西南协同发展区高质量发展评价指标体系如表 4-1 所示。

(一)经济发展

经济发展体现的是区域经济发展的规模与速度,是区域高质量发展的基础与条件,没有量的积累就没有质的突破。我们强调高质量发展并不是要摒弃经济发展,而是经济发展的规模和速度与经济发展的质量和效益相比,显得没有那么重要和关键,经济发展质量是第一位的,处于主导和核心地位。尽管我们强调经济高质量发展,但是通常要以经济发展规模和速度为基础和前提,只有量的积累和速度的提高,才有质的飞跃和效益的提升,因此在高质量发展阶段依然需要经济发展的规模和速度。本书将经济发展用经济规模(A_{11})、经济增速(A_{12})、产业结构(A_{13})、人均GDP(A_{14})四个指标综合测量,分别用地区生产总值(GDP)、地区生产总值增长速度、第三产业占 GDP 的比重、人均 GDP 衡量。

(二)创新驱动

创新驱动是区域高质量发展的引擎与动力,体现高质量发展动力的来源、强度与持久性。只有不断加大创新投入,聚集区域创新资源和要素,打造区域创新平台,激发创新动力和潜能,才能不断提升区域创新能力和创新水平,提高生产效率,推动区域协同与可持续发展。国家实施创新驱动发展战略就是要通过提高创新能力和创新水平,实现产业的跨越

表 4-1 闽西南协同发展区高质量发展评价指标体系

目标	维度	指标	指标说明	单位	属性
区域高质量协同发展测度指标体系（U）	经济发展（A_1）	经济规模（A_{11}）	地区生产总值（GDP）	亿元	正
		经济增速（A_{12}）	地区生产总值（GDP）增长速度	%	正
		产业结构（A_{13}）	第三产业占GDP的比重	%	正
		人均GDP（A_{14}）	人均GDP	元/年	正
	创新驱动（A_2）	创新投入（A_{21}）	政府R&D经费支出占GDP比重	%	正
		创新人才（A_{22}）	R&D人员比重	%	正
		创新结构（A_{23}）	高新技术企业比重	%	正
		创新效率（A_{24}）	科技成果转化率	%	正
		创新效果（A_{25}）	万人发明专利授权数	件/万人	正
		大众创新（A_{26}）	产业化科技创新项目数	项	正
	协调发展（A_3）	经济差异（A_{31}）	人均GDP与区域内最大值之比	—	正
		城乡差距（A_{32}）	城乡居民收入比	—	正
		城乡结构（A_{33}）	城镇化率	%	正
		贫富差距（A_{34}）	贫困人口占比	%	逆
	生态文明（A_4）	能源消耗（A_{41}）	万元GDP能耗	吨标准煤/万元	逆
		碳排放（A_{42}）	万元GDP二氧化碳排放量	吨/万元	逆
		大气治理（A_{43}）	$PM_{2.5}$年平均浓度	微克/立方米	逆
		污水治理（A_{44}）	城市污水处理率	%	正
		绿色投入（A_{45}）	环保经费投入占财政支出比重	%	正
		生态环境（A_{46}）	人均城市绿地面积	公顷/万人	正
	市场开放（A_5）	政策开放（A_{51}）	社会包容与政策开放性	定性	正
		交通网络（A_{52}）	交通方式与交通网络便捷程度	定性	正
		贸易开放（A_{53}）	贸易依存度	%	正
		资本开放（A_{54}）	资金流动度	%	正
		人才开放（A_{55}）	人口流动率	%	正
	民生共享（A_6）	养老保障（A_{61}）	基本养老保险覆盖率	%	正
		生活成本（A_{62}）	CPI指数	—	逆
		医疗保障（A_{63}）	城乡医疗保障水平	床/千人	正
		精准扶贫（A_{64}）	最低生活保障覆盖率	%	正
		教育公平（A_{65}）	高考本科录取率	%	正
		共享经济（A_{66}）	共享经济发展程度	定性	正

式赶超发展,特别是突破高新技术领域的"卡脖子"瓶颈。创新驱动包括创新投入(A_{21})、创新人才(A_{22})、创新结构(A_{23})、创新效率(A_{24})、创新效果(A_{25})、大众创新(A_{26})六个指标,分别用政府 R&D 经费支出占 GDP 比重、R&D 人员比重、高新技术企业比重、科技成果转化率、万人发明专利授权数、产业化科技创新项目数衡量。

(三)协调发展

协调发展是高质量发展的核心要素,是解决城市间、城乡间发展不平衡、不公平和不充分的问题,实现社会公平与协调发展,是我国社会主义发展的必然要求和重要目标,也是区域协同发展的内在要求。协调发展包括经济差异(A_{31})、城乡差距(A_{32})、城乡结构(A_{33})、贫富差距(A_{34})四个指标,分别用人均 GDP 与区域内最大值之比、城乡居民收入比、城镇化率、贫困人口占比衡量。

(四)生态文明

生态文明是高质量发展的主要路径,是解决高质量发展的绿色、效率和可持续问题。生态文明是通过技术创新、产业升级、消费观念改变等降低能源消耗,减少对环境的"三废"排放,建设资源节约型和环境友好型社会,推动社会绿色、低碳与可持续发展,促进人与自然的和谐发展。生态文明包括能源消耗(A_{41})、碳排放(A_{42})、大气治理(A_{43})、污水治理(A_{44})、绿色投入(A_{45})、生态环境(A_{46})六个指标,分别用万元 GDP 能耗、万元 GDP 二氧化碳排放量、$PM_{2.5}$ 年平均浓度、城市污水处理率、环保经费投入占财政支出比重、人均城市绿地面积衡量。

(五)市场开放

市场开放是高质量发展的外部推力,推动资源和要素的优化配置和有效聚集。市场开放是要打破区域行政壁垒和地方分治,加强区域的内外联动,推动政策、资源、交通、资本、市场、旅游等要素的互联互通,提升区域协同发展的活力和效率。市场开放包括政策开放(A_{51})、交通网络(A_{52})、贸易开放(A_{53})、资本开放(A_{54})、人才开放(A_{55})五个指标,分别用社会包容与政策开放性、交通方式与交通网络便捷程度、贸易依存度、资金流动度、人口流动率衡量。

(六)民生共享

民生共享是高质量发展的目标和落脚点,通过共享高质量发展的成果体现社会的公平与公正。民生共享是实现区域发展成果的分享与共享,是区域社会公平与公正的客观要求,主要体现在养老、医疗、民生、扶贫、教育等社会关切的公共服务方面,构建更加公平和公正的社会保障体系。民生共享包括养老保障(A_{61})、生活成本(A_{62})、医疗保障(A_{63})、精准扶贫(A_{64})、教育公平(A_{65})、共享经济(A_{66})六个指标,分别用基本养老保险覆盖率、CPI指数、城乡医疗保障水平、最低生活保障覆盖率、高考本科录取率、共享经济发展程度衡量。

第三节 评价指标权重确定

为了提高指标评价的有效性和可信度,克服主观权重中评价专家的随机性、不确定性和认识的模糊性,以及客观权重中统计信息的损失和离散数值分布等影响,本书将采用主观权重与客观权重相结合的综合方法进行权重确定。其中主观权重的确定使用层次分析法(AHP),客观权重的确定使用熵值法。

一、主观权重确定

本书采用美国运筹学家匹兹堡大学教授萨蒂所提出的层次分析法确定指标权重。邀请区域协同发展领域相关政府部门管理人员、高校和行业协会等相关领域专家和学者对各层级指标重要性程度进行赋值,构建判断矩阵,在判断矩阵通过一致性检验的基础上按步骤求得各层级指标的权重分配。

(一)层次分析法(AHP)概念

层次分析法(AHP)是由著名的数学家和运筹学家匹茨堡大学教授萨蒂于20世纪70年代初提出的一种定性分析与定量分析相结合的管理决策方法(Yan,2006)。这种管理决策方法首先通过构建评价对象的评价指标集,将指标集进行分层显示,形成分层的结构模型,然后运用线性代数中的矩阵知识和理论对指标集中各因素的关系以及各指标的重要性程度进行分析,进而得到各指标的重要性程度,即指标的权重,从而构建完整的评价指标体系,为智能电网发展决策提供科学的参考和依据。由于层次分析方法在使用过程中所需要的定量数据和信息较少,决策过程比较简单易行,分析过程具有整体性和系统性等优点,使得层次分析法得到广泛的运用,特别是在权重分配和科学管理决策领域有着其他方法和工具不可比拟的作用和效果。

(二)层次分析法(AHP)步骤

层次分析法在运用实践中通常分为以下六个步骤:

第一步:明确问题

首先要对所研究的对象进行深入的调查研究,对研究对象进行清晰的了解和界定,对研究对象的结构特征、包含要素,以及各要素之间的关联性、包含性、因果性和隶属性进行全面的理清。

第二步:建立层次结构模型

在前面第一步的基础上,要对研究对象所包含的指标因素进行分层和分类,形成一个多层次的指标结构框架。在层次分析法的运用实践中,通常将刻画层次分析法的结构模型用三层结构表示,形成一个三层结构的框架体系。其中第一层是目标层,也就是层次分析法在运用过程中希望达成的目标,这个目标通常要求是综合的目标,目标应该是可以清晰刻画和描述的,即具有明确性;第二层次为准则层,也就是指标层,将评价对象所需要考虑的因素用指标衡量和刻画,形成指标集;第三层是方案层,或措施层,也就是在该决策问题中可以选用的备选方案。

第三步:构建判断矩阵

构建判断矩阵是层次分析法运用中工作量最多的步骤,其原理是利用线性代数知识和理论体系中的矩阵知识,对如上构建的指标体系的各指标因素重要性程度进行一一比较,将比较结果用矩阵的方式表示出来,形成一个对角线上都是1、具有倒数对称性的矩阵,判断矩阵如表4-2所示。

表4-2 判断矩阵表

A_m	B_1	B_2	⋯	B_n
B_1	a_{11}	a_{12}	⋯	a_{1n}
B_2	a_{21}	a_{22}	⋯	a_{2n}
⋮	⋮	⋮	⋮	⋮
B_n	a_{n1}	a_{n2}	⋯	a_{nn}

其中 a_{ij} 表示针对 A_m 而言,要素 B_i 对 B_j 的相对重要程度的数值,即重要性的比较标度。为了使各因素之间进行两两比较得到量化的判断矩阵,通常根据下表4-3来取值。

表4-3 判断矩阵1~9标度及含义

标度 a_{ij}	定义
1	i 因素与 j 因素同等重要
3	i 因素比 j 因素略重要
5	i 因素比 j 因素较重要
7	i 因素比 j 因素非常重要
9	i 因素比 j 因素绝对重要
2,4,6,8	为以上两判断之间的中间状态对应的标度值
倒数	若i因素与j因素比较,得到判断值为,$a_{ji}=1/a_{ij}, a_{ii}=1$

第四步:层次单排序

层次单排序是在前面构建的判断矩阵的基础上,计算出每一个指标(因素)相对于上一层指标的重要性程度(权重),在实践中通常通过计算判断矩阵的特征向量来实现层次单排序,但是由于用数学方法精确地计算层次单排序的权重分配往往比较麻烦和复杂,所以在实践中通常采用近似的方法达到求特征向量的目的。常用的计算方法有求和法与方根法。求和法步骤如下:

①将判断矩阵的每一列做归一化处理,即

$$\overline{a_{ij}} = \frac{a_{ij}}{\sum_{k=1}^{n} a_{kj}} (i,j=1,2,\cdots,n) \tag{4-1}$$

②求出每行各元素的和,即

$$\overline{W_i} = \sum_{j=1}^{n} \overline{a_{ij}} (i=1,2,\cdots,n) \tag{4-2}$$

③对其进行归一化处理,即

$$W_i = \frac{\overline{W_i}}{\sum_{j=1}^{n} \overline{W_j}} (i=1,2,\cdots,n) \tag{4-3}$$

W_i 为所求的特征向量,即本层各要素相对于上一层某要素的相对权重向量。

方根法步骤如下:

①将判断矩阵每行各元素相乘,即

$$M_i = \prod_{j=1}^{n} a_{ij} (i=1,2,\cdots,n) \tag{4-4}$$

②求出每行元素乘积的方根,即

$$\overline{W_i} = \sqrt[n]{M_i} (i=1,2,\cdots,n) \tag{4-5}$$

③对其进行归一化处理,即

$$W_i = \frac{\overline{W_i}}{\sum_{j=1}^{n} \overline{W_j}} (i=1,2,\cdots,n) \tag{4-6}$$

W_i 为所求的特征向量,即本层各要素相对于上一层某要素的相对权重向量。

第五步:层次总排序

所谓层次总排序就是针对最高层目标而言,本层次各要素的重要性的次序排序。层次总排序从上到下逐层按顺序进行。

假设上一层元素 $A_1,A_2,\cdots,A_m$ 的总排序为 $W_1,W_2,\cdots,W_m$,且与 A_i 相应的本层元素 $B_1,B_2,\cdots,B_n$ 的单排序结果为 $a_1^i,a_2^i,\cdots,a_n^i (i=1,$

$2, \cdots, m$),当 B_j 与 A_i 无联系时有 $a_j^i = 0$,则该层元素总排序可按表 4-4 得到。

表 4-4 层次总排序

层次 B	层次 A				层次 B 总排序
	A_1	A_2	$\cdots$	A_m	
	W_1	W_2	$\cdots$	W_m	
B_1	a_1^1	a_1^2	$\cdots$	a_1^m	$\sum_{i=1}^{m} W_i a_1^i$
B_2	a_2^1	a_2^2	$\cdots$	a_2^m	$\sum_{i=1}^{m} W_i a_2^i$
$\vdots$	$\vdots$	$\vdots$	$\vdots$	$\vdots$	$\vdots$
B_n	a_n^1	a_n^2	$\cdots$	a_n^m	$\sum_{i=1}^{m} W_i a_n^i$

第六步:一致性检验

一致性是指判断矩阵中各要素的重要性判断是否一致,不能出现矛盾。为检验判断矩阵的一致性,需要计算它的一致性指标 CI:

$$CI = \frac{\lambda_{\max} - n}{n - 1} \tag{4-7}$$

式中 $\lambda_{\max}$ 为 n 阶判断矩阵 $\boldsymbol{A}$ 的最大特征根。

$$\lambda_{\max} = \frac{1}{n} \sum_{i=1}^{n} \frac{(\boldsymbol{A} \cdot \boldsymbol{W})}{W_i} \tag{4-8}$$

式中 $\boldsymbol{W}$ 为 n 阶判断矩阵 $\boldsymbol{A}$ 的相对权重向量。

CI 越小,说明判断矩阵的一致性越大。考虑到一致性偏离有随机原因,因而检验判断矩阵是否具有满意的一致性,还须将 CI 值与平均随机一致性指标 RI 相比较。

则随机一致性比率 CR 为:

$$CR = \frac{CI}{RI} \tag{4-9}$$

式中 RI 为平均随机一致性指标,RI 值如表 4-5 所示。

表 4-5　RI 对应不同阶次的数值

阶数	1	2	3	4	5	6	7	8	9	10
RI	0.00	0.00	0.58	0.90	1.12	1.24	1.32	1.41	1.45	1.49

当 CR≤0.10 时,认为判断矩阵具有满意的一致性,否则需调整判断矩阵,使之满足 CR≤0.10。

第七步:确定权重

按此一层一层往下进行指标权重分配,即可获得指标集中所有指标的权重分配,进而构建指标的权重。

二、客观权重的确定

熵值法是运用熵值刻画指标数值的离散程度,据此客观确定该指标的重要性程度和权重值的方法[25]。其计算过程主要分为以下三个步骤。

(一)标准化处理

将区域高质量协同发展视为一个复合系统,表示为 $S=\{S_1, S_2, S_3, S_4, S_5, S_6\}$,假设子系统 S_i 对应的序参量为 S_{ij},其中 $i\in\{1,2,3,4,5,6\}$,$j\in\{1,2,\cdots,n\}$,S_1 为经济发展维度,S_2 为创新驱动维度,S_3 为协调发展维度,S_4 为生态文明维度,S_5 为市场开放维度,S_6 为民生共享维度;n 为每个子系统序参量的数量,$\alpha_{ij} \leq S_{ij} \leq \beta_{ij}$,即 α_{ij} 和 β_{ij} 分别表示序参量 S_{ij} 的下限值和上限值。则标准化处理公式为:

$$\mu_i(S_{ij})=\begin{cases} \dfrac{S_{ij}-\alpha_{ij}}{\beta_{ij}-\alpha_{ij}}, & j\in[1,k] \\ \dfrac{\beta_{ij}-S_{ij}}{\beta_{ij}-\alpha_{ij}}, & j\in[k+1,n] \end{cases} \quad (4\text{-}10)$$

其中 $S_{i1}, S_{i2}, \cdots, S_{ik}$ 为正向指标,表示取值越大,子系统的有序度越高;而 $S_{ik+1}, S_{ik+2}, \cdots, S_{in}$ 为逆向指标,表示取值越小,子系统的有序度越高。标准化处理后,$\mu_i(S_{ij})\in[0,1]$。

(二)计算熵值

$$e_j = \frac{\sum_{i=1}^{m} p_{ij} \times \ln p_{ij}}{\ln n} \quad (i=1,2,\cdots,m; j=1,2,\cdots,n) \tag{4-11}$$

其中:$p_{ij} = \dfrac{\mu_i(S_{ij})}{\sum_{i=1}^{m} \mu_i(S_{ij})}$,表示第 i 个评价对象的第 j 个评价指标所占比重;当 $p_{ij}=0$ 时,其熵值 $e_j=0$。

(三)计算熵权

$$w_j = \frac{(1-e_j)}{\sum_{j=1}^{n}(1-e_j)} \tag{4-12}$$

其中,$0 \leqslant w_j \leqslant 1$,且 $\sum_{j=1}^{n} w_j = 1$。

根据以上熵值法数据处理步骤,可以计算得到区域高质量协同发展评价指标权重分配状况。

三、综合权重的确定

假设某指标的主观权重和客观权重分别为 w_j^1 和 w_j^2,本研究运用最小信息熵原理对主客观权重进行综合处理,从而得到指标的综合权重。

$$w_j = \frac{\sqrt{w_j^1 \times w_j^2}}{\sum_{j=1}^{n} \sqrt{w_j^1 \times w_j^2}} \tag{4-13}$$

第四节 动态协同评价模型构建

一、维度有序度测度模型

在如上阐述区域高质量协同发展评价指标综合权重 w_j 和标准化序参量 $\mu_i(S_{ij})$ 的基础上，采用线性加权求和法进行子系统有序度集成：

$$\mu_i(S_i) = \sum_{j=1}^{n} w_j \mu_i(S_{ij}), w_j > 0, \sum_{j=1}^{n} w_j = 1 \qquad (4\text{-}14)$$

式(4-14)中 $\mu_i(S_i) \in [0,1]$，表示的是维度 S_i 的有序程度，$\mu_i(S_i)$ 值越大表明维度 S_i 有序程度越高，反之，表明维度 S_i 有序程度越低。

二、区域高质量协同指数模型

假设在初始时刻 t_0，区域协同发展的经济发展、创新驱动、协调发展、生态文明、市场开放和民生共享六个维度的有序度分别为 $\mu_1^0(S_1)$、$\mu_2^0(S_2)$、$\mu_3^0(S_3)$、$\mu_4^0(S_4)$、$\mu_5^0(S_5)$、$\mu_6^0(S_6)$；在区域协同发展系统动态演化进程中的另一时刻 t'，六个维度的有序度分别演化为 $\mu_1'(S_1)$、$\mu_2'(S_2)$、$\mu_3'(S_3)$、$\mu_4'(S_4)$、$\mu_5'(S_5)$、$\mu_6'(S_6)$，则区域高质量协同发展指数的测度模型为：

$$D = \theta \sqrt[6]{\prod_{i=1}^{6} |\mu_i'(S_i) - \mu_i^0(S_i)|}, \theta = \frac{\min_i[\mu_i'(S_i) - \mu_i^0(S_i) \neq 0]}{|\min_i[\mu_i'(S_i) - \mu_i^0(S_i) \neq 0]|} \qquad (4\text{-}15)$$

第五节 实证分析

本节将如上建立的区域协同发展评价测度模型应用到闽西南协同发展区，通过采集相关数据建立闽西南协同发展测度模型，然后对其空间分异和时序演化特征进行分析。

一、评价指标权重的计算

(一)主观权重的计算

经上述 AHP 的计算过程,将采集的数据代入进行计算,在得出每一层次指标对上一层次指标权重分配的基础上,计算二级指标对总目标层的相对权重,计算方法是将每个二级指标对一级指标的权重乘以其对应一级指标的权重。计算结果如表 4-6 所示。

表 4-6 区域协同发展评价指标权重层次排序表 I

维度	维度权重	指标	指标说明	指标权重
经济发展 (A_1)	0.202	经济规模(A_{11})	地区生产总值(GDP)	0.273
		经济增速(A_{12})	地区生产总值(GDP)增长速度	0.218
		产业结构(A_{13})	第三产业占 GDP 的比重	0.203
		人均 GDP(A_{14})	人均 GDP	0.306
创新驱动 (A_2)	0.188	创新投入(A_{21})	政府 R&D 经费支出占 GDP 比重	0.197
		创新人才(A_{22})	R&D 人员比重	0.167
		创新结构(A_{23})	高新技术企业比重	0.135
		创新效率(A_{24})	科技成果转化率	0.151
		创新效果(A_{25})	万人发明专利授权数	0.184
		大众创新(A_{26})	产业化科技创新项目数	0.166

续表

维度	维度权重	指标	指标说明	指标权重
协调发展 (A_3)	0.176	经济差异 (A_{31})	人均 GDP 与区域内最大值之比	0.292
		城乡差距 (A_{32})	城乡居民收入比	0.265
		城乡结构 (A_{33})	城镇化率	0.204
		贫富差距 (A_{34})	贫困人口占比	0.239
生态文明 (A_4)	0.137	能源消耗 (A_{41})	万元 GDP 能耗	0.208
		碳排放 (A_{42})	万元 GDP 二氧化碳排放量	0.174
		大气治理 (A_{43})	$PM_{2.5}$ 年平均浓度	0.139
		污水治理 (A_{44})	城市污水处理率	0.128
		绿色投入 (A_{45})	环保经费投入占财政支出比重	0.193
		生态环境 (A_{46})	人均城市绿地面积	0.158
市场开放 (A_5)	0.165	政策开放 (A_{51})	社会包容与政策开放性	0.241
		交通网络 (A_{52})	交通方式与交通网络便捷程度	0.204
		贸易开放 (A_{53})	贸易依存度	0.226
		资本开放 (A_{54})	资金流动度	0.158
		人才开放 (A_{55})	人口流动率	0.171
民生共享 (A_6)	0.132	养老保障 (A_{61})	基本养老保险覆盖率	0.198
		生活成本 (A_{62})	CPI 指数	0.162
		医疗保障 (A_{63})	城乡医疗保障水平	0.189
		精准扶贫 (A_{64})	最低生活保障覆盖率	0.142
		教育公平 (A_{66})	共享经济发展程度	0.132

(二)客观权重的计算

根据以上熵值法数据处理步骤,可以计算得到闽西南高质量协同发展评价指标权重分配状况,如表4-7所示。

表4-7 区域协同发展评价指标权重层次排序表Ⅱ

维度	维度权重	指标	指标说明	指标权重
经济发展 (A_1)	0.205	经济规模(A_{11})	地区生产总值(GDP)	0.292
		经济增速(A_{12})	地区生产总值(GDP)增长速度	0.185
		产业结构(A_{13})	第三产业占GDP的比重	0.236
		人均GDP(A_{14})	人均GDP	0.287
创新驱动 (A_2)	0.177	创新投入(A_{21})	政府R&D经费支出占GDP比重	0.184
		创新人才(A_{22})	R&D人员比重	0.179
		创新结构(A_{23})	高新技术企业比重	0.134
		创新效率(A_{24})	科技成果转化率	0.153
		创新效果(A_{25})	万人发明专利授权数	0.218
		大众创新(A_{26})	产业化科技创新项目数	0.132
协调发展 (A_3)	0.182	经济差异(A_{31})	人均GDP与区域内最大值之比	0.341
		城乡差距(A_{32})	城乡居民收入比	0.213
		城乡结构(A_{33})	城镇化率	0.228
		贫富差距(A_{34})	贫困人口占比	0.218

续表

维度	维度权重	指标	指标说明	指标权重
生态文明(A_4)	0.169	能源消耗(A_{41})	万元GDP能耗	0.187
		碳排放(A_{42})	万元GDP二氧化碳排放量	0.212
		大气治理(A_{43})	$PM_{2.5}$年平均浓度	0.144
		污水治理(A_{44})	城市污水处理率	0.157
		绿色投入(A_{45})	环保经费投入占财政支出比重	0.135
		生态环境(A_{46})	人均城市绿地面积	0.165
市场开放(A_5)	0.154	政策开放(A_{51})	社会包容与政策开放性	0.216
		交通网络(A_{52})	交通方式与交通网络便捷程度	0.231
		贸易开放(A_{53})	贸易依存度	0.209
		资本开放(A_{54})	资金流动度	0.163
		人才开放(A_{55})	人口流动率	0.181
民生共享(A_6)	0.113	养老保障(A_{61})	基本养老保险覆盖率	0.167
		生活成本(A_{62})	CPI指数	0.192
		医疗保障(A_{63})	城乡医疗保障水平	0.156
		精准扶贫(A_{64})	最低生活保障覆盖率	0.143
		教育公平(A_{65})	高考本科录取率	0.204
		共享经济(A_{66})	共享经济发展程度	0.138

(三)综合权重的计算

根据表4-6和表4-7的结果,应用综合权重计算公式,即可计算得到综合权重如表4-8所示。

表 4-8　区域协同发展评价指标权重层次总排序表Ⅲ

维度	维度权重	指标	指标说明	指标权重
经济发展（A_1）	0.204	经济规模（A_{11}）	地区生产总值（GDP）	0.283
		经济增速（A_{12}）	地区生产总值（GDP）增长速度	0.201
		产业结构（A_{13}）	第三产业占GDP的比重	0.219
		人均GDP（A_{14}）	人均GDP	0.297
创新驱动（A_2）	0.183	创新投入（A_{21}）	政府R&D经费支出占GDP比重	0.191
		创新人才（A_{22}）	R&D人员比重	0.173
		创新结构（A_{23}）	高新技术企业比重	0.135
		创新效率（A_{24}）	科技成果转化率	0.152
		创新效果（A_{25}）	万人发明专利授权数	0.201
		大众创新（A_{26}）	产业化科技创新项目数	0.148
协调发展（A_3）	0.179	经济差异（A_{31}）	人均GDP与区域内最大值之比	0.316
		城乡差距（A_{32}）	城乡居民收入比	0.238
		城乡结构（A_{33}）	城镇化率	0.216
		贫富差距（A_{34}）	贫困人口占比	0.229
生态文明（A_4）	0.152	能源消耗（A_{41}）	万元GDP能耗	0.198
		碳排放（A_{42}）	万元GDP二氧化碳排放量	0.193
		大气治理（A_{43}）	$PM_{2.5}$年平均浓度	0.142
		污水治理（A_{44}）	城市污水处理率	0.142
		绿色投入（A_{45}）	环保经费投入占财政支出比重	0.162
		生态环境（A_{46}）	人均城市绿地面积	0.162
市场开放（A_5）	0.160	政策开放（A_{51}）	社会包容与政策开放性	0.228
		交通网络（A_{52}）	交通方式与交通网络便捷程度	0.217
		贸易开放（A_{53}）	贸易依存度	0.218
		资本开放（A_{54}）	资金流动度	0.161
		人才开放（A_{55}）	人口流动率	0.176
民生共享（A_6）	0.122	养老保障（A_{61}）	基本养老保险覆盖率	0.182
		生活成本（A_{62}）	CPI指数	0.177
		医疗保障（A_{63}）	城乡医疗保障水平	0.172
		精准扶贫（A_{64}）	最低生活保障覆盖率	0.143
		教育公平（A_{65}）	高考本科录取率	0.191
		共享经济（A_{66}）	共享经济发展程度	0.135

二、空间分异特征

选取闽西南五市为实证案例,定量指标数据来源于闽西南五市的统计年鉴及相关部门网站,定性指标数据来源于田野调查和问卷调查,运用如上构建的维度有序度测度模型可得 2019 年闽西南协同发展区协同发展分维度有序度测度结果数据如表 4-9 所示,空间分异图如图 4-1 至图 4-6 所示。

表 4-9　闽西南协同发展区协同发展分维度有序度统计表

维度		经济发展	创新驱动	协调发展	生态文明	市场开放	民生共享
权重		0.204	0.183	0.179	0.152	0.160	0.122
城市	厦门	0.901	0.876	0.779	0.653	0.892	0.914
	泉州	0.808	0.662	0.624	0.326	0.675	0.679
	漳州	0.651	0.358	0.223	0.562	0.271	0.236
	龙岩	0.567	0.219	0.258	0.527	0.255	0.263
	三明	0.519	0.185	0.175	0.351	0.138	0.202

由图 4-1 可知,在经济发展维度上,闽西南协同发展区五市呈现两个梯度层级,厦门和泉州的经济发展程度较高,而漳州、龙岩和三明的经济发展程度较低。厦门属于经济特区,具有优越的区位优势和政策供给优势,现代服务业发达;泉州民营经济十分活跃,尤其是在纺织服装、鞋、建材建筑、工艺制品、食品饮料、机械制造的领域具有较强的竞争优势。而漳州尽管位于闽南金三角,但是难以跳出现代农业定位的思维困境,经济发展难以比拟厦门和泉州;龙岩和三明地处闽西边远山区,自然条件落后、资源禀赋有限,经济发展滞后。

由图 4-2 可知,在创新驱动维度上,闽西南协同发展区五市呈现两个梯度层级,厦门和泉州的创新驱动力较强,而漳州、龙岩和三明的创新驱动力较弱。厦门和泉州经济较为发达,高校、科研院所和高新技术企业等创新主体聚集,资本和人才等创新要素汇集,创新环境和创新制度优越,带动其创新驱动力较为强劲;而漳州、龙岩和三明经济发展较为滞后,创新主体能力和动力不足,创新资源和要素的虹吸效应弱,创新环境有待改善等,导致其创新驱动力较弱。

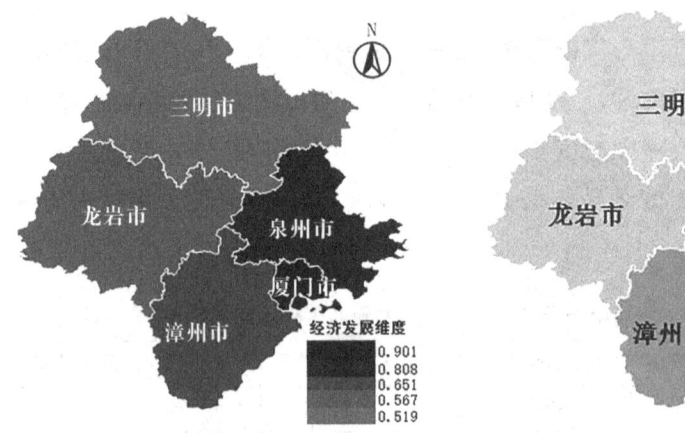
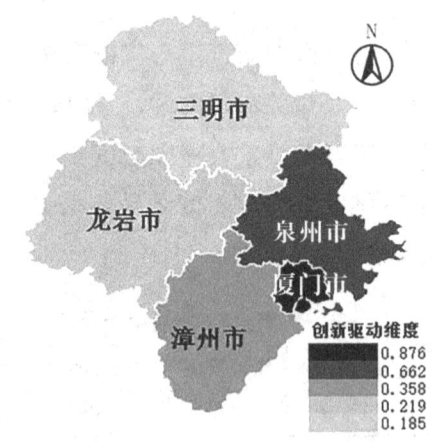

图 4-1　闽西南经济发展维度空间分异图　　图 4-2　闽西南创新驱动维度空间分异图

由图 4-3 可知,在协调发展维度上,闽西南协同发展区五市两个梯度层级差异较为明显,厦门和泉州的协调发展程度较高,而漳州、龙岩和三明的协调发展程度较低。区域协调发展要以区域社会和经济发展为基础和依托,在效率与公平的优先顺序上,通常先有效率后有公平,只有社会和经济发展到一定程度后,才会考量公平与协调问题。厦门与泉州经济较为发达,协调发展的基础和条件较好;而漳州、龙岩、三明经济发展较为滞后,协调发展的基础和条件保障不足。

由图 4-4 可知,在生态文明维度上,闽西南协同发展区五市呈现两个梯度层级,厦门、漳州和龙岩的生态文明程度较高,而泉州和三明的生态文明程度较低。厦门重点发展现代服务业和高端制造业,重视城市绿化与可持续发展;漳州现代农业发达,重工业比重小,能源消耗少;龙岩重视发展绿色经济和水土保持,生态环境持续改善。而泉州制造业发达,且近年来大力发展石油炼化产业,能源消耗和环境污染大;三明是重工业聚集地,能源消耗较大,生态环境受到影响。

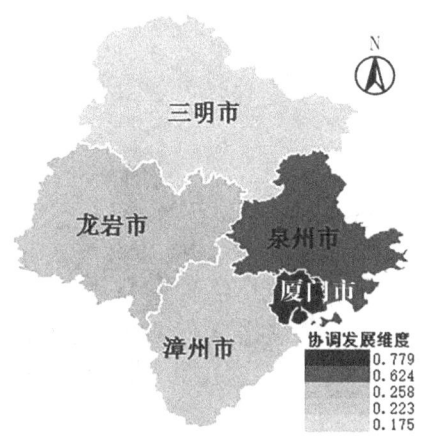 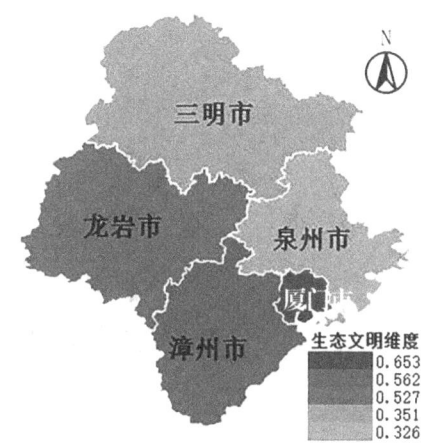

图 4-3　闽西南协调发展维度空间分异图　　图 4-4　闽西南生态文明维度空间分异图

由图 4-5 可知,在市场开放维度上,闽西南协同发展区五市呈现两极分化现象,两个梯度层级差异明显,厦门和泉州的市场开放程度较高,而漳州、龙岩和三明的市场开放程度较低。厦门和泉州都属于沿海城市,是对外开放的窗口,外向型经济发达,人才、资本、技术等要素高度聚集和快速流动,市场活跃且规范,使其市场开放程度较高。而漳州虽属沿海城市,但是以现代农业为主导产业,经济的独立性较强;龙岩和三明都地处闽西边远山区,现代工业体系不发达,经济独立性强,使其市场开放程度较低。

由图 4-6 可知,在民生共享维度上,闽西南协同发展区五市呈现三个层级梯度,厦门的民生共享程度最高,泉州次之,漳州、龙岩和三明较低。厦门作为副省级城市,重视民生工程和公共服务体系建设,为市民提供优质的教育和医疗服务供给,不断完善公共交通网络,乡村振兴和美丽乡村建设成果显著;泉州的县域经济发达,基础教育资源丰富,卫生医疗体系较为完善;漳州、龙岩和三明的经济整体发展滞后,教育、医疗、交通等民生与公共服务供给不足,民生共享程度较低。

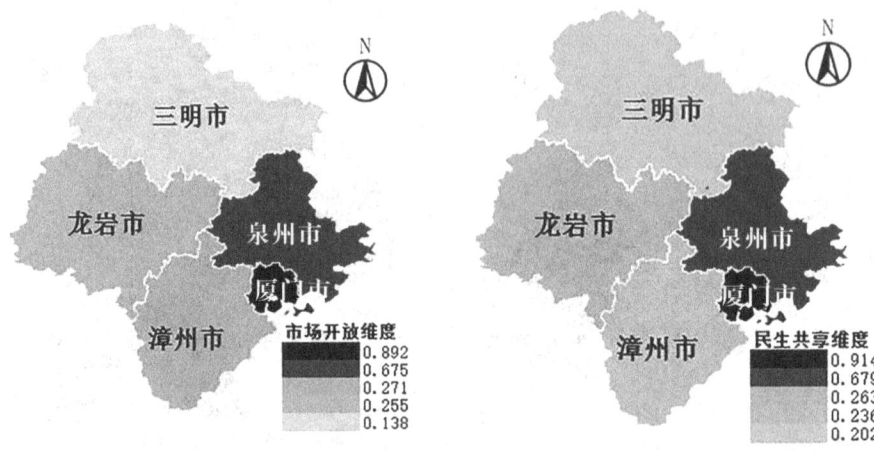

图 4-5　闽西南市场开放维度空间分异图　　图 4-6　闽西南民生共享维度空间分异图

三、时序演化特征

从表 4-10 和图 4-7 可知,闽西南五市高质量协同发展水平整体上呈现不断上升的趋势,尤其是厦门和泉州高质量协同发展水平稳步上升,且增长幅度相似;漳州和龙岩高质量协同发展水平差距不大,且几乎处于同幅增长态势;而三明高质量协同发展水平滞后,且增长较为缓慢。

表 4-10　闽西南高质量协同发展有序度统计表

城市	年份/年									
	2010	2011	2012	2013	2014	2015	2016	2017	2018	2019
厦门	0.718	0.725	0.741	0.756	0.769	0.787	0.802	0.816	0.823	0.834
泉州	0.532	0.541	0.549	0.552	0.565	0.573	0.586	0.602	0.618	0.634
漳州	0.287	0.297	0.303	0.319	0.331	0.348	0.359	0.373	0.386	0.398
龙岩	0.217	0.232	0.245	0.251	0.273	0.286	0.302	0.314	0.329	0.335
三明	0.196	0.208	0.213	0.221	0.235	0.240	0.252	0.259	0.264	0.271

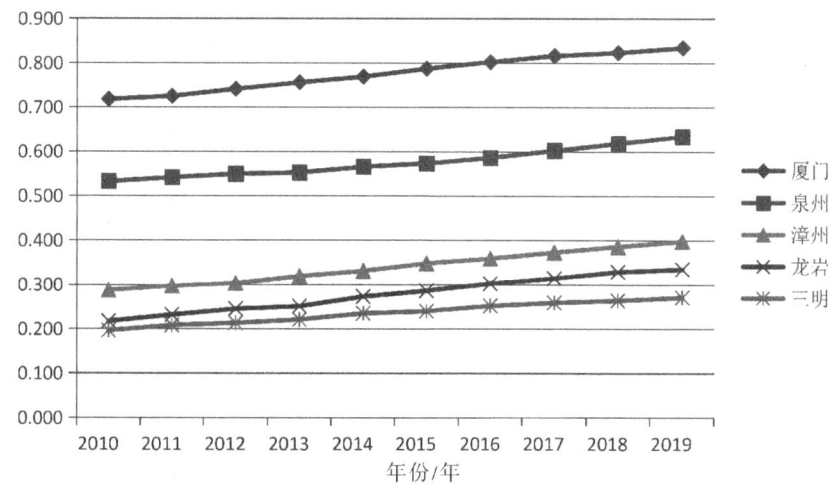

图 4-7 闽西南协同发展有序度时序图

从表 4-11 和图 4-8 可知,闽西南协同发展区高质量发展水平整体呈现不断上升趋势,但是高质量发展水平偏低,2019 年的高质量发展水平测度只有 0.453。这主要是由于闽西南协同发展区五市在经济发展、创新驱动、协调发展、生态文明、市场开放、民生共享等维度上差异较大,缺乏区域协同性和均衡性,厦门高质量发展水平较高,泉州次之,漳州、龙岩和三明较低,层级梯度显著。

表 4-11 闽西南协同发展区协同度统计表

协同度	年份/年								
	2011	2012	2013	2014	2015	2016	2017	2018	2019
协同发展指数	0.342	0.355	0.364	0.375	0.392	0.404	0.419	0.431	0.453

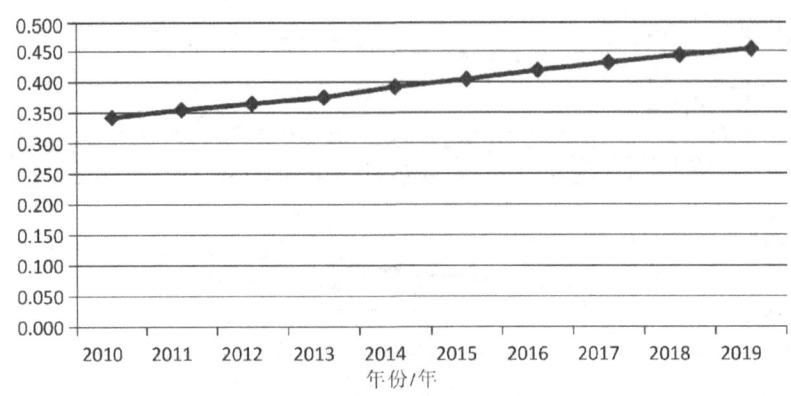

图 4-8 闽西南协同发展协同度时序图

第六节 本章小结

本章以创新、协调、绿色、开放、共享的"新发展理念"为理论依据构建区域协同发展动态测度评价指标，建立了包括经济发展、创新驱动、协调发展、生态文明、市场开放、民生共享六个维度、31个分指标的评价指标集。接着运用层次分析法和熵值法分别确定评价指标集的主观权重和客观权重，进而计算其综合权重，建立其区域协同发展测度的评价指标体系。然后运用闽西南协同发展区的统计数据对其协同发展测度进行实证研究，并在此基础上对其空间分异和时序演化特征进行分析。

第五章　闽西南协同发展的影响因素识别

第一节　DEMATEL 简介

一、DEMATEL 方法的起源与发展

早在 20 世纪 60 年代,就有专家和学者提出了群决策的理念和想法。然而,由于学者们研究视角各不相同,并且群决策内部本身存在复杂性、学科跨界交叉等特点,使得群决策模型各不相同,分歧较大,使得群决策的理论研究进展较为缓慢。因此,直到今天相关研究人员还未对群决策的概念界定和内涵阐释形成统一的认识和理解。群决策模型的理念是团队成员们力求达到观点和认知一致,且超过了合理评价备选方案的需求,最终表现为一种群决策的思维模式。群体思维的过程涉及群体的内部与外部两个方面,并且随着相关变量的变化而发生动态演化。从内部角度看,它的情况受到群体因素中个体的特点、要素的联系、群体的变化发展过程以及推进的水平等变量因素的影响;从外部角度看,它与非心理因素相关的变量有关,比如环境特点、任务特点等。有学者认为,群决策是一种群体偏好秩序,它将不同团队成员集中起来,针对具体的问题和方案进行有规则、有规律的聚集,使得团队成员对决策问题达成一致或者比较一致的观点、看法和认知。有学者认为群决策最大的特点在于参与人员较

多，在意见出现偏差或者分歧的情况下，可以通过统计结果的收敛性帮助决策者做出统一、高效的选择。

DEMATEL(Decision Making and Trial Evaluation Laboratory)，被翻译为决策实验室法。此方法是1971年Battelle(巴特尔)研究所在研究人口饥饿问题、环境污染问题、能源危机问题时提出的一种定量分析和评价方法论，也是一种经典的群决策理论、工具和方法，这种方法论是以图论与矩阵工具为基础进行系统要素分析，在广泛征集相关专家、学者和成员的意见和想法的基础上，将其集中起来，形成一个能够反映多数参与者意见和想法的影响矩阵，此方法广泛应用于解决现实世界中因素众多、层次复杂、理解困难的实践问题。尤其是用来处理基于对一个问题的元素间两两影响关系方向及程度的判断，利用一定的矩阵运算方法计算出元素间的因果关系，并以数字表示因果影响的强度，从而帮助认识一个问题的网络结构关系和因果逻辑关系。DEMATEL通过定量分析系统中各个因素之间的逻辑关系，建立直接影响矩阵，然后计算出规范影响矩阵、综合影响矩阵，以及每个因素的影响度、被影响度、中心度和原因度，并依据所计算的中心度和原因度绘制出系统的因果关系图，依据定量的数字计量分析严谨地揭示和刻画系统的逻辑关系和结构关系。

随着我们认识世界的不断深入，所研究问题复杂性越来越高，用传统的定量分析工具难以起到好的作用时，DEMATEL的优势逐渐被专家和学者们所认知，并引起关注，特别是进入20世纪90年代以后，DEMATEL的应用越来越广泛，尤其是在针对复杂系统进行系统评价和影响因素识别方面有着十分重要而有效的应用。且随着人们对DEMATEL认识的深入，发现DEMATEL在计算复杂度、群体参与度、阈值选取等方面存在一定的缺陷和不足，为了更好地发挥其优势，得到更理想的分析结果，DEMATEL常常跟AHP、ANP、FAHP、FANP等方法结合使用，从而对DEMATEL进行了改进和改良，使得DEMATEL具有更强的适应性和更广的运用情境。DEMATEL的运用主要集中在系统评价、系统影响因素识别等领域，在系统评价方面，将所考虑的要素作为系统评价的指标，通过DEMATEL计算系统每个要素的中心度，用中心度的大小刻画要素的重要性程度，以此计算要素的权重，得到系统的评价指标体系;在系统影响因素识别方面,通过中心度和原因度这两个指标表征各要素的影响程度以及影响类别,影响程度可以分为强影响和弱影响,影响类别可以分为原因型要素和结果型要素。

二、DEMATEL 方法的主要概念与步骤

(一)DEMATEL 方法的主要概念

在 DEMATEL 方法中,主要有直接影响矩阵、规范影响矩阵、综合影响矩阵、影响度、被影响度、中心度、原因度等概念。

直接影响矩阵是所分析系统要素与要素之间联系的表征形式,DEMATEL 方法是一种系统分析方法,认为组成系统的各要素之间是相互影响和相互联系的,构成一个统一的整体。在获取 DEMATEL 方法的直接影响矩阵时,通常包括以下三步计算过程:(1)分析系统的所有构成要素,并将这些要素进行界定和清晰表达;(2)确定要素之间的二元关系,通过要素与要素之间的两两比较确定它们之间的直接影响关系,比如对于 S_i 与 S_j 两个要素,需要比较 S_i 对 S_j 的直接影响,也要比较 S_j 对 S_i 的直接影响,而要素对自身的直接影响规定为 0,这样对于一个含有 n 个要素的系统来说,其直接影响矩阵需要比较 $n(n-1)$ 次直接影响关系;(3)确定关系强弱的度量方法,通常有两种关系强弱的度量标准,一是 10 级标度,用 0 至 9 这十个数来度量,二是 5 级标度,用 0 至 4 这五个数来度量。实践中常使用 5 级标度,且 5 级分别表示要素之间的影响关系为:没有影响、较小影响、一般影响、较大影响、非常大影响,直接影响矩阵记为 D。直接影响矩阵进行归一化处理后得到规范影响矩阵,通常记为 X。

综合影响矩阵用于表示系统各要素之间的相互影响关系和程度,既包括要素之间的直接影响关系,也包括要素之间的间接影响关系,通常记为 T。对于规范影响矩阵而言,其存在一个特征就是无限自乘后将会趋近于零阵,即:

$$\lim_{n \to \infty} X^n = 0 \tag{5-1}$$

规范影响矩阵的自乘表示系统各要素之间增加的间接影响程度,而综合影响矩阵等于系统各要素之间所有直接影响和间接影响的累积,即:

$$T = \sum_{n=1}^{\infty} X^n = X(I-X)^{-1} \qquad (5-2)$$

影响度是系统中每一要素对所有其他要素的综合影响程度,通常记为 d,其计算方法是求综合影响矩阵 T 每一要素对应行元素之和。

$$d_i = \sum_{j=1}^{n} t_{ij}(i=1,2,\cdots,n) \qquad (5-3)$$

被影响度是系统中每一要素受到所有其他要素的综合影响程度,通常记为 r,其计算方法是求综合影响矩阵 T 每一要素对应列元素之和。

$$r_j = \sum_{i=1}^{n} t_{ij}(j=1,2,\cdots,n) \qquad (5-4)$$

中心度是系统中每个要素在整个要素集中的位置及其所起到作用的大小,通常记为 M,其计算方法是用其影响度与被影响度的和表示,即:

$$M_j = d_i + r_i \qquad (5-5)$$

原因度是对系统中每个要素对其他要素的影响程度与受其他要素影响程度的比较,用于从整体上判断该要素属于原因型要素还是结果型要素,如果影响度大于被影响度,称之为原因型要素,否则称之为结果型要素。通常记为 R,其计算方法是用其影响度与被影响度的差表示,即:

$$R_j = d_i - r_i \qquad (5-6)$$

(二)DEMATEL 方法的步骤

DEMATEL 方法在实施时通常分以下五个步骤。

第一步:界定研究系统的边界,确定系统研究目标,选取系统研究的各指标或要素,通过收集数据或对参与成员进行调查,量化各要素之间的相互影响关系,得到直接影响矩阵 D。

第二步:对直接影响矩阵进行归一化处理,得到规范影响矩阵 X。

第三步:计算综合影响矩阵 T。

第四步：由综合影响矩阵计算每个要素的影响度 d、被影响度 r、中心度 M 和原因度 R。

第五步：依据中心度和原因度绘制因果关系图 IRM，并对其进行说明和阐释。

三、DEMATEL-AHP 方法简介

使用传统 DEMATEL 分析和研究现实中的复杂系统时，往往会遇到两个方面的问题，一是如果考虑和研究的对象比较复杂，或者是复杂的大系统，那问题涉及的因素和指标众多，且因素和指标之间的关系错综复杂，如果直接使用传统 DEMATEL 进行分析和定量计算将使得计算的复杂度和计算量十分庞大，影响 DEMATEL 的使用效率；二是传统 DEMATEL 常常依靠单个专家或少数专家的判断和认知作为定量分析的基础，受其主观因素的影响较大，客观性不足，难以真实刻画各变量、因素之间的影响程度和关联性，可能使得其对各影响因素和指标间关系判断可能出现偏差和缺陷，进而影响 DEMATEL 的使用结果，降低了 DEMATEL 的可信度。为了有效克服传统 DEMATEL 的这两个不足和缺陷，将 DEMATEL 与其他方法进行有机结合，构建改进的 DEMATEL，成为众多专家和学者们一直努力的思路和方向，构建改进的 DEMATEL 模型需要思考两个方面的问题：一是能够对系统涉及的指标或影响因素进行简化和缩减，将问题化繁为简，进行简单化处理；二是能够进行多专家决策，克服单个专家在知识结构和认知层面造成的主观性和片面性，提高判断的准确性和有效性，进而提高问题分析的精准性和正确性。

为此，本书在借鉴相关研究成果的基础上，将采用 DEMATEL 和 AHP 相结合的方法构建区域协同发展关键影响因素的识别模型，一方面是通过 AHP 可以对讨论问题所涉及的相关指标和影响因素之间的重要性程度进行判断和分析，进而确定每个指标和因素的重要性程度，即指标和因素的权重，然后设置一个指标和因素权重的阈值，将指标和因素权重低于阈值的筛选掉，减少所需考虑指标和因素的数量，这样就可以人为地将问题所涉及的指标和因素进行简化，将问题变得简单，将精力集中在那

些相对重要的因素和指标上。且被筛选掉的指标和因素由于权重过低，重要性程度很有限，被筛选掉后对所讨论问题的影响有限，这样就不仅可以保证问题分析的准确性和有效性，还可以有效降低问题分析和研究的难度，提高问题分析和研究的效率。二是 AHP 的使用可以让多专家、多成员参与，尤其是在构建直接影响矩阵时，可以综合各专家和成员的评定结果，将其统一到直接影响矩阵中，使得所构建的直接影响矩阵体现这些专家和成员的想法和认知，可以在一定程度上克服传统 DEMATEL 单专家参与的缺陷和不足。因此，本书将 DEMATEL 和 AHP 相结合构建的 DEMATEL-AHP 模型能够满足之前阐述的 DEMATEL 改进思路和要求，能够有效弥补 DEMATEL 的缺陷，具有一定的可行性和有效性。

DEMATEL-AHP 模型的原理框架如图 5-1 所示。其基本思路是在选取区域协同发展影响指标因素的基础上，运用层次分析法（AHP）确定各指标因素的权重，然后规定一个阈值，将低于阈值的指标因素舍去，达到减少指标因素数量的目标；然后运用 DEMATEL 分别计算直接影响矩阵、规范影响矩阵、综合影响矩阵、影响度、被影响度、中心度、原因度和因果关系图；进而对指标因素进行分类，并对指标因素的分类结果进行分析和阐释。

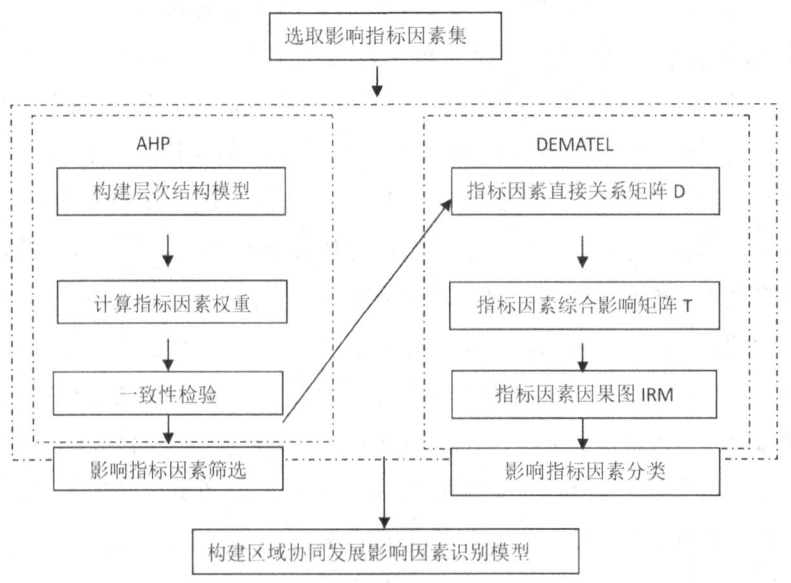

图 5-1 基于 DEMATEL-ANP 的区域协同发展影响因素识别模型

四、DEMATEL-AHP 的实施步骤

如上构建的 DEMATEL-ANP 方法可以通过以下三个阶段 12 个步骤实现。

第一阶段：确定指标因素权重

步骤 1.1 选取指标因素集。根据研究对象的实际情况，从全面性、客观性、可行性、可度量性、易获性的原则收集、选取评价指标或影响因素。

步骤 1.2 建立 AHP 层次结构图。根据所选取的指标因素集，将这些指标因素根据其逻辑关系构建体现指标间关联的层次结构图。通常将指标划分为分层的指标体系，如一级指标因素、二级指标因素、三级指标因素等。

步骤 1.3 建立连接矩阵。依据层次结构图，以上一层次为目标将该层的指标进行两两重要程度比较，建立连接矩阵。

步骤 1.4 计算归一化的特征向量。使用累加法或相乘法计算出每一个连接矩阵归一化的特征向量，得到 W_{ij}。

$$W_{ij} = \begin{vmatrix} W_{i1}(j_1) & W_{i1}(j_2) & \cdots W_{i1}(j_n) \\ W_{i2}(j_1) & W_{i2}(j_2) & \cdots W_{i2}(j_n) \\ \vdots & \vdots & \vdots \vdots \\ W_{in}(j_1) & W_{in}(j_n) & \cdots W_{in}(j_n) \end{vmatrix}$$

步骤 1.5 一致性检验。为了验证所建立的层次结构模型中各指标因素的重要性程度是否满足传递性要求，各指标因素的重要性是否出现了矛盾，需要进行一致性检验。

步骤 1.6 指标因素筛选。规定一个合适的阈值，将指标因素中综合权重低于该阈值的指标因素舍去，留下的指标因素都是权重不会很低的。

第二阶段：确定因果关系图

步骤 2.1 建立直接影响矩阵 D。根据各指标间的直接影响程度建立直接影响矩阵 $D=\{d_{ij}\}_{n\times n}$，d_{ij} 表征指标 i 对指标 j 的影响程度。影响程度分为强、较强、中等、较弱、无影响五个等级，分别赋值为 4、3、2、1、0。

步骤 2.2 对直接影响矩阵 D 进行标准化处理，得到规范化矩阵 X。

步骤 2.3 计算综合影响矩阵 T。其表征指标之间的关联程度,计算式为:

$$T = \lim_{s \to \infty}(X + X^2 + \cdots + X^s) = X(E-X)-1 \tag{5-7}$$

步骤 2.4 选取阈值计算 α 截集矩阵 T_α。确定一个合适的阈值 α,对综合影响矩阵 T 中较弱的影响关系进行过滤,达到简化综合影响矩阵的目的。α 截集矩阵 $T_\alpha = \{t_{ij}{}^\alpha\}_{n \times n}$ 计算关系式为:

$$t_{ij}{}^\alpha = \begin{cases} 0 & \text{当 } t_{ij} < \alpha \\ t_{ij} & \text{当 } t_{ij} \geqslant \alpha \end{cases} \tag{5-8}$$

步骤 2.5 绘制因果关系图。以 α 截集矩阵 T_α 为依据,计算影响度 D、被影响度 R、中心度 $D+R$、原因度 $D-R$,然后以中心度为横轴,原因度为纵轴绘制因果关系图。

步骤 2.6 划分影响因素。根据因果关系图的结果,对闽西南协同发展的影响因素进行分类,以区分不同指标因素影响程度的大小。

第二节 实证研究

一、指标因素选取与筛选

以第四章建立的闽西南区域高质量协同发展指数的评价指标为基础,在使用层次分析法对其指标权重进行分配的基础上,选取阈值 $\varepsilon = 0.022$,将指标因素的综合权重低于该阈值的指标因素舍去,这样就将大气治理(A_{43})、污水治理(A_{44})、生态环境(A_{46})、生活成本(A_{62})、精准扶贫(A_{64})、共享经济(A_{66})六个综合权重值低于阈值的指标因素舍去。得到如表 5-1 所示的影响因素集。

表 5-1　闽西南协同发展影响因素筛选表

维度	指标	指标说明	综合权重
经济发展 (A_1)	经济规模 (A_{11})	地区生产总值(GDP)	0.055 1
	经济增速 (A_{12})	地区生产总值(GDP)增长速度	0.044 0
	产业结构 (A_{13})	第三产业占 GDP 的比重	0.041 0
	人均 GDP (A_{14})	人均 GDP	0.061 8
创新驱动 (A_2)	创新投入 (A_{21})	政府 R&D 经费支出占 GDP 比重	0.037 0
	创新人才 (A_{22})	R&D 人员比重	0.031 4
	创新结构 (A_{23})	高新技术企业比重	0.025 4
	创新效率 (A_{24})	科技成果转化率	0.028 4
	创新效果 (A_{25})	万人发明专利授权数	0.034 6
	大众创新 (A_{26})	产业化科技创新项目数	0.031 2
协调发展 (A_3)	经济差异 (A_{31})	人均 GDP 与区域内最大值之比	0.051 4
	城乡差距 (A_{32})	城乡居民收入比	0.046 6
	城乡结构 (A_{33})	城镇化率	0.035 9
	贫富差距 (A_{34})	贫困人口占比	0.042 1
生态文明 (A_4)	能源消耗 (A_{41})	万元 GDP 能耗	0.028 5
	碳排放 (A_{42})	万元 GDP 二氧化碳排放量	0.023 8
	绿色投入 (A_{45})	环保经费投入占财政支出比重	0.026 4
市场开放 (A_5)	政策开放 (A_{51})	社会包容与政策开放性	0.039 8
	交通网络 (A_{52})	交通方式与交通网络便捷程度	0.033 7
	贸易开放 (A_{53})	贸易依存度	0.037 3
	资本开放 (A_{54})	资金流动度	0.026 1
	人才开放 (A_{55})	人口流动率	0.028 2
民生共享 (A_6)	养老保障 (A_{61})	基本养老保险覆盖率	0.026 1
	医疗保障 (A_{63})	城乡医疗保障水平	0.024 9
	教育公平 (A_{65})	高考本科录取率	0.023 4

二、计算影响指标因素的中心度与原因度

根据前面介绍的 DEMATEL-AHP 的实施步骤,在采集相关专家数据的基础上,计算出直接影响矩阵,进而计算出影响度(D)、被影响度(R)、中心度($D+R$)和原因度($D-R$)。其中影响度用于表征指标因素对其他指标因素的影响程度,被影响度用于表征其他指标因素对其的影响程度,中心度用于表征该指标因素的重要性程度,原因度用于表征指标因素与其他指标因素之间的关系,当原因度大于零时,表示该指标因素为原因因素,对其他指标因素的影响程度大于其他指标因素对它的影响程度;当原因度小于零时,表示该指标因素为结果因素,对其他指标因素的影响程度小于其他指标因素对它的影响程度。本书讨论的闽西南协同发展各指标因素的影响度、被影响度、中心度和原因度计算结果如表 5-2 所示。

表 5-2 闽西南协同发展综合影响关系表

影响指标因素	影响度(D)	被影响度(R)	中心度($D+R$)	原因度($D-R$)
经济规模(A_{11})	1.058	2.190	3.248	−1.131
经济增速(A_{12})	1.057	0.329	1.386	0.728
产业结构(A_{13})	2.022	0.558	2.580	1.465
人均 GDP(A_{14})	1.128	2.796	3.924	−1.667
创新投入(A_{21})	2.446	0.126	2.572	2.320
创新人才(A_{22})	1.763	1.479	3.242	0.284
创新结构(A_{23})	1.131	1.285	2.416	−0.154
创新效率(A_{24})	2.327	2.158	4.485	0.169
创新效果(A_{25})	0.834	1.347	2.181	−0.513

续表

影响指标因素	影响度(D)	被影响度(R)	中心度($D+R$)	原因度($D-R$)
大众创新(A_{26})	1.308	1.422	2.730	−0.114
经济差异(A_{31})	1.047	2.256	3.303	−1.208
城乡差距(A_{32})	0.942	2.117	3.059	−1.175
城乡结构(A_{33})	2.318	2.084	4.402	0.234
贫富差距(A_{34})	0.957	1.458	2.415	−0.501
能源消耗(A_{41})	1.224	1.721	2.946	−0.497
碳排放(A_{42})	1.581	1.905	3.486	−0.323
绿色投入(A_{45})	1.856	1.314	3.170	0.542
政策开放(A_{51})	2.339	1.303	3.642	1.036
交通网络(A_{52})	1.528	1.501	3.029	0.028
贸易开放(A_{53})	1.282	1.645	2.927	−0.363
资本开放(A_{54})	1.417	1.252	2.669	0.165
人才开放(A_{55})	2.109	1.551	3.660	0.558
养老保障(A_{61})	1.667	2.083	3.749	−0.416
医疗保障(A_{63})	1.625	1.486	3.111	0.139
教育公平(A_{65})	2.513	2.116	4.629	0.397

三、因果关系图

根据表 5-2 的闽西南协同发展综合影响关系表，以中心度为横坐标，原因度为纵坐标，画出闽西南协同发展影响因素的因果关系图如图 5-2 所示。从图 5-2 的散点图可知，各指标因素的中心度和原因度在直角坐标系中的分布相对比较离散,说明本研究所讨论的闽西南协同发展影响因素的重要性程度和因果度存在较大的差异性,但是相对来说中心度在3附近比较聚集,原因度在0附近比较聚集。

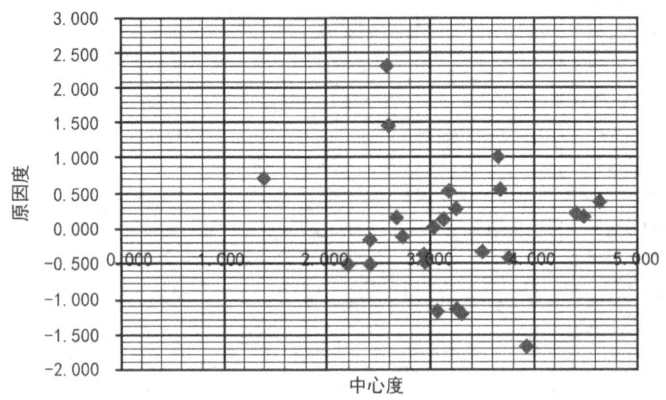

图 5-2 闽西南协同发展影响因素的因果关系图

第三节 结果分析

一、中心度分析

由表 5-2 和图 5-2 可知,在中心度方面,从大到小排序依次为教育公平(A_{65})、创新效率(A_{24})、城乡结构(A_{33})、人均 GDP(A_{14})、养老保障(A_{61})、人才开放(A_{55})、政策开放(A_{51})、碳排放(A_{42})、经济差异(A_{31})、经济规模(A_{11})、创新人才(A_{22})、绿色投入(A_{45})、医疗保障(A_{63})、城乡差距(A_{32})、交通网络(A_{52})、能源消耗(A_{41})、贸易开放(A_{53})、大众创新(A_{26})、资本开放(A_{54})、产业结构(A_{13})、创新投入(A_{21})、创新结构(A_{23})、贫富差距(A_{34})、创新效果(A_{25})、经济增速(A_{12})。中心度体现的是各指标因素的重要性程度,也就是指标因素的权重。从中心度的结果可知,各指标的中心度存在较大的差异性,且由此方法计算的结果大体上与前面层次分析法计算的结果有一定的相似性,但是对于具体的指标因素来说,还是存在一些偏差。

二、原因度分析

根据表 5-2 和图 5-2 数据分析的结果,可以根据原因度的数值将闽西南协同发展影响指标因素划分为原因型指标因素和结果型指标因素,其中数值大于零的为原因型指标因素,数值小于零的为结果型指标因素。原因型指标因素有创新投入(A_{21})、产业结构(A_{13})、政策开放(A_{51})、经济增速(A_{12})、人才开放(A_{55})、绿色投入(A_{45})、教育公平(A_{65})、创新人才(A_{22})、城乡结构(A_{33})、创新效率(A_{24})、资本开放(A_{54})、医疗保障(A_{63})、交通网络(A_{52});结果型指标因素有人均 GDP(A_{14})、经济差异(A_{31})、城乡差距(A_{32})、经济规模(A_{11})、创新效果(A_{25})、贫富差距(A_{34})、能源消耗(A_{41})、养老保障(A_{61})、贸易开放(A_{53})、碳排放(A_{42})、创新结构(A_{23})、大众创新(A_{26})。

在原因型指标因素中,根据其 $D-R$ 值的大小关系,可以将其进一步划分为强原因型指标因素,弱原因型指标因素,强原因型指标因素是 $D-R$ 数值较高的指标因素($D-R>0.5$),其成为影响闽西南协同发展的重要影响因素;弱原因型指标因素是 $D-R$ 数值较低的指标因素($0<D-R<0.5$),其成为影响闽西南协同发展的次要影响因素。在本研究中,创新投入(A_{21})、产业结构(A_{13})、政策开放(A_{51})、经济增速(A_{12})、人才开放(A_{55})、绿色投入(A_{45})六个指标因素为强原因型指标因素,教育公平(A_{65})、创新人才(A_{22})、城乡结构(A_{33})、创新效率(A_{24})、资本开放(A_{54})、医疗保障(A_{63})、交通网络(A_{52})七个指标因素为弱原因型指标因素。

在强原因型指标因素中,创新投入是增强创新资源和创新要素,改善创新环境和氛围,提升创新能力的重要基础和条件,是实施创新驱动发展的重要战略,也是推动区域高质量协同发展的重要因素。产业结构不仅是社会经济发展的重要标志,也是社会经济发展质量的重要体现,尤其是在当前倡导结构性改革和产业转型升级的大环境下,推动产业结构的不断优化和升级,并推进区域产业的协调、有序、梯度发展,有利于区域经济和区域产业的高质量协同发展。政策开放是区域开放的重要保障,在传统地方行政体系和治理结构下,地方贸易壁垒和地方保护主义盛行,政策的开放程度低,通过区域内各城市的政策开放,不仅可以推动区域内各城市之间的贸易发展、资源和要素流动,促进区域自由开放、竞争有序的统一市场建设,还可以降低交易成本,促进社会化分工,凸显比较优势。经济增速是表示经济发展速度和增长快慢程度的一个衡量指标,区域高质量协同发展,尽管强调经济发展的质量和效能,但是也需要经济发展的规模和速度作为基础,并不是说在区域高质量协同发展阶段,就不需要或者说不追求经济发展的规模和速度了,只是他们之间的重要程度发生了转换,相对于经济发展的质量和效能,经济发展的规模和速度没有那么重要了,但依然是一个重要的影响因素。人才开放是区域协同发展中最活跃的影响因素,尤其是在创新驱动发展战略的背景下,人才是区域社会发展最关键和重要的影响因素了,只有通过打破区域人才流动的枷锁,创造人才合理、有序流动的环境,才能促进人才的有效聚集和自由流动,培育适宜人才成长和发挥才能的土壤。绿色是区域可持续发展的核心要素,是践行"新发展理念"和区域高质量协同发展的必然要求,而要实现绿色和可持续发展,就要求进行绿色投入。

在结果型指标因素中,根据其 $D-R$ 值的大小关系,可以将其进一步划分为强结果型指标因素,弱结果型指标因素,强结果型指标因素是 $D-R$ 数值较低的指标因素($D-R<-0.5$),其成为影响闽西南协同发展的重要结果因素;弱结果型指标因素是 $D-R$ 数值较高的指标因素($-0.5<D-R<0$),其成为影响闽西南协同发展的次要结果因素。在本研究中,人均 GDP(A_{14})、经济差异(A_{31})、城乡差距(A_{32})、经济规模(A_{11})、创新效果(A_{25})、贫富差距(A_{34})六个指标因素为强结果型指标因素;能源消耗(A_{41})、养老保障(A_{61})、贸易开放(A_{53})、碳排放(A_{42})、创新结构(A_{23})、大众创新(A_{26})六个指标因素为弱结果型指标因素。

在强结果型因素中,人均 GDP 是衡量区域发展程度的重要指标,是区域产业发展和经济增长的结果与体现,在新常态、新形势和新背景下,尽管我们更关注经济发展的质量和效益,但是依然要考量经济发展的规模和速度,增加人均GDP,提高人们的收入水平,这是经济高质量发展的基础和底气。经济差异是区域内各城市发展水平高与低的差距,各城市由于资源禀赋的差异,经济发展基础的差异,区域优势的差异,以及主导产业的差异,造成经济发展水平和程度的差异。在经济高质量发展进程中,需要逐渐缩小区域内各城市之间的经济差异,推动区域协调发展,这不仅是经济高质量发展的内在要求,也是我国社会主义制度的必然目标和要求。城乡差距是城市与农村在居民收入、教育资源、医疗资源、消费能力、就业机会和政府公共投入等方面的不平衡和不均衡。这是由改革开放以来,我们工业化和城市化进程所致,使得工业和服务业得到快速发展,生产效率得到大幅度提升,而广大农村地区劳动生产率较为低下,资源聚集度低,基础设施投入相对不足等因素所致。经济规模是经济发展程度和体量的体现和表征,是区域和城市产业发展水平和程度的体现,尽量在经济高质量发展环境下,我们更加关注和重视经济发展的质量和效益,但是并不意味着就不需要经济发展规模了,只是相对于经济发展质量和效益而言,经济发展规模和速度显得不那么重要,也就是说经济发展质量和效益是第一位的,经济发展规模和速度是第二位的。创新效果是在创新投入的基础上,创新生产活动所取得的成果,它是由多方面因素综合作用的结果,首先是创新投入,通常创新投入越多,创新效果越好;其次是创新资源的聚集,尤其是创新人才和创新资本的汇集,创新生产活动需要高尖端的创新人才和大量的创新资本;最后是需要良好的创新环境和氛围,需要通过各种创新政策和制度营造良好的创新环境和氛围。贫富差距是贫富不均或收入不公平,主要是指社会和区域社会中个人拥有财富的差距,适当的贫富差距可以鼓励社会公民通过诚实劳动和合法经营先富裕起来,激发个体奋斗和社会发展的潜力和动力,但是贫富差距过大会造成众多社会问题。

三、协同发展思路

如上识别出的闽西南协同发展关键影响因素是制约闽西南协同发展的重要瓶颈,为制定闽西南协同发展的对策与建议提供依据。要推动闽西南协同发展就要抓住这些关键的影响因素,所谓牵牛就要牵牛鼻子,抓住主要问题和关键因素。对这些关键影响因素进行深度解析,可以为闽西南协同发展提供整体性思路和结构性框架。

针对政策开放这个强原因型指标因素,要提升闽西南区域政策开放的程度,一方面要提高闽西南协同发展区行政组织的行政权力和领导力,另一方面要加强闽西南五市政府层面的沟通、协调与合作关系。为此,可通过提升闽西南协同发展区的行政组织级别,强化府际沟通、协调与合作关系以改善和提升闽西南协同发展区政策的开放性。

针对经济增速这个强原因型指标因素,我们认为需要做强做大区域中心城市,充分发挥区域中心城市的引领、辐射和带动作用。通过核心城市和中心在产业、人才、资源等方面的比较优势和聚集优势,形成溢出效应,带动周边城市的快速发展,进而推动协同发展区的协调与均衡发展。

针对产业结构和城乡结构这两个原因型指标因素,我们认为可以通过发挥闽西南各市的产业比较优势,推进产业梯度异构与优化升级,提升闽西南五市产业结构的协调程度和有序竞合关系,进而实现闽西南协同发展区产业结构和城乡结构的改善和优化。

针对人才开放和资本开放这两个原因型指标因素,我们认为可以通过破除区域行政壁垒,推动资源和要素市场一体化建设,达到区域人才和资本等要素资源的自由、有序流动。

针对创新投入、创新人才、创新效率这三个原因型指标因素,我们认为可以通过打造区域协同创新平台,聚集区域创新资源和激发区域创新活力,达到增加创新投入、培育创新人才和提升创新效率的目的。

针对教育公平和医疗保障这两个原因型指标因素,我们认为可以通过建立区域共享公共服务体系,促进教育、医疗等公共服务的均衡发展,推动闽西南协同发展区公共服务体系的共建、共享,体现教育、医疗等公共服务的平等性。

针对交通网络这一原因型指标因素,我们认为可以通过加强闽西南协同发展区的互联互通,提升开放的广度和深度,构建闽西南协同发展区多层次、立体化的交通网络,提高闽西南协同发展区内人口流动的便利性和流通体系的高效性,加速区域内的联系与互动。

除此之外,我们闽西南协同发展区与宝岛台湾地缘相近、血缘相亲、文缘相承、法缘相循,具有独特的战略地位,应该充分发挥其对台文化交流和经贸往来的区位优势,凸显闽西南协同发展区的对台地域优势,发挥两岸交流与互动的桥梁与纽带作用。

第四节　本章小结

本章运用 DEMATEL-AHP 方法对影响闽西南协同发展区协同发展的关键制约因素进行识别,为更好推动闽西南协同发展应该着重破解哪些关键制约与影响因素提供理论依据和思路,本章主要分三个部分进行介绍和阐述。首先对 DEMATEL-AHP 方法进行介绍和概述,在介绍 DEMATEL 方法的基础上,为克服 DEMATEL 方法存在的不足和缺陷,将 DEMATEL 和 AHP 相结合,发挥两种方法的优点,并有效规避其不足和缺陷,起到扬长避短的作用和效果,进而建立 DEMATEL-AHP 模型,并详细分析和阐述 DEMATEL-AHP 模型的实施步骤。其次运用所建立的 DEMATEL-AHP 模型对闽西南协同发展区协同发展的关键影响和制约因素进行实证分析,以前面建立的闽西南高质量协同发展指数的评价指标为基础,将其作为影响闽西南协同发展的待选影响因素集,使用层次分析法分配的指标权重为依据进行指标筛选,将一些权重过低的指标因素删去,采集专家数据后建立关联矩阵,进而计算影响指标因素的中心度与原因度,最后绘制出因果关系图。最后结合所绘制的因果关系图,对各指标的中心度进行分析和阐释,将指标因素划分为原因型指标因素和结果型指标因素,着重对强原因型指标因素和强结果型指标因素进行分析和阐述,并在此分析的基础上提出闽西南协同发展的思路。

第六章　多维邻近性、空间关联与闽西南高质量协同发展

第一节　相关研究综述

一、国内外研究现状

党的十九大报告指出"我国经济已由高速增长阶段转向高质量发展阶段,正处在转变发展方式、优化经济结构、转换增长动力的攻关期"。高质量发展是一个内涵丰富、外延宽广、动态演化的理论体系,阐释高质量发展的理论框架应该结合具体的发展实践与情境,体现其实践性、动态性和适应性。近年来兴起的区域、省域、市域协同发展区逐渐构建起多层次、立体化、强关联的地理空间网络和区域联合体,已经成为引领我国经济发展的新增长极。通过打破行政治理体系的区块分割和地方本位主义,运用系统协同思维优化区域资源和要素配置,充分发挥中心城市的扩散效应和溢出效应,带动周边城市和边远城市的协调发展,是破解区域发展"囚徒困境",解决城市间发展不平衡、不充分问题的有效路径,也是推动区域协同发展和高质量发展的重要动能[71]。因此,构建一套适用于协同发展区高质量发展的系统、科学和动态的测度体系,精准识别和动态监测其高质量发展存在的困境与短板,为制定高质量发展的政策和路径提供科学依据,是促进区域协同发展亟待解决的重大问题。

十九大以来,专家和学者们对高质量发展的理论与实践进行了广泛的研究和探索,在高质量发展的理论与内涵、测度与评价、路径与对策等方面取得较为丰硕的成果。在理论与内涵方面,赵剑波等(2019)从系统平衡观、经济发展观和民生指向观三个维度阐释高质量发展的理论内涵,认为高质量发展是一个包含多层面、多约束、多条件、多目标的复杂系统工程[72];田秋生(2018)认为高质量发展是应对新时期我国经济社会发展存在的突出问题和矛盾转换的客观要求,是科学发展观的延续、扩展和升华,从规模和速度指标向质量和协调转换,是我国经济发展的理论创新与实践探索[73];钞小静等(2018)认为高质量发展是新时代中国特色社会主义经济发展的重要内容,在理论层面包括了发展动力、发展结构和发展效率等三个维度的内在要求,在实践层面应该通过创新驱动、结构再平衡支撑和发展效率提升三个方面形成高质量发展的新推力[74]。宫汝娜等(2021)将高质量发展理解为超越增长速度的、可持续的、能够满足人民日益增长美好生活需求的发展,并从经济、社会、生态三个维度对区域高质量发展水平进行评价[75]。

在测度与评价方面,马茹等(2019)从供给、需求、效率、运行与开放五个维度构建高质量发展的评价指标体系,并对东部、中部、西部和东北部的高质量发展水平进行实证测度[76];简新华等(2020)从产品和服务质量、经济效益、社会效益、生态效益和经济运行状态五个维度构建高质量发展的评价指标体系,采用熵权TOPSIS法测度我国改革开放以来高质量发展的趋势与特征[77];聂长飞等(2020)以"四高一好"为标准建立高质量发展的评价体系,对我国省域高质量发展的水平进行实证测度,并分析其时空演化特征[78]。王亚男等(2021)在深刻理解和把握高质量发展内涵的基础上,从经济发展、创新发展、协调发展、绿色发展、开放水平和民生发展六个维度构建了我国经济高质量发展的评价指标体系,提出了PCA-EM二次加权评价模型,综合运用变异系数法、地理探测器等方法对中国八大区域的经济高质量发展水平进行测度研究,并据此提出推动我国区域经济高质量发展的对策与建议[79]。

在路径与对策方面,张军扩等(2019)认为高质量发展是引领新时代我国现代化建设的重要战略目标,其战略路径包括体制改革、机制转换,以及构建体现高效、公平和可持续的高质量发展测度体系[80];安淑新(2018)研究认为推动高质量发展要正确处理好供给与需求、投入与产出、政府与市场、公平与效率、国内与国外五大关系,并从加快要素的市场化配置、发挥政府与市场的双重作用、激发创新的动力体系、改革社会保障制度、扩大开放程度等方面提出高质量发展的路径[81];任保平等(2020)以新发展理念为依据考量我国高质量发展的难点与困境,据此提出激发创新发展活力、加强协调发展的整体性、推进绿色发展制度体系建设、形成高水平对外开放的新格局、增强公共服务供给能力的高质量发展路径[82]。姚鹏等(2020)以长三角为研究对象,对其区域一体化进行评价的基础上,提出其高质量发展的路径:加速打破传统行政区划带来的隔离,持续推进要素配置高效、市场运作一体的整体经济发展;全面凸显既有的供需配合缺乏的层次,逐步形成梯度搭配合理、链条高端完整的系统经济发展;不断补齐对外合作贸易存在的短板,大力推动业态多元合理、合作共荣共生的外贸经济发展[83]。

二、研究评述

从以上研究现状看,多数研究聚焦于京津冀、长三角、粤港澳、长江经济带等跨省域区域的高质量发展,而省内市域区域高质量发展的研究缺失;且区域高质量发展尚未形成比较一致且广泛认可的评价与测度体系,难以对其高质量发展水平进行精准监控。为此,本书将以闽西南协同发展区这一省内协同发展区为实证研究对象,从多维邻近性的视角分析区域空间动态关联的内在机理和影响机制,进而探索空间关联对区域高质量协同发展的影响关系。本章研究的边际贡献主要体现在:一是研究对象方面,以省内协同发展区为实证研究对象,弥补此领域的研究缺失,为省内协同发展区高质量发展系统构建提供理论支撑和政策依据;二是研究视角方面,将多维邻近性和区域空间关联纳入统一的分析框架,揭示区域高质量协同系统的内在机理和运行机制,充实区域高质量协同系统研究的理论体系;三是研究方法方面,将采用静态到动态,再到动态均衡的分析方法,对区域高质量协同水平进行测度和评价,是对传统静态和动态研究方法的改进和有益尝试。

第二节 理论框架

一、相关概念界定与内涵

(一) 多维邻近性

随着经济地理学和区域经济学的兴起,邻近性理论逐渐得到关注和重视。最早由马歇尔(Marshall)提出集群经济的理论,随即延伸为地理邻近性,此后以 Rallet 和 Torre 为代表的法国动力学派将其延伸和扩展为多维邻近性,由此开启了多维邻近性的研究先河。进入 21 世纪后,多维邻近性的研究不断深入,其内涵不断丰富,范畴和运用领域不断拓展,其中比较有代表性的是欧盟学者 Boschma 2005 年提出的五维邻近性(地理邻近性、认知邻近性、组织邻近性、社会邻近性和制度邻近性),以及 Knoben 和 Oerlemans 提出的 GOT 邻近性(地理邻近性、组织邻近性和技术邻近性)。多维邻近性理论广泛地运用于产业集群、区域经济一体化、区域协同创新、区域协同发展等研究领域,并取得了丰硕的研究成果。本书在现有研究的基础上,结合省内协同发展区的实际情况,将多维邻近性概括为地理邻近性、制度邻近性、经济邻近性、技术邻近性和文化邻近性五个维度。

(二) 空间关联

协同发展区的空间关联是以城市与城市之间创新主体和创新要素为载体建立的空间联系与互动,形成区域创新网络系统。一方面是地方政府、企业、高等院校、科研院所、中介服务机构等创新主体之间的协同合作,将政府的创新政策引导,企业的创新需求,高等院校和科研院所的人才、设备与知识等创新资源和创新能力优势,中介服务机构的创新服务与保障进行有机结合,整合区域创新资源和创新要素,形成创新合力,促进创新资源的空间优化配置,缩短创新周期并降低创新成本,提高区域协同创新绩效。另一方面是协同发展区各城市之间创新人才与创新资本等创新要素的高效流动,人才和资本作为创新生产活动最重要的资源要素,应该打破地方保护和市场分割造成的条块管理现象,建立统一、开放、自由、有序的要素市场,促进创新要素在区际自由流动和优化配置。

(三)区域高质量协同发展

区域协同发展是推动区域发展不均衡和不充分的必然要求和内在选择,但是如何更加有效、更加科学、更加有序地推进区域协同发展呢?习近平总书记提出的高质量发展为如何实现区域协同发展提供了理论方向和实践思路。将区域协同发展与高质量发展进行有机结合形成区域高质量协同发展的理论体系,可以为区域协同发展注入新的发展动力和方向,高质量发展不仅是区域协同发展的目标,还是区域协同发展的行动纲领和行动指南,在高质量发展背景下,对区域协同发展提出了更高的要求,不仅要求实现区域协同发展,且要求高质量地实现区域协同发展。在高质量发展的视角下思考和探索区域协同发展问题,不仅要考量和思索区域协同发展速度和规模,更要关注和重视区域协同发展的质量和效益。

二、理论假设

(一)多维邻近性与空间关联

协同发展区和城市群的设立通常基于地理空间相邻、制度相近、经济互动性强、技术合作空间大、文化相似等方面的考量,而其中地理空间相邻是前提和基础[84]。那么,多维邻近性是否对区域空间关联产生影响呢?

一方面,多维邻近性促进协同发展区域各创新主体之间的联系与合作[85]。协同发展区域内各城市之间由于地理相邻,人与人之间比较容易熟知,形成关系网和人际圈子,为创新主体之间的合作奠定基础;由于政策和制度的邻近性,使得创新主体之间的合作壁垒和准入门槛降低,为跨城市创新主体之间的合作提供降低制度和政策成本[86];经济邻近性使得协同发展区域内不同城市之间的产业关联性强,经济互动频繁,成为不同城市之间创新主体联合开展创新生产活动的现实需求;由于相邻城市产业的关联性和资源禀赋的差异性,使得创新主体在技术研发和技术创新方面存在合作的空间[87];地理相邻的城市具有文化相通性和相承性,发挥文化的凝聚功能,使得协同区域不同城市创新主体之间具有天然的信任感和认同感,为开展创新合作提供黏合作用,增强创新主体之间合作的可能性和连续性[88]。

另一方面,多维邻近性将推动协同发展区各城市创新要素的高效流动[89]。人才和资本等创新要素在地理邻近的城市之间流动的成本将大幅度降低,尽管随着交通和通讯的快速发展,地理距离的远近不断被弱化,但是人才和资本等创新要素的就近聚集效应依然显著。制度邻近性对人才流动的影响明显,人才流动往往伴随着户籍迁移、人事关系和医社保转移、子女入学等一系列问题,如果协同发展区内各城市的相关政策和制度能有效衔接和对应,将大大降低人才流动的障碍和壁垒,增强人才的流动性[90];同时如果各城市间资本市场运作与监管的相关制度和规范相似,资本市场的跨城市流动也将比较活跃[91]。经济邻近的城市经济结构也较为相似,对创新人才结构和创新人才层次的需求和供给比较接近,为创新人才流动创造现实可行性;同时经济邻近的城市资本市场的主要运作模式也比较相似,资本的成本和偏好也趋于相近,使得创新资本在经济邻近的城市间流动意向显著。技术邻近的城市往往更易形成产业聚集效应和产业链比较优势,创新生产活动比较频繁且创新市场比较活跃,促进相关领域和产业的创新资源和创新要素合理流动和有效配置[92]。文化邻近性是城市间创新要素流动的催化剂,创新人才流动的地域倾向跟其文化的类同性和相似性具有紧密的关联,而创新资本也比较容易在文化类同和相近的城市之间交易和流动。综上所述,提出以下假设:

H1a:地理邻近性对协同发展区的空间关联具有正向影响作用;

H1b:制度邻近性对协同发展区的空间关联具有正向影响作用;

H1c:经济邻近性对协同发展区的空间关联具有正向影响作用;

H1d：技术邻近性对协同发展区的空间关联具有正向影响作用；

H1e：文化邻近性对协同发展区的空间关联具有正向影响作用。

(二)空间关联与区域高质量协同发展

空间关联包含区域不同主体的协同合作以及区域资源与要素的流动两个维度。在区域主体的协同合作方面,政府、企业、社会公共组织等区域主体通力协同与合作,形成区域协同主体链[93]。政府部门加强联系和沟通,建立良好的府际关系,可以有效打破行政区划的限制和壁垒,实现区域资源的优化整合与配置,建立统一开放、竞争有序的市场格局,通过政策的有效衔接与对接,提高区域合作的效率和效果,提升区域协同发展的质量和效益[94]。企业是推动区域高质量协同发展的主体,通过区域内企业之间建立更加广泛、更加深入的合作关系,可以更好地推动产业的分工与合作,使区域内的企业获得更优的营商环境和更佳的供应链合作机会,形成具备比较优势的产业链和供应链,提升区域产业比较优势和核心竞争力[95]。社会公共领域的共建共享是区域协同发展的重要内容,而区域内各城市之间的公共服务资源和水平通常存在差距,需要通过各社会公共组织之间的协调、沟通与协商,教育和医疗等社会公共服务的共建共享才能得到有效落实和落地[96]。由此可见,在区域高质量协同发展系统中,各主体通过协同合作,可以产生 $1+1>2$ 的内生增长机制和协同效应,提升区域高质量协同发展绩效。

资源与要素属于经济要素的范畴,具有稀缺性和逐利性的属性,会从边际收益低的区域流向边际收益高的区域[97]。协同发展区不同城市由于资源与要素禀赋以及资源与要素"价格"的差异性,使得人才和资本等资源和要素在不同城市间动态流动,形成空间关联网络,优化资源和要素的空间配置,使得人才与资本等资源和要素能够流向最能发挥其价值和效用的地区,增强区域经济和社会发展的质量和效率,从而达到提高区域高质量协同发展的目的[98]。白俊红等(2015)认为资源和要素流动是通过其知识溢出效应、规模经济效应和要素配置优化效应等三个方面提高区域协同发展绩效[99]。为此,提出以下假设：

H2：区域空间关联对区域高质量协同发展具有正向影响作用。

依据以上分析,提出本研究的框架模型如图 6-1 所示。

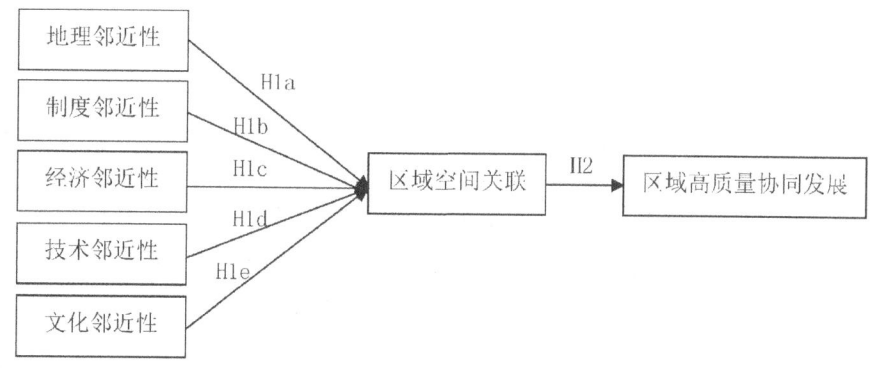

图 6-1 研究框架模型

第三节 变量测度与数据来源

一、多维邻近性的测度

(一)地理邻近性测量

地理邻近性(geo_prox)用于测量区域内不同城市之间距离的远近性。将在地理距离(geo_dist)的基础上,引进时间距离(tim_dist)指标,以不同城市之间动车或高铁运行的时间为时间距离的测算值,如果一个城市具有多个动车站或高铁站,选择距离市政府较近的动车站或高铁站为准进行核算。

$$\text{geo\_dist}'_{ij} = \frac{1}{\sqrt{d_{ij}}}, \text{tim\_dist}'_{ij} = \frac{d'_{ij}}{v_{ij}} \tag{6-1}$$

其中 d_{ij} 为城市 i 与城市 j 之间的球面距离,标准化处理后得到 geo_dist$_{ij}$；d'_{ij} 为城市 i 与城市 j 之间的动车或高铁距离,v_{ij} 为动车或高铁的平均运行速度,有高铁的城市选择高铁的平均运行速度,没有高铁的选择动车的平均运行速度,标准化处理后得到 tim_dist_{ij}。而地理邻近性的取值为地理距离和时间距离之间的算术平均值。

$$\text{geo\_prox}_{ij} = \frac{\text{geo\_dist}_{ij} + \text{tim\_dist}_{ij}}{2} \tag{6-2}$$

$$\text{geo\_prox}_i = \sqrt[n-1]{\prod_{j=1, j \neq i}^{n} \text{geo\_prox}_{ij}} \tag{6-3}$$

geo_prox_{ij} 表示 i 城市和 j 城市之间的地理邻近性程度,其值介于 0 到 1 之间,取值越大说明两地之间的地理邻近性程度越高。geo_prox_i 表示 i 城市与区域内其他所有城市地理邻近性的整体程度。

(二)制度邻近性测量

对制度邻近性(sys_prox)进行精确测量是复杂的,本书将借鉴党兴华(2013)的研究成果[100],采用市场化程度相似性(mar_prox)和政策开放性程度相似性(pol_prox)两个指标衡量区域不同城市之间的制度邻近性。其中市场化程度相似性采用区域(城市)间市场化结构相似系数(mssc)和双边区域市场化程度均值(marm)两个指标的乘积作为区域市场化程度邻近程度的测量。本研究利用《中国市场化指数报告》提供的各区域(城市)市场化相对进程指数,计算合作区域的市场化程度综合指数均值,并利用其测度区域市场化特性的相关指标,应用工业结构相似系数公式计算其相似系数作为区域间市场化结构相似性,进一步计算市场化程度综合指数均值和区域间市场化结构相似性的乘积。而政策开放性程度(pods)采用李克特五级量表进行专家评分获得。所涉及的计算方法如下所示:

$$\text{mar\_prox}'_{ij} = \text{mssc}_{ij} \cdot \text{marm}_{ij} \tag{6-4}$$

标准化处理后得到 mar_prox_{ij}:

$$\text{pol\_prox}'_{ij} = \frac{1}{\sqrt{(\text{pods}_i - \text{pods}_j)^2}} \tag{6-5}$$

其中 pods_i 和 pods_j 分别表示 i 城市和 j 城市的政策开放性程度,标

准化处理后得到 pol_prox$_{ij}$。

$$\text{sys\_prox}_{ij} = \frac{\text{mar\_prox}_{ij} + \text{pol\_prox}_{ij}}{2} \tag{6-6}$$

(三)经济邻近性测量

经济邻近性(eco_prox)用于测度不同区域(城市)之间经济结构和经济发展程度的相似性程度。本研究用区域(城市)人均地区生产总值衡量经济邻近性指标。技术邻近性计算方法为:

$$\text{eco\_prox}_{ij} = \frac{1}{|\text{ave\_gdp}_i - \text{ave\_gdp}_j|} \tag{6-7}$$

其中,ave_gdp$_i$ 和 ave_gdp$_j$ 分别表示 i 城市和 j 城市的人均地区生产总值,eco_prox$_{ij}$ 值越大,说明两地之间的经济邻近性程度越高。

(四)技术邻近性测量

本研究的技术邻近性(tec_prox)采用 Jaffe 提出的基于发明专利类型为计量模型的技术距离计算方式[101],按照国际专利分类标准,可以将专利类型划分为 A、B、C、D、E、F、G、H 八种类型,技术邻近性计算方法为:

$$\text{tec\_prox}_{ij} = \frac{\sum_{k=1}^{8} f_{ik} \cdot f_{jk}}{\sqrt{\left(\sum_{k=1}^{8} f_{ik}^2 \cdot \sum_{k=1}^{8} f_{jk}^2\right)}} \tag{6-8}$$

其中,f_{ik} 和 f_{jk} 分别表示 i 城市和 j 城市在某个时间周期内第 k(1≤k≤8)类专利的授权总数。tec_prox$_{ij}$ 取值介于 0 到 1 之间,取值越大说明两地之间的技术邻近性程度越高。

(五)文化邻近性测量

文化邻近性(cul_prox)的测度也是复杂的,一方面是由于文化内涵的丰富性,文化包含了很多的内容,难以面面俱到;另一方面是文化是抽象的,往往难以量化。本研究采用语言邻近性(lan_prox)、习俗邻近性(cus_prox)和文化融合性(fus_prox)衡量文化邻近性的三个指标,三个指标的取值都是0,1或2,如语言邻近性方面,如果某两个区域(城市)语言相通,取值为2,如果语言部分相通,取值为1,语言不相通,取值为0。由此,得到文化邻近性的计算方法为:

$$\text{cul\_prox}_{ij} = \frac{\text{lan\_prox}_{ij} + \text{cus\_prox}_{ij} + \text{fus\_prox}_{ij}}{3} \tag{6-9}$$

二、空间关联的测度

(一)主体空间关联测度

协同发展区域主体之间的空间关联可以体现在多个层面,可以是业务关联、联合研发、中介服务等。本研究选取企业区域合作和企业联合研发作为区域主体空间关联的评价指标,其中企业区域合作用同时在区域内不同城市设立分公司、子公司、办事处等分支机构的数量表示,并进行标准化处理;企业联合研发用由区域内不同城市的相关组织或科研人员共同申请的专利数量表示,并进行标准化处理。采用企业区域合作和企业联合研发的几何平均值估算区域主体空间关联强度,计算方法为:

$$\text{IMSR}_{ij} = \sqrt{\text{erc}_{ij} \cdot \text{ejr}_{ij}} \tag{6-10}$$

$$\text{IMSR}_i = \sum_{j=1}^{n} \text{IMSR}_{ij} \tag{6-11}$$

其中 IMSR_{ij} 表示城市 i 与城市 j 主体空间关联强度,取值介于0到1之间,取值越大说明创新主体空间关联强度越高;erc_{ij} 表示城市 i 与城市 j 企业区域合作标准化处理后的数值;ejr_{ij} 表示城市 i 与城市 j 企业联合研发标准化处理后的数值;IMSR_i 表示城市 i 与区域其他城市主体空间关联强度。

(二)资源和要素流动空间关联测度

资源和要素主要由人才与资本构成,本研究将采用人才与资本的流动状况衡量资源和要素的空间关联程度。采用张营营和高煜(2019)[97]的研究成果,在运用引力模型的基础上,引入"推力-拉力"理论来反映资源和要素的流动状况,该理论认为资源和要素流动是由流出地的"推力"与流入地的"拉力"共同作用的结果。据此,人才流动的空间关联强度表示为:

$$\text{IP}_{ij} = \ln ipp_i \cdot \ln aw_j \cdot d_{ij}-2 \qquad (6-12)$$

$$\text{IP}_i = \sum_{j=1}^{n} \text{IP}_{ij} \qquad (6-13)$$

其中 IP_{ij} 表示从城市 i 流动到城市 j 的人才数量;ipp_i 表示城市 i 人才占城市人口的比例,此数值越大,表明该城市人才的富余性以及竞争的激烈性,以此刻画城市人才流动的"推力";aw_j 表示城市 j 的平均工资水平,工资收入水平越高,对人才的吸引力越大,成为该城市对人才流动的"拉力";d_{ij} 表示城市 i 与城市 j 的地理距离。IP_i 表示城市 i 人才流动的总数量。

同理,资本流动的空间关联强度表示为:

$$\text{IC}_{ij} = \ln cs_i \cdot \ln pr_j \cdot d_{ij}-2 \qquad (6-14)$$

$$\text{IC}_i = \sum_{j=1}^{n} \text{IC}_{ij} \qquad (6-15)$$

其中 IC_{ij} 表示从城市 i 流动到城市 j 的资本量;cs_i 表示城市 i 资本存量,此数值越大,表明该城市资本的剩余程度较大,以此刻画资本流动的"推力";pr_j 表示城市 j 的规模以上企业的平均利润率,企业平均利润率越高,对资本的吸引力越大,成为该城市对资本流动的"拉力";d_{ij} 表示城市 i 与城市 j 的地理距离。IC_i 表示城市 i 资本流动的总数量。考虑到资本的使用特性,以及区域生产活动效果的滞后性和知识累积性,资本存量采用永续盘存法进行测算[97]。然后运用人才流动的空间关联强度与资本流动的空间关联强度的几何平均值作为资源和要素流动空间关联强度(IEF_i)的测度,表示为:

$$\text{IEF}_i = \sqrt{\text{IP}_i \cdot \text{IC}_i} \qquad (6-16)$$

(三)空间关联测度

空间关联强度由区域主体空间关联强度和资源与要素流动空间关联强度两个维度构成,本研究运用区域主体空间关联强度和资源与要素流动空间关联强度的几何平均作为空间关联强度(SRS_i)的测度,表示为:

$$SRS_i = \sqrt{IMSR_i \cdot IEF_i} \tag{6-17}$$

三、区域高质量协同发展的测度

首先借助本书第四章建立的闽西南协同发展区动态协同评价模型,以高质量发展和新发展理念为理论依据,建立区域高质量协同发展的评价指标集,该评价指标集包括经济发展、创新驱动、协调发展、生态文明、市场开放、民生共享等六个维度31个分指标。其次用层次分析法建立指标的主观权重,用熵值法建立指标的客观权重,将运用最小信息熵原理对主客观权重进行综合处理,从而得到指标的综合权重。再次运用哈肯的协同学理论和原理,建立区域高质量协同发展评价模型。最后在采集相关数据的基础上,对闽西南高质量协同发展程度和水平进行动态评价和测度。这块内容已在第四章进行详细阐述,本小节将不再赘述。

四、控制变量与数据来源

(一)控制变量

本书在开展实证研究中为了更精准阐述多维邻近性和区域空间关联对区域高质量协同发展的影响,在参考相关研究过程的基础上,设置如下控制变量:(1)经济发展水平(avgdp),选取人均GDP测算城市经济发展水平;(2)城镇化率(urban),以城镇人口占总人口的比重测度城市的城镇化率;(3)劳动者素质(lab),使用劳动者平均受教育年限测算城市的劳动者素质;(4)交通基础设施(tbf),使用人均公里里程数衡量城市的交通基础设施状况;(5)市场化水平(mark),采用国有企业总产值占工业企业总产值的比重进行测算。

(二)数据来源

本研究选取闽西南协同发展区五市 2005 年至 2019 年的面板数据,数据来源于闽西南协同发展区五市的统计年鉴及相关部门网站,定性指标数据来源田野调查和问卷调查。个别指标数据缺失,采用插值法将其补充完整。相关变量的统计性描述如表 6-1 所示。

表 6-1 相关变量的统计性描述

变量名称	变量符号	均值	标准差	最小值	最大值
地理邻近性	geo_prox	0.557 6	0.266 3	0.285 4	0.875 6
制度邻近性	sys_prox	0.582 4	0.151 5	0.384 1	0.732 2
经济邻近性	eco_prox	0.499 4	0.164 9	0.356 8	0.765 2
技术邻近性	tec_prox	0.483 0	0.151 8	0.329 4	0.682 5
文化邻近性	cul_prox	0.583 7	0.218 7	0.331 6	0.786 3
区域空间关联	SRS	0.558 2	0.182 6	0.347 3	0.761 5
区域高质量协同发展	RHCD	0.392 8	0.037 2	0.342 1	0.452 8
经济发展水平	avgdp	7.680 2	11.658 0	9.440 9	1.441 6
城镇化率	urban	0.570 1	0.891 3	0.663 8	0.131 9
劳动者素质	lab	9.753 0	13.614 0	11.006 0	1.633 2
交通基础设施	tbf	16.216 6	59.197 3	35.052 3	20.439 1
市场化水平	mark	0.432 8	0.175 4	0.219 2	0.706 5

第四节 空间计量模型及结果分析

一、空间相关性检验

为了使用空间计量方法分析区域高质量协同发展问题,需要探讨变量的空间相关性。本研究运用 Moran's I 指数检验闽西南协同发展区指标数据的空间相关性,得到如图 6-2 所示的检验结果。区域空间关联和区域高质量协同发展的全局 Moran's I 指数都显著为正,时序上呈现增长趋势,且区域空间关联与区域高质量协同发展之间呈现靠拢的趋势,表明闽西南协同发展区高质量协同发展的空间分布具有正自相关性。

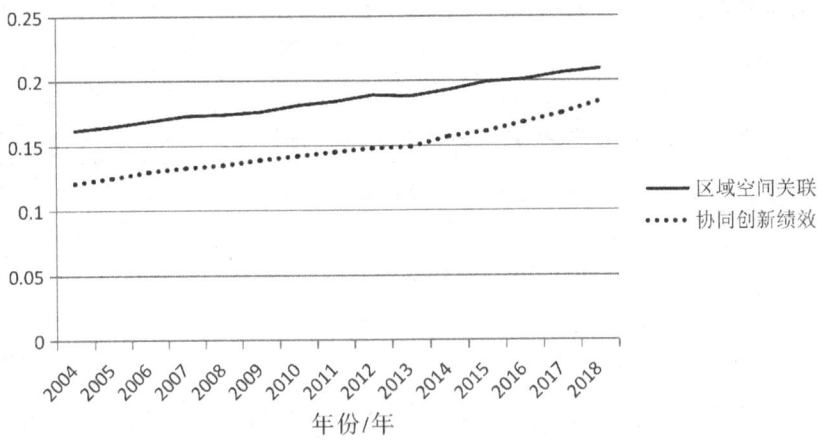

图 6-2 闽西南协同发展区全局 Moran's I 指数变化趋势图

二、空间计量结果分析

(一)空间计量模型的选用

通常空间计量模型主要有空间自相关模型(SAR)和空间误差模型(SEM)两种,当变量间的空间依赖性对所研究的模型非常重要从而导致了空间相关性时,适合使用空间自相关模型,而当模型的误差项在空间上相关时,适合使用空间误差模型[99],为了验证哪种模型更适合本研究所设计的假设模型,将对两种模型进行对比,进而选定空间计量模型。此外,经 Hausman 检验,选择固定效应模型进行估计结果分析,对地区和时间两类非观测效应分别进行控制,形成无固定(nonF)、地区固定时间不固定(sF)、时间固定地区不固定(tF)和地区时间均固定(stF)四种效应模型[103]。

(二)多维邻近性与空间关联的空间计量分析

从表 6-2 多维邻近性与空间关联的空间计量回归结果可知,地区固定时间不固定效应(sF)的空间误差模型(SEM)的整体显著性水平较高,且调整后的 R^2 和对数似然值也较理想,因此本研究将选取此模型分析多维邻近性对区域空间关联的影响。地理邻近性、经济邻近性和技术邻近性的回归系数均显著为正,且通过了 1% 水平下的显著性检验;文化邻近性则回归系数为正并通过了 5% 水平下的显著性检验;表明地理邻近性、经济邻近性、技术邻近性和文化邻近性均对区域空间关联具有积极的推动作用。而制度邻近性对区域空间关联的影响不显著,不符合我们的预期假设。这可能是因为区域空间关联所包含的创新主体空间关联和创新要素空间流动主要涉及微观主体的行为,受制度差异性的影响较弱,且随着区域协同发展的快速推进,协同区内各城市之间的制度和政策的协同性和趋同性越来越强,在一定程度上弱化了制度邻近性对区域空间关联的影响。

表 6-2　空间关联的空间计量回归结果

变量	SAR 模型				SEM 模型			
	nonF	sF	tF	stF	nonF	sF	tF	stF
α	1.206	—	—	—	0.932	—	—	—
geo_prox	0.214*** (0.000)	0.251*** (0.000)	0.318*** (0.001)	0.275*** (0.002)	0.373*** (0.004)	0.209*** (0.000)	0.231*** (0.000)	0.286*** (0.006)
sys_prox	0.063 (0.324)	0.048 (0.201)	−0.012 (0.538)	0.026 (0.384)	0.114 (0.365)	0.022 (0.206)	−0.037 (0.472)	0.086 (0.325)
eco_prox	0.149*** (0.006)	0.162*** (0.002)	0.225*** (0.003)	0.207*** (0.008)	0.234*** (0.005)	0.181*** (0.006)	0.158*** (0.008)	0.142*** (0.005)
tec_prox	0.241*** (0.000)	0.170*** (0.000)	0.157*** (0.005)	0.193*** (0.000)	0.216*** (0.002)	0.183*** (0.000)	0.229*** (0.007)	0.154*** (0.000)
cul_prox	0.052** (0.034)	0.037** (0.022)	0.061* (0.069)	−0.124* (0.081)	−0.076* (0.053)	0.032** (0.026)	0.102 (0.185)	−0.048* (0.073)
avgdp	0.603** (0.063)	0.496*** (0.000)	0.462*** (0.003)	0.547*** (0.004)	0.825*** (0.007)	0.549*** (0.003)	0.436*** (0.081)	0.614*** (0.008)
urban	−0.072 (0.435)	0.054 (0.277)	−0.125 (0.632)	0.072 (0.367)	−0.106 (0.310)	0.069 (0.253)	0.033 (0.895)	0.058 (0.471)
lab	0.117** (0.014)	0.162*** (0.002)	0.246*** (0.009)	0.218*** (0.005)	0.301*** (0.031)	0.245*** (0.020)	0.148*** (0.027)	0.133*** (0.004)
tbf	−0.018* (0.080)	0.023** (0.039)	0.057 (0.189)	0.086* (0.063)	0.104* (0.082)	0.064** (0.045)	0.031* (0.058)	0.043* (0.075)

续表

变量	SAR 模型				SEM 模型			
	nonF	sF	tF	stF	nonF	sF	tF	stF
mark	0.355*** (0.000)	0.406*** (0.000)	0.533*** (0.000)	0.390*** (0.002)	0.452*** (0.000)	0.286*** (0.000)	0.761*** (0.000)	0.524*** (0.000)
Adjust R^2	0.475	0.782	0.266	0.378	0.624	0.763	0.316	0.541
Log-L	263.532	456.714	181.396	232.408	379.603	435.061	214.825	340.638

注：表中（）内数字为显著性概率；***、**、*分别表示显著性水平小于 0.01、0.05 和 0.1；—表示此项为空。

（三）空间关联与区域高质量协同发展的空间计量分析

从表 6-3 空间关联与区域高质量协同发展的空间计量回归结果可知，地区固定时间不固定效应（sF）的空间误差模型（SEM）的整体显著性水平较高，且调整后的 R^2 和对数似然值也较理想，因此也将选取此模型分析区域空间关联对区域高质量协同发展的影响。地区固定时间不固定效应模型的空间误差系统为 0.669，且通过了 1% 水平下的显著性检验，说明区域空间关联有助于推动区域各协同主体的横向合作，以及资源和要素的合理流动和优化配置，促进区域经济、创新、公共服务等领域的空间溢出，提升区域高质量协同发展水平和程度。

表 6-3 区域高质量协同发展的空间计量回归结果

变量	SAR 模型				SEM 模型			
	nonF	sF	tF	stF	nonF	sF	tF	stF
α	0.317	—			0.352	—		
SRS	0.734*** (0.000)	0.669*** (0.000)	0.702** (0.000)	0.625*** (0.000)	0.459*** (0.000)	0.651*** (0.000)	0.576*** (0.000)	0.483*** (0.000)

续表

变量	SAR 模型				SEM 模型			
	nonF	sF	tF	stF	nonF	sF	tF	stF
avgdp	0.574*** (0.003)	0.468*** (0.000)	0.603*** (0.005)	0.521*** (0.004)	0.475*** (0.007)	0.439*** (0.002)	0.542*** (0.005)	0.667*** (0.004)
urban	0.131* (0.065)	0.075** (0.021)	−0.038* (0.083)	0.114 (0.159)	0.093* (0.072)	0.106* (0.056)	−0.052 (0.223)	0.088* (0.078)
lab	0.187*** (0.006)	0.134*** (0.000)	0.089** (0.032)	0.231** (0.017)	0.164** (0.025)	0.147*** (0.003)	0.215*** (0.005)	0.176*** (0.003)
tbf	0.132** (0.034)	0.057** (0.018)	0.035* (0.073)	0.114* (0.055)	0.081* (0.079)	0.049** (0.062)	0.103 (0.126)	0.065* (0.084)
mark	0.527*** (0.003)	0.463*** (0.000)	0.615*** (0.005)	0.483*** (0.000)	0.406*** (0.002)	0.393*** (0.000)	0.542*** (0.006)	0.476*** (0.003)
Adjust R^2	0.652	0.826	0.584	0.325	0.543	0.791	0.272	0.516
Log-L	324.636	436.523	248.147	185.012	238.729	422.415	134.251	225.392

注：表中（）内数字为显著性概率；***、**、* 分别表示显著性水平小于 0.01、0.05 和 0.1；—表示此项为空。

三、稳健性检验

本研究涉及变量较多，如何对这些变量进行科学、合理的解释非常重要。为了确保研究结果的可靠性和稳定性，将多维邻近性中经济邻近性指标由人均 GDP 替换为人均 GDP 与居民消费价格指数（CPI）的综合指标，将区域内人才流动的地区吸引力指标由人均工资替换为人均工资与人均 GDP 的综合指标；同时考虑区域高质量协同发展的滞后性，将其滞后一期的变量纳入检验模型,其他变量和原有假设保持不变,重复上述过程,得到相应的空间计量回归结果如表 6-4 和表 6-5 所示。由此可见八个空间计量模型中依然是 sF 效应的 SEM 模型的拟合效果最为理想,多维邻近性各变量对区域空间关联的影响以及区域空间关联对区域高质量协同发展的影响与表 6-2、表 6-3 的结果保持高度相似性,说明对相关变量指标的测度没有对实证研究结果产生较大偏差,研究结果具有稳健性。

表 6-4 空间关联的稳健性检验结果

变量	SAR 模型				SEM 模型			
	nonF	sF	tF	stF	nonF	sF	tF	stF
α	0.951	—	—	—	0.728	—	—	—
geo_prox	0.220*** (0.002)	0.258*** (0.000)	0.285*** (0.000)	0.303*** (0.003)	0.357*** (0.005)	0.214*** (0.000)	0.248*** (0.000)	0.269*** (0.000)
sys_prox	0.116 (0.451)	0.032 (0.167)	0.028 (0.413)	−0.073 (0.362)	0.085 (0.287)	−0.041 (0.234)	−0.062 (0.458)	0.137 (0.296)
eco_prox	0.166*** (0.003)	0.172*** (0.000)	0.228*** (0.000)	0.143*** (0.005)	0.195*** (0.003)	0.207*** (0.000)	0.162*** (0.006)	0.159*** (0.005)
tec_prox	0.226*** (0.000)	0.194*** (0.000)	0.146*** (0.004)	0.232*** (0.002)	0.187*** (0.000)	0.175*** (0.000)	0.203*** (0.005)	0.148*** (0.000)
cul_prox	0.076* (0.057)	0.054** (0.025)	−0.031** (0.042)	−0.088* (0.073)	0.0482* (0.087)	0.050** (0.039)	0.107** (0.048)	−0.112 (0.136)
avgdp	0.576*** (0.006)	0.482*** (0.000)	0.515** (0.032)	0.623*** (0.005)	0.761*** (0.004)	0.563*** (0.000)	0.468** (0.043)	0.633*** (0.006)
urban	0.056 (0.313)	0.840 (0.272)	−0.092 (0.547)	−0.025 (0.382)	−0.078 (0.465)	0.134 (0.329)	−0.038 (0.636)	0.103 (0.434)

续表

变量	SAR 模型				SEM 模型			
	nonF	sF	tF	stF	nonF	sF	tF	stF
lab	0.132** (0.031)	0.155*** (0.004)	0.228** (0.018)	0.214*** (0.006)	0.253** (0.035)	0.187*** (0.030)	0.162** (0.042)	0.149*** (0.007)
tbf	−0.018* (0.080)	0.023** (0.039)	0.057 (0.189)	0.086* (0.063)	0.104* (0.082)	0.064** (0.045)	0.031* (0.058)	0.043* (0.075)
mark	0.384*** (0.000)	0.411*** (0.000)	0.497*** (0.000)	0.342*** (0.000)	0.453*** (0.000)	0.322*** (0.000)	0.584*** (0.000)	0.645*** (0.000)
Adjust R^2	0.453	0.775	0.288	0.372	0.576	0.735	0.331	0.612
Log-L	246.147	439.531	180.064	228.825	352.316	403.472	205.269	368.328

注：表中( )内数字为显著性概率；***、**、* 分别表示显著性水平小于 0.01、0.05 和 0.1；—表示此项为空。

表 6-5　区域高质量协同发展的稳健性检验结果

变量	SAR 模型				SEM 模型			
	nonF	sF	tF	stF	nonF	sF	tF	stF
α	0.304	—	—	—	0.337	—	—	—
SRS	0.719*** (0.000)	0.675*** (0.000)	0.693** (0.000)	0.576*** (0.000)	0.514*** (0.000)	0.663*** (0.000)	0.617*** (0.000)	0.472*** (0.000)
avgdp	0.461*** (0.002)	0.446*** (0.000)	0.574*** (0.006)	0.531*** (0.003)	0.507*** (0.005)	0.463*** (0.001)	0.522*** (0.004)	0.618*** (0.006)
urban	0.153* (0.058)	0.117** (0.024)	0.068* (0.072)	−0.042 (0.139)	0.125* (0.084)	0.081* (0.047)	−0.034* (0.092)	−0.047 (0.173)

续表

变量	SAR 模型				SEM 模型			
	nonF	sF	tF	stF	nonF	sF	tF	stF
lab	0.171** (0.021)	0.126*** (0.002)	0.093** (0.045)	0.198*** (0.006)	0.175** (0.037)	0.162*** (0.005)	0.227*** (0.008)	0.163** (0.034)
tbf	0.089** (0.034)	0.062** (0.018)	0.051* (0.073)	0.125* (0.055)	0.112* (0.079)	0.067 (0.062)	0.134 (0.126)	0.076* (0.084)
mark	0.475*** (0.002)	0.432*** (0.000)	0.587*** (0.006)	0.511*** (0.003)	0.424*** (0.005)	0.371*** (0.002)	0.516*** (0.004)	0.482*** (0.006)
Adjust R^2	0.639	0.804	0.576	0.322	0.541	0.779	0.287	0.496
Log-L	312.063	423.175	240.597	167.362	234.425	406.802	136.261	218.613

注：表中（）内数字为显著性概率；***、**、*分别表示显著性水平小于0.01、0.05和0.1；—表示此项为空。

第五节 研究结论与启示

本研究利用闽西南协同发展区2005—2019年的面板数据，在对多维邻近性、空间关联与区域高质量协同发展等概念进行界定和测度的基础上，构建多维邻近性、空间关联与区域高质量协同发展之间的逻辑框架模型。运用空间计量分析方法实证研究了多维邻近性对区域空间关联以及区域空间关联对区域高质量协同发展的影响。结果表明多维邻近性中的地理邻近性、经济邻近性、技术邻近性和文化邻近性均对区域空间关联产生显著影响，而制度邻近性对区域空间关联的影响并不显著；同时区域空间关联也显著地对区域高质量协同发展产生正向影响。本研究结论对于协同发展区加强多维邻近性建设，构建科学合理的区域空间关联网络与结构,提升区域高质量协同发展水平和推进区域协同治理具有一定的启示意义。

首先,强化多维邻近性建设,充分发挥多维邻近性对区域高质量协同发展体系的间接推动作用。地理邻近性方面,通过建设城际快速通道(R1线)、厦门轨道交通线路向漳州和泉州延伸等多种方式构建智能立体交通网络,打造厦漳泉同城化便捷、快速、可达的半小时交通圈,同时以厦漳泉为交通核心向龙岩和三明辐射,缩短城市之间的时间距离和心理距离,降低闽西南协同发展区各城市之间的交通运输成本和交易成本。经济邻近性方面,凸显不同城市的资源禀赋和竞争优势,重视区域内产业规划的整体性、统筹性和协调性,形成产业链聚集与合作、异构与互补的有序竞合关系,提升产业链的比较优势和竞争力,推动产业转型升级和区域经济高质量发展,为区域高质量协同发展创造良好的经济基础和社会环境。特别是要加强厦门和泉州两个产业发达城市的溢出和扩散效应,推动生产和加工环节向龙岩和三明转移,加强各城市之间的产业合作与产业联动发展;有效增强协同发展区产业链、供应链的稳定性、安全性和协调性,补链、扩链、强链上展开更紧密区域合作,打通产业链、供应链中物流、人流、资金流、信息流等关键断点、堵点;以产业链核心企业为龙头,通过优化产业配套半径,促进上下游、产供销、大中小企业协同发展。技术邻近性方面,构建区域技术创新的合作机制和信息共享平台,为技术创新要素与资源的供需对接、市场交易创造机会和渠道,鼓励跨城市的产学研机构开展横向和纵向合作,提升区域技术创新的合作性、融合性与应用性,尤其是要加强企业与高校、科研院所的产学研合作,推动相关产业的技术革新与技术创新,将产业发展与地方优质科研资源进行匹配与融合,提升产业发展的技术含量和技术贡献率。文化邻近性方面,加强城市间的人文交流与互动,促进区域内跨城市的文化认同和情感互信,发挥文化的黏合与凝聚功能,特别是要在加强闽南文化内部的凝聚力和向心力的同时,强化闽南文化与闽西文化之间的交流、沟通与互动,提升闽南文化与闽西文化之间的融合性、包容性和认同性,为闽西南区域高质量协同发展营造良好的文化氛围。

其次,实施和落实创新驱动发展战略,用创新激发区域高质量发展和高质量协同发展的动力和活力,用高质量的创新成果引领区域高质量协同发展。加强区域协同创新平台建设,调动跨城市创新主体参与协同创新的积极性和主动性,通过政策引导和平台对接,使得产学研等创新主体可以跨区域、跨城市选择优质的合作伙伴,整合创新资源和创新要素,加快创新生产的速度,提高创新效率。通过政策支持,提高科技创新人才的薪资待遇和社会地位等,营造良好的区域创新环境和创新氛围,培育适宜创新人才成长的沃土,打造区域创新人才聚集高地。同时,通过各创新主体的联合创新行为,建立新型的协同创新主体关系,形成动态的区域协同创新网络,构建区域协同创新主体的联动机制,提升创新主体之间合作的活跃度和有效度,进而提升区域协同创新能力和水平,推动区域高质量发展与赶超发展。

再次,推动区域要素市场一体化建设,建立统一开放、竞争有序的区域统一市场。打破传统行政区域治理体系的地方本位主义和保护主义,运用创新思维从政府因素和非政府因素等多维视角推进区域统一要素市场建设,促进人才、资本、消费品、服务等资源和要素市场从分割到整合、从封闭到开放、从竞争到竞合、从无序到有序的动态演进,构建统一开放、竞争有序的现代统一要素市场体系。企业是市场的主体,企业的市场地位和企业行为的市场化是市场一体化建设的重点和核心,应该凸显企业在市场的主导地位,应该减少甚至消除行政壁垒和人为障碍等因素阻隔企业正常的市场活动,实现市场机制在资源和要素配置中的基础性和决定性作用,发挥各城市的资源禀赋和比较优势并形成专业化分工,促进资源和要素的区际自由流动和优化配置,推动区域高质量协同发展向深层次和高水平迈进。

最后,提升区域公共服务体系的共建共享程度,凸显区域社会发展的平等性和获得感。民生工程和公共服务体系的协同发展是闽西南协同发展的重要内容,总体上讲,厦门在民生工程建设和公共服务体系建设方面走在闽西南协同发展区各城市的前面,应该分享民生工程和公共服务体系建设方面的成功经验,并将其民生工程和公共服务体系惠及闽西南协同发展区的其他城市。如优质医疗资源共享和医疗保险优惠结算方面,教育资源共享和教育的协作与交流方面,公交卡和"e通卡"的联网通用方面,自来水资源的共享与城际引流方面等。通过社会民生工程和公共服务体系资源的共建共享,让区域民众感受到区域协同发展带来的实惠感和获得感,使得区域协同发展获得社会大众的认同和支持,增强自觉投身区域协同发展的积极性和主动性。

第六节 本章小结

高质量发展是新时期、新形势和新常态下国家经济和社会转型和变革的战略和纲领,而区域协调发展是破解我国当前发展不充分、不均衡问题的思路和路径,将高质量发展与区域协同发展进行有机结合,从高质量发展的视角探索区域高质量协同发展的相关问题具有重要的理论意义和实践价值。本章在构建多维邻近性、空间关联与区域协同创新绩效的内在机理和逻辑框架的基础上,运用空间计量分析方法,对闽西南协同发展区 2005—2019 年的面板数据进行实证检验。研究发现,多维邻近性中的地理邻近性、经济邻近性、技术邻近性和文化邻近性均对区域空间关联产生显著影响,而制度邻近性对区域空间关联的影响并不显著;同时区域空间关联也显著地对区域高质量协同发展产生正向影响,区域主体空间关联和资源与要素区际流动都有效提升了区域高质量协同发展的绩效。在改变模型中多个变量测度方法的情况下,研究结果具有稳健性。本研究结论对全面揭示区域高质量协同发展的内在机理和影响因素,提升区域高质量协同发展绩效具有一定的启示意义。

第七章　闽西南协同发展的联动机制

第一节　联动机制的框架体系

一、构建闽西南协同发展联动机制的必要性

闽西南协同发展区的协同发展离不开多层次、多领域、多主体之间的联系与联动。联动是区域协同发展的基础和前提，只有区域内各城市之间不断加强互动和联动，才能形成目标一致、行动统一、运作高效、资源共享的协同发展区域，为区域协同发展提供动力和保障。对于闽西南协同发展区而言也是如此，构建完整、系统的联动机制，对于推动和促进闽西南协同发展具有十分重要的作用和意义。

（一）构建闽西南协同发展联动机制是推动闽西南协同发展的基础与前提

闽西南协同发展是一个跨城市、跨领域、跨部门的协同体，各城市之间基于地理位置相邻、文化相似、产业互补性等因素，使得城市之间的联系比较频繁，但是这种联系难以形成有序和良序的状态，更多的时候是处于无序状态。为此，需要通过打破传统行政区域治理体系的地方本位主义和保护主义，从整体性、全局性、动态性和开放性的视角对闽西南协同区内的联系和互动进行规范化、制度化和体系化，使得力往一处使，形成

合力,尽量避免无序的联系与互动而产生内耗。要使区域协同发展区从初级到高级、从无序到有序、从竞争到协作的动态演化,形成"互惠共生、协作共赢"的良好局面,构建"1+1>2"的内生增长机制,必须构建协同发展区域的联动机制,只有构建了全面、系统、完善的联动机制,闽西南协同发展才具备坚实的发展基础和充足的前进动力。且闽西南协同发展区没有行政命令的强制力,采取党政联席会议制的组织形式,通过协商模式进行决策,需要规范的协同制度、有效的协同机制和强力的保障措施才能确保闽西南协同发展区建设进程中各项事务的稳步和持续运转。因此,构建闽西南协同发展联动机制是推动闽西南协同发展的基础与前提。

(二)构建闽西南协同发展联动机制是落实闽西南协同发展政策的重要手段

福建省委、省政府从 2018 年 10 月提出闽东北协同发展区和闽西南协同发展区的构想以来,不断出台相关的政策,以全面推动和落实协同发展区的建设。尤其是闽西南协同发展区在厦门成立协同发展区办公室以来,各项政策纷纷落地,对协同发展区的规划、设想和建设思路逐渐清晰和明朗,2019 年 5 月《闽西南协同发展区发展规划》颁布实施,标志着闽西南协同发展区政策进一步制度化、规范化和标准化。而闽西南协同发展的政策绝大多数都涉及多个主体,联系多个城市和多个部门,使得这些政策的实施和执行需要闽西南协同发展区内多个城市之间通力配合和协作,才能实现政策预期的效果和目标。只有在建立全面、有效和适宜的运行机制、沟通机制、协调机制和保障机制的基础上,闽西南协同发展区建设的相关政策和规划才能真正得到落实和落地,才能高效推动闽西南协同发展各项工作按计划有序实施,并达到预期效果。因此,构建闽西南协同发展联动机制是落实闽西南协同发展政策的重要手段。

(三)构建闽西南协同发展联动机制是提高闽西南协同发展效率的必然要求

闽西南协同发展是一个复杂的系统工程,是一个黑箱,其内部的运行机理和影响因素都是复杂的,目前还难以探明其内部结构。如果我们将闽西南协同发展程度的提升看作是产出指标,为推进闽西南协同发展所投入的各种资源看作是投入指标,那产出指标与投入指标之比可以衡量闽西南协同发展效率的高低,那如何提高闽西南协同发展的效率呢?其中闽西南协同发展区域内部横向联动、纵向联动将保持目标的一致性、行动的统一性和资源调度的最优性,从而使得闽西南协同发展所需要投入的时间、资源等是比较节省的,产出与投入之比是较优的,达到提高闽西南协同发展效率的目的。尤其是在当前闽西南协同发展区建设资金有限和政策供给不足的情况下,更需要将有限的资源用在刀刃上,提高资源使用效率。构建一套系统、高效、协同的联动机制就是一个不可或缺的组成部分和内在要求。因此,构建闽西南协同发展联动机制是提高闽西南协同发展效率的必然要求。

(四)构建闽西南协同发展联动机制是凝聚闽西南协同发展合力的重要抓手

闽西南协同发展是一个循序渐进的过程,需要投入大量的人力、物力、财力等资源,闽西南区域协同发展不仅是政府部门的事,还是区域内每个组织、每个个体都需要参与和关注的一件大事,闽西南协同发展需要利用一切可以利用的力量,凝聚一切可以凝聚的力量。通过构建和实施闽西南协同发展的联动机制,可以加强区域内各主体之间的联系、交流和互动,增强相互之间的互信与依赖关系,达成统一的共识,凝聚各方的力量,形成发展合力,推动闽西南协同发展。尤其是闽西南五市由不同文化、不同经济发展程度、不同区位特征的城市构成,需要通过相应的联动机制保持沟通、交流与互动,逐渐消除顾虑,建立互信,达成共识,促成凝聚力。因此,构建闽西南协同发展联动机制是凝聚各方力量,形成发展合力的重要抓手。

二、构建闽西南协同发展联动机制的可行性

闽西南协同发展区需要构建多层次、多主体、多通道的联动机制,且闽西南协同发展区在经济基础、政策支撑、地理邻近、文化相通、协同发展

底蕴等方面都具备较好的基础和条件,构建闽西南协同发展的联动机制具有可行性。

(一)经济基础

闽西南协同发展区由厦门、漳州、泉州、龙岩、三明五市构成,2020年《中国城市统计年鉴》数据显示,闽西南协同发展区陆域面积6.8万平方公里,人口约为2 297万人,分别占福建全省的55%和60%;2020年地区生产总值26 874亿元,占福建全省的61%。尤其是地处闽南的泉州和厦门,经济基础雄厚,经济发展较为发达,其中泉州2020年地区生产总值达10 158.66亿元,居福建省第1位,全国城市排名第19位,其民营经济十分发达,晋江和石狮被称为品牌之都,在鞋服、电子、石化、纸业、机械制造等领域都具有较强的竞争实力;而厦门作为经济特区、副省级城市和计划单列市,尽管经济规模和总量不大,但是人均地区生产总值很高,居福建省第1位,在电子、机械制造、软件与信息服务、港口、旅游、现代物流、国际贸易等领域具有较大优势和潜力,逐渐成为高颜值高素质的国际化港口城市。漳州2020年实现地区生产总值(GDP)4 545.61亿元,漳州农业资源丰富,现代农业发达,农业在地区生产总值中的比重相对较高;但近年来漳州工业发展迅速,逐渐形成石化、钢铁、食品、装备制造四大主导产业和新材料、信息、生物医药和新能源四大新兴产业。在厦门、泉州和漳州闽南金三角的带动和引领下,其溢出效应和扩散效应不断增强,对龙岩和三明经济的拉动作用日益凸显,闽西南协同发展区的经济实力不断提升,将为闽西南协同发展提供双引擎和双动力,这对闽西南协同发展具有重要的作用和意义。

(二)政策支撑

自从2018年9月底福建省委十届六次全体会议上提出闽西南协同发展区以来,通过近一年的努力,闽西南协同发展的各项政策得到落地和执行,使得闽西南协同发展取得丰硕成果。2018年10月,闽西南协同发展区办公室在厦门成立,标志着闽西南协同发展区的建设正式进入实质性运作阶段;2019年3月,闽西南协同发展区办公室确定2019年重大

(重点)项目共计143个,2019年重大(重点)项目包括第一批结转项目(55个)和刚确定的第二批项目(88个),项目总投资约8 300亿元,年度计划投资约947亿元,涉及基础设施、制造业、服务业、协作园区、社会事业等领域,以项目带动闽西南协同发展的政策走上快车道;2019年5月,《闽西南协同发展区发展规划》印发,为闽西南协同发展进行整体规划和设计,为闽西南协同发展勾画了一幅美丽而可行的蓝图和方案,使得闽西南协同发展规范化和目标化,具体内容具有可行性和可操作性。2020年闽西南协同发展区推出124个重大项目,总投资金额10 687.3亿元,年度计划投资1014.4亿元,主要集中在交通基础设施建设、产业园区建设和社会事业建设等领域,其中交通基础设施建设包括厦门翔安新机场项目、厦漳泉城际铁路R1线、莆炎高速三明段、龙岩至龙川铁路(福建段)等;产业园区建设包括古雷炼化一体化一期项目、福建龙钢智能化钢铁工业4.0定制化生产示范项目、泉三共建高端装备产业园(一期)等;社会事业包括中国福建化学工程科学与技术创新实验室(一期)、泉港科教园区等项目。由此可见,闽西南协同发展区的政策制定和政策落实都朝着精准、快速的方向前进,取得良好的效果。

(三)地理与文化邻近

闽西南协同发展区地处福建南部和西部,在地理区位上紧密相连,泉州与厦门、三明和漳州接壤,厦门与泉州、漳州相连,漳州与厦门、泉州、龙岩接壤,龙岩与漳州、三明相连,三明与龙岩、泉州、漳州接壤,可见闽西南五市在地理位置上彼此邻近,为相互之间的交流、沟通与合作奠定了良好的基础,俗话说远亲不如近邻,地理区位上相连为闽西南五市的社会互信、资源流动和人际交往提供便利。同时,厦门、漳州和泉州同属闽南文化,其语言、习俗、习惯、思维方式等都是相通的,龙岩和三明多为客家文化,大大降低了相互之间的交流与沟通障碍和成本,此外,在闽西南地区,还存在一种比较普遍的现象是闽南文化与闽西文化的交汇与融合,比如漳州的南靖、华安、平和、诏安等地聚集着大量的客家人,龙岩的新罗区和漳平市属于闽南语系,三明的大田、尤溪等地也通闽南话,由此可见在闽西南地区,闽南文化与闽西客家文化的交融是十分普遍的,文化的相似性和融合性,更增加了各城市之间的互信基础,为闽西南协同发展提供不可或缺的"黏合剂"。

(四)区域协同发展基础

闽西南协同发展区具有悠久的历史演化过程,2009年开始规划与建设的海峡西岸经济区中,厦门和泉州是中心城市,《海峡西岸经济区发展规划》提出海峡西岸经济区的基本构想是"建设对外开放、协调发展、全面繁荣的海峡西岸经济区",将区域协调发展放在重要的战略地位上,同时还十分强调山海协作,提出"构建对外开放、对内联接、山海协作的三条战略通道"。2011年福建省政府提出的"厦漳泉同城化"的战略部署,基于厦漳泉语言、文化、习俗等相近,经济交往、人员往来频繁,要素密集、发展繁荣、联系紧密的现实情境,提出构建厦漳泉大都市区,共同拓展发展空间、扩大发展机遇,在更大平台上集聚竞争优势、打造引领跨越发展的强大区域增长极,推动厦漳泉大都市区的协调发展。2014年福建省政府批复设立的"厦门龙岩山海协作经济区",基于厦门与龙岩两市资源的互补性、经济发展水平的差异性和城市发展空间的异质性,一方面通过厦门的产业转移与支援拉动龙岩的经济发展,另一方面是厦门可以充分利用龙岩的地理空间优势,拓宽发展的空间和辐射范围,增强厦门经济发展的深度和厚度,从而实现厦门与龙岩经济的协调发展。由此可见,从"海峡西岸经济区"到"厦漳泉同城化",从"厦门龙岩山海协作经济区"再到如今的"闽西南协同发展区",具有深厚的历史底蕴和发展基础。

三、闽西南协同发展联动机制的框架体系设想

闽西南协同发展的联动机制是一个统一的体系,这里包括了动力机制、运行机制、协调机制和保障机制等。其中动力机制是提供闽西南协同发展的动力源,以此驱动闽西南协同发展区的协同发展,这种动力通常分为内生动力和外生动力两种类型,内生动力是动力机制的内在动力,是主要的动力源泉,而外生动力是外部驱动力,为闽西南协同发展提供助推力,在内生动力和外生动力的共同作用下,为闽西南协同发展提供系统和整体的动力。运行机制是闽西南协同发展联动机制的核心,也是联动机

制的重要组成部分,是实施闽西南协同发展的战略与指导思想,落实与执行联动机制的要求与内容,通过设计科学与合理的组织管理、计划与执行、监督与反馈、评价与优化等内容强化闽西南协同发展的联动机制的落实与执行。协调机制是闽西南协同发展区协同发展的一种沟通机制,由于闽西南协同发展区涉及不同城市、不同行政管理机构、不同部门的利益诉求,难免出现冲突和矛盾,这就需要有良好的沟通渠道和纠纷调解通道,使得冲突、矛盾和纠纷能够得到有效解决,实务能得到落实和执行,其主要内容包括实务协商机制、信息共享机制、利益分享机制、成本补偿机制等。保障机制是闽西南协同发展区协同发展联动机制顺利运作所需要的各种资源和条件的总称,如果缺乏这些资源,或者是所需要的条件不具备,都将影响闽西南协同发展区协同发展的效果和效率,闽西南协同发展的推动速度和进度也将受到负面影响,这些保障机制的内容主要包括资金保障、政策与制度保障、人才保障、文化保障等。

闽西南协同发展联动机制包含的动力机制、运行机制、协调机制和保障机制是一个统一、不可分割的整体,相互关联、相互影响和相互制约。动力机制解决的是联动机制的驱动力问题,运行机制是解决联动机制的运转与执行问题,协调机制是解决联动机制的沟通问题,保障机制是解决联动机制的资源问题,形成如图 7-1 所示的闽西南协同发展区协同发展联动机制的框架图。

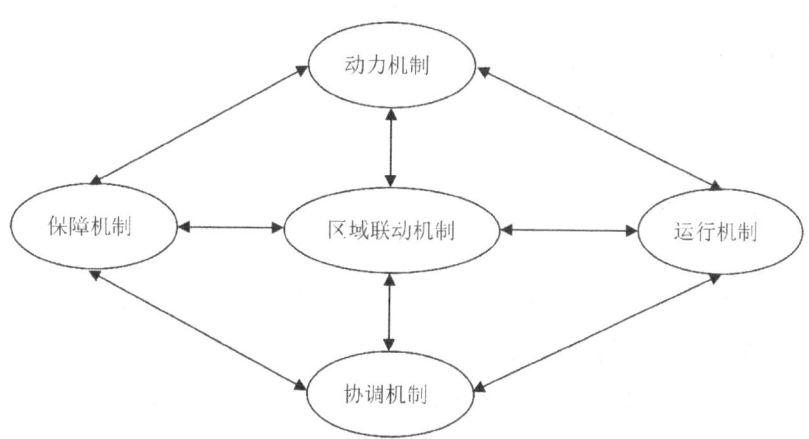

图 7-1　区域协同发展联动机制框架图

第二节 动力机制

一、政策驱动

政策驱动是闽西南协同发展区联动机制的重要动力,尽管政策驱动属于外生动力,但是在区域协同发展的联动机制方面具有直接、显著的驱动作用。在国家层面,党的十九大报告提出"实施区域协调发展战略","建立更加有效的区域协调发展新机制",为区域协同发展指明了方向。在国家政策的激励下,近年来,京津冀一体化、长江三角洲经济带等协同发展区域取得丰硕的成果,成为驱动区域经济、社会、文化、创新、生态等领域快速发展的重要引擎和动力,焕发出新的生机和活力。福建省政府在国家区域协同发展战略的指引下,积极探索和实践区域协同发展理念,从厦漳泉同城化、厦门龙岩山海协作经济区、闽西南经济协作区,再到如今的闽西南协同发展区,不断创新区域协同发展的理念、注入新的内涵、提升协调层次,提出了区域协同发展的"福建方案"。闽西南协同发展区建设方案的提出不仅契合国家的战略和政策,且契合福建省区域发展的实际情况,对福建省区域协同发展的相关问题进行系统和整体的规划,对推动福建省闽西南协同发展区和闽东北协同发展区的协同发展和区域联动具有重要的推动力和驱动力。

二、需求驱动

需求驱动是闽西南协同发展联动机制的内在动力和根本动力。闽西南协同发展区的协同与联动源于闽西南五市之间的经济发展需求、社会治理需求、对外开放需求和创新融合需求等方面的合力推动。在经济发展需求方面,厦门和泉州尽管经济较为发达,经济发展水平较高,但是在地理经济学的视角下,缺乏发展的地理空间,尤其是厦门,地域狭小、人口有限,限制了其发展的空间,不利于产业结构的优化和产业转型升级,需要漳州、龙岩和三明等地的产业承接地和辐射空间;而漳州、龙岩和三明经济发展水平相对滞后,需要厦门和泉州的产业支撑、产业转移等带动其经济发展,为其经济发展提供驱动力。在社会治理需求方面,随着区域交流和人口流动的日益频繁,社会治理结构呈现综合化、网络化和跨区域化的特征,需要跨城市开展联动才能提高社会治理的效率和效果,引导和规范社会事务、社会组织和社会生活,实现区域社会公共利益的优化。对外开放需求方面,近年来,社会变革速度加快,区域资源整合、流动和优化的趋势日益明显,城市开放和共享的需求逐渐增强,协同发展区域内部各城市之间的联系越来越紧密,城市之间通过技术合作、产业合作、资本流动、人才流动、创新合作等开展协作和联动的需求愈加强烈。在创新融合需求方面,在当前"双创"时代,创新和创业成为社会发展的重要驱动力,但是创新与创业的资源是稀缺的、互补的,通过区域内各城市之间的合作与联动,可以加快创新与创业的进程,缩短创新与创业的周期,提高创新与创业的效率。

三、目标驱动

目标驱动是闽西南协同发展区协同发展的内在动力和深层动力。闽西南协同发展要取得好的效果首先需要闽西南五市对协同发展目标的认同,目标的一致性和相关性将直接影响闽西南五市参与协同发展的积极性、主动性和自觉性。随着闽西南协同发展区办公室发布"闽西南协同发展区发展规划",以及闽西南协同发展的不断深入,闽西南协同发展的目标逐渐清晰和明确,其基本目标为着力推进基础设施互联互通、产业配套协作、公共资源共建共享、建立更加有效的区域协调发展新机制,努力把闽西南协同发展区建设成为动能强劲的东南沿海重要区域增长极、海峡西岸城市群的发展高地,形成高质量的区域一体化发展和区域竞争新格局,发挥对新时代新福建建设的战略性牵引和支撑作用。闽西南协同发展的这个基本原则和目标逐渐得到厦门、泉州、漳州、龙岩和三明五市的广泛认可,但是如何实现这一基本目标呢?这就需要闽西南五市齐心协力、群策群力,打破传统的行政区域壁垒,加强区域内部的联系与互动,增强实现闽西南协同发展目标的向心力,只有厦门、泉州、漳州、龙岩和三明五市劲往一处使、力往一处出,加强联动和协同作业,才能驱动和实现闽西南协同发展的目标。

四、文化驱动

文化驱动是闽西南协同发展区协同发展的外在动力和凝聚动力。闽西南协同发展区的厦门、泉州、漳州、龙岩和三明五市中,厦门、泉州和漳州属于闽南三角洲,同属闽南语系,不仅其语言相通,且其习俗、习惯、思想观念、意识形态、思维方式、生活方式、饮食习惯、人情世故等都具有极高的相似性,文化趋同和认可加强了社会民众之间的相互信任和依赖,使得民间交往频繁、文化交流密切、联姻通婚普遍,推动了厦门、泉州和漳州区域的联动和互动,为闽西南协同发展奠定了坚实的社会基础。且随着闽南文化与闽西客家文化的交往日益深入,闽南文化的开放、包容与闽西客家文化的诚朴、宽厚逐渐交汇与融合,使得闽南文化与闽西文化之间的界限逐渐模糊起来,形成浑然一体之势。龙岩的新罗区和漳平市属于闽南语系,漳州的南靖、诏安和华安等地的边远地区聚集着大量的客家族群,三明的大田等地也通闽南语,文化与闽南近似。因此,在闽西南协同发展区基本形成了以闽南文化为主,客家文化为辅的文化体系,且闽南文化与客家文化的融合与交汇使得两种文化的相容性和互通性逐渐增强,为驱动闽西南协同发展提供黏合动力和凝聚动力。

五、动力机制建模与仿真

(一)系统动力学简介

系统动力学(System Dynamics,SD)是由美国麻省理工学院的福瑞斯特教授于1956年创立,在20世纪50年代末发展成为一门独立而完整的学科。它是一种对社会经济问题进行系统分析的方法论和定性与定量相结合的系统建模与仿真工具,其功能在于综合控制论、信息论和决策论的研究成果,以计算机为辅助手段分析和研究信息反馈系统的内部结构和行为规律,尤其是在复杂、动态、非线性的离散系统的状态空间模型的描述与建模方面具有优势[104]。由于系统动力学在描述和研究复杂的非线性系统方面具有强大的功能和独到的优势,使得系统动力学得到蓬勃的发展和广泛的运用[104]。

系统动力学的研究对象是社会经济系统,此类系统通常具有一些突出的特点,一是社会经济系统存在决策环节,社会系统运行过程中,通常都需要采集信息和数据,并按照某个政策进行信息加工处理后进行决策,是一个经过多次比较、反复选择和优化的过程。二是社会经济系统具有自律性,社会经济系统可以自己做主进行决策,具有自己进行管理、控制和约束自身行为的能力和特性。三是社会经济系统具有非线性特征,由于社会经济系统的影响因素之间相互作用的多样性和复杂性,在时间和空间上的分离性、意外性和滞后性,以及社会经济系统通常具有多重反馈回路和结构,使得其具有高度非线性特征。

系统动力学模型具有以下四个主要特点。一是多变量,系统动力学研究的多为社会经济系统,由于社会经济系统本身的复杂性和动态性,需要运用较多的变量进行描述和刻画。二是定性分析与定量分析相结合,系统动力学在分析和研究问题时通常借助因果分析图、结构模型(流图)和数学模型(DYNAMO方程)进行,其中因果分析图、结构模型(流图)属于定性分析方法,而数学模型(DYNAMO方程)属于定量分析方法。三是以仿真实验为基本手段和以计算机为工具,系统动力学本质上是一种计算机仿真分析方法,是实际系统的"实验室"。四是系统动力学可以处理高阶次、多回路、非线性的时变复杂系统问题,处理和研究的问题比较广泛,使得系统动力学模型具有较普遍的适用性。

系统动力学模型的基本原理是通过对实际社会经济系统的观察,采集有关研究对象系统的状态信息,依据有关信息进行决策,决策之后是采取行动,将决策的结果付诸实践,在行动的基础上促使系统状态发生改变。这种变化又为观察者提供新的信息来源,从而形成系统中的反馈回路,如图 7-2(a)所示,系统动力学模型的流图正是描述和刻画系统的这个过程,如图 7-2(b)所示。系统动力学具有四个基本要素:状态或水准、信息、决策或速率、行动或实物流;两个基本变量:水准变量和速率变量;一个核心思想是反馈控制[104]。

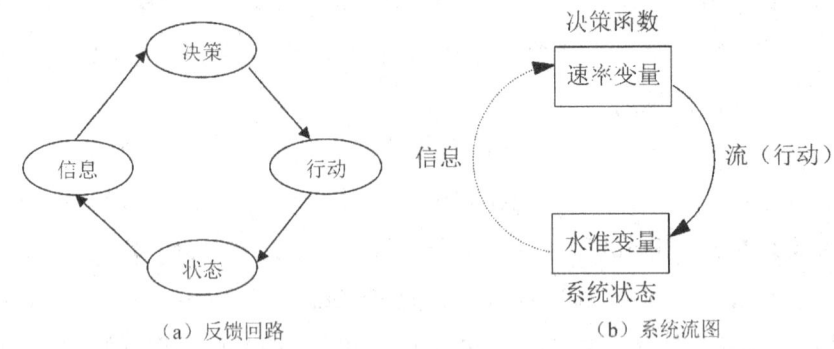

(a)反馈回路   (b)系统流图

图 7-2 系统动力学基本工作原理图

(二)系统因果关系图

在系统动力学中用系统因果关系图描述和刻画系统各要素之间相互联系、相互影响的关系,它是系统动力学模型的基础和关键[106]。根据区域协同发展动力系统各要素之间的内在关联和逻辑机理进行分析,得到如图 7-3 所示的因果关系图。图中包含了 19 条因果链,"→+"表示正因果链,"→-"表示负因果链,其中 17 条为正因果链,2 条为负因果链。图中的因果链构成 7 个主要的因果反馈环:

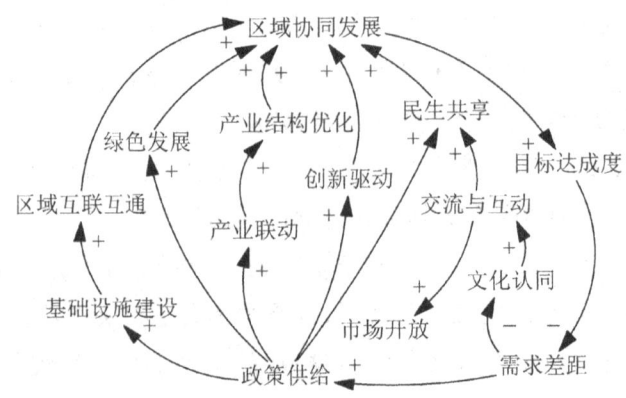

图 7-3 区域协同发展动力系统因果关系图

(1)区域协同发展→＋目标达成度→－需求差距→＋政策供给→＋基础设施建设→＋区域互联互通→＋区域协同发展。

(2)区域协同发展→＋目标达成度→－需求差距→－文化认同→＋交流与互动→＋民生共享→＋区域协同发展。

(3)区域协同发展→＋目标达成度→－需求差距→＋政策供给→＋民生共享→＋区域协同发展。

(4)区域协同发展→＋目标达成度→－需求差距→＋政策供给→＋创新驱动→＋区域协同发展。

(5)区域协同发展→＋目标达成度→－需求差距→＋政策供给→＋产业联动→＋产业结构优化→＋区域协同发展。

(6)区域协同发展→＋目标达成度→－需求差距→＋政策供给→＋绿色发展→＋区域协同发展。

(7)区域协同发展→＋目标达成度→－需求差距→＋政策供给→＋基础设施建设→＋区域互联互通→＋区域协同发展。

(三)系统流图

系统动力学流图用于描述影响反馈系统的动态性能的积累效应,进一步表示不同性质变量之间的关联[104]。根据图 7-3 的系统因果关系图进行细化可以描述出系统流图,如图 7-4 所示。系统流图包括了区域协

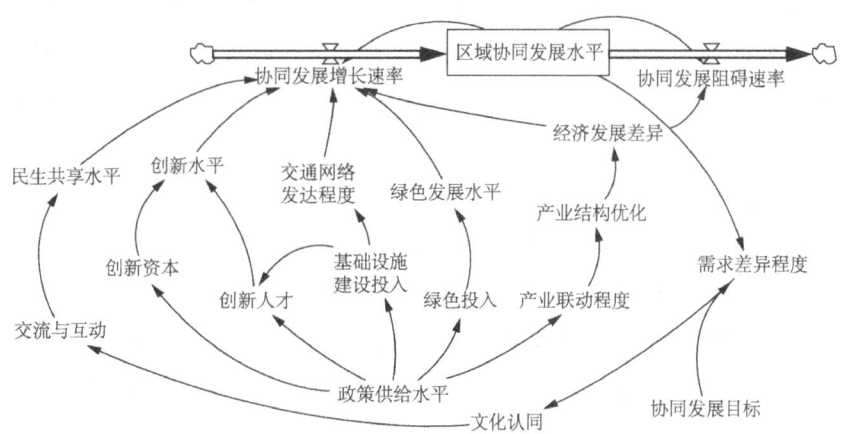

图 7-4　区域协同发展系统流图

同发展水平1个水平变量；协同发展增长速率和协同发展阻碍速率两个速率变量；民生共享水平、创新水平、交通网络发达程度、绿色发展水平、经济发展差异、产业结构优化、需求差异程度、创新资本、交流与互动、创新人才、基础设施建设投入、绿色投入、政策供给水平、文化认同、产业联动程度等辅助变量；协同发展目标和政策供给水平等常量。系统涉及的变量有水平变量、速率变量、辅助变量，可以根据其实际含义及变量之间的关系确定其相关方程，系统模型涉及的常量根据实际情况确定其初始值。鉴于本书篇幅，在此不再赘述。

系统动力学模型的检验侧重于模型结构和模型行为的检验，本书主要通过 Vensim PLE 平台对系统模型的行为与实际系统的一致性进行检验，该检验强调模型行为可以重现参考模式，并能通过统计方法检验[105]。选取闽西南五市 2016—2021 年的实际数据，与系统模型的模拟仿真获得的数据进行对比得知，闽西南协同发展指数模拟效果与真实数据之间的误差在 5% 之内。由此可见，系统模型的仿真效果与实际情况比较吻合，系统模型具有较强的可靠性和精确性，因此可以运用本系统仿真模型对闽西南协同发展区未来的发展趋势进行预测和模拟。

（四）系统模拟与仿真

本书在 Vensim PLE 平台上运行系统模型，选取政策强度、目标设置和文化认同为三个决策变量，区域协同发展水平为衡量指标。以闽西南协同发展区为实证研究案例，将闽西南协同发展区的相关数据和参数代入系统模型，通过系统的反复模拟仿真对比，得到较为合适的决策变量理想值。

1.政策强度模拟与仿真

区域协同发展需要各级政府的政策供给和政策支持，尤其是在区域协同发展规划、组织管理、资金筹措、大型基础设施建设、产业园区建设、城市之间的资源协调等方面都需要政府政策兜底。本书将政策强度划分为强政策、中政策和弱政策三种类型，在其他变量保持不变的情况下在 Vensim PLE 平台上进行模拟和仿真，模拟仿真结果如图 7-5 所示，由图表分析得知，强政策对区域协同发展具有较大的推动作用，到 2035 年底，区域协同发展指数可达 0.685;中政策情况下,到 2035 年底,区域协同发展指数达 0.577;而在弱政策情况下,到 2035 年底,区域协同发展指数只有 0.531。可见,政策强度对区域协同发展具有较大影响。

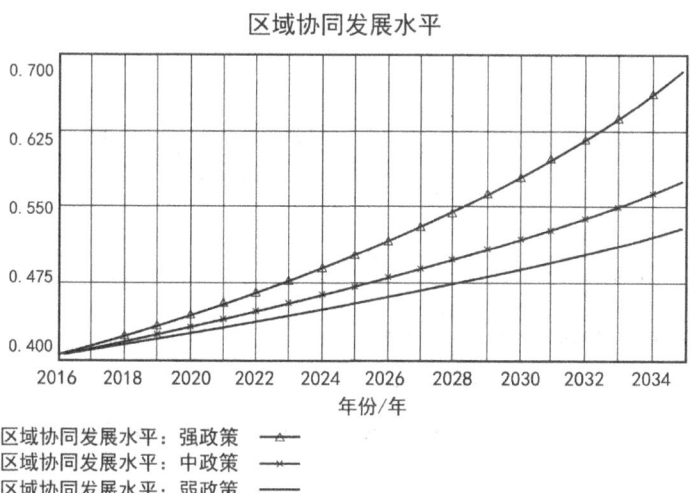

图 7-5　区域协同发展系统政策强度模拟仿真结果图

2.目标设置模拟与仿真

闽西南协同发展区建设目标的设置与其发展规划相关,也与区域协同发展区相关政府部门和职能部门的预期和决心有关。从激励的效果角度讲,设置合适的目标有助于提升绩效的效果,一般而言,当设置的目标通过努力可以实现或有较大实现可能性的情况下,目标的激励效果较佳;当设置的目标过低,不需要付出多大努力就可以实现时,难以激发各主体的积极性和内在潜能;当设置的目标过高,达成目标无望时,各主体的积极性会受到打击,甚至萌生放弃努力的可能。本书将闽西南协同发展区 2015 年目标设置为 0.50(低目标)、0.60(中目标)、0.70(高目标)三种类型,在其他变量保持不变的情况下在 Vensim PLE 平台上进行模拟和仿真,模拟仿真结果如图 7-6 所示,由图表分析得知,设置中目标对区域协同发展具有较大的激励作用,到 2035 年底,区域协同发展指数可达 0.656;设置低目标的情况下,到 2035 年底区域协同发展指数达 0.533;而在设置高目标的情况下,到 2035 年底,区域协同发展指数只有 0.552。可见,目标设置对区域协同发展具有一定影响关系。

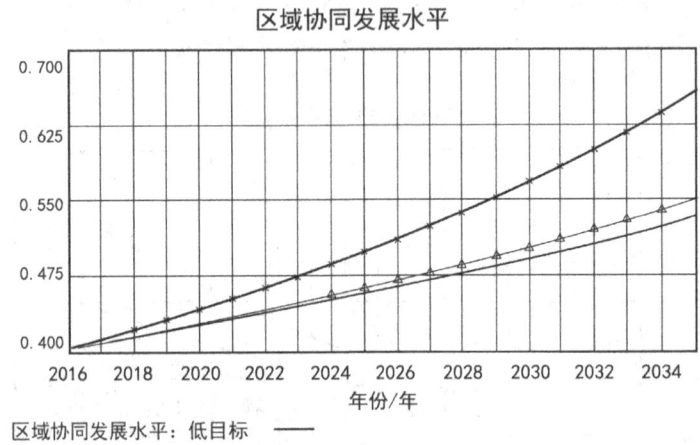

图 7-6 区域协同发展系统目标设置模拟仿真结果图

3.文化认同模拟与仿真

文化具有无形的力量,起到凝聚和黏合功能,在沟通和协调过程中起到润滑和调剂的作用,是闽西南协同发展的重要助推力和保障力。文化趋同和认同加强了社会民众之间的相互信任和依赖,使得民间交往频繁,文化交流密切,联姻通婚普遍,推动了协同发展区的联动和互动,为区域协同发展奠定了坚实的社会基础和群众基础。闽西南地区主要由闽南文化和闽西文化构成,随着闽南文化与闽西客家文化的交往日益深入,闽南文化的开放、包容与闽西客家文化的诚朴、宽厚逐渐交汇与融合,使得闽南文化与闽西文化之间的界限不断模糊起来,形成浑然一体之势。龙岩的新罗区和漳平市属于闽南语系和闽南文化,漳州的南靖、诏安和华安等地的边远地区聚集着大量的客家族群,三明的大田等地也通闽南语,文化与闽南近似。因此,在闽西南协同发展区基本形成了以闽南文化为主、客家文化为辅的文化体系,且闽南文化与客家文化的融合与交汇使得两种文化的相容性和互通性逐渐增强,为驱动闽西南协同发展提供黏合动力和凝聚动力。本书在对闽西南协同发展系统进行模拟与仿真时,先取消文化认同与需求差异程度之间的关联,然后设置低文化认同(0.50)、中文化认同(0.65)和高文化认同(0.80)三种文化认同程度,在其他变量保持不变的情况下在 Vensim PLE 平台上进行模拟和仿真,模拟仿真结果如图 7-7 所示,由图表分析得知,协同发展区文化认同程度越高,对协同发展区的拉动和推动作用越大,到 2035 年底,在低文化认同情况下,区域协同发展指数只有 0.498;在中文化认同情况下,区域协同发展指数达 0.531;而在高文化认同情况下,区域协同发展指数只有 0.556。可见,文化认同对区域协同发展具有一定影响作用。

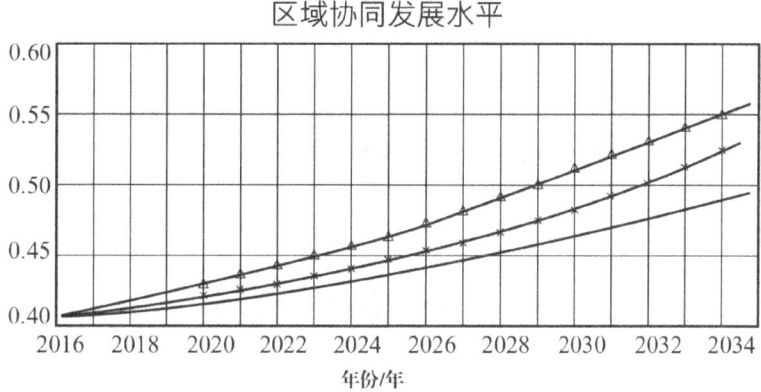

图 7-7　区域协同发展系统文化认同模拟仿真结果图

(五)结果分析

由以上关于政策强度、目标设置、文化认同的模拟与仿真结果可见,当闽西南协同发展区建设单独采用强政策支持、适宜目标设置和高文化认同进行模拟与仿真时,对区域协同发展有较大的推动和促进作用。而当同时采用强政策支持、适宜目标设置和高文化认同的优化组合时,在 Vensim PLE 平台上进行模拟和仿真,模拟仿真结果如图 7-8 所示,由图表分析得知,协同发展区在优化组合情况下协同发展效果最佳,模拟仿真效果更理想,到 2035 年底区域协同发展指数达 0.715。

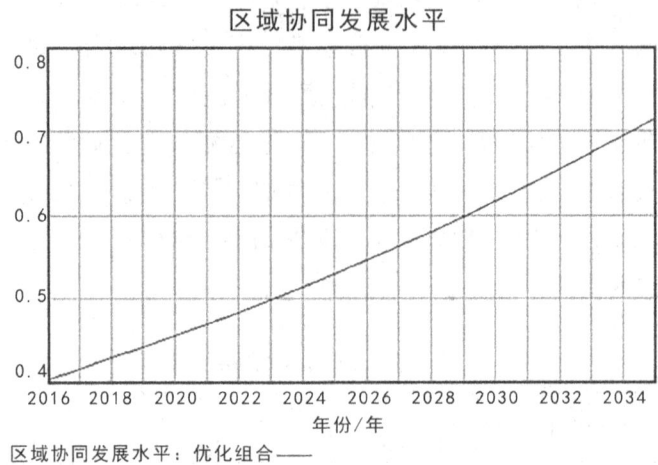

图 7-8　区域协同发展系统优化组合模拟仿真结果图

第三节　运行机制

一、组织与管理

闽西南协同发展区受福建省委、省政府的直接领导和统一部署,省委、省政府将以党的十九大精神为指导,深入贯彻落实习近平总书记在参加十三届全国人大二次会议福建代表团审议时的重要讲话精神,紧紧围绕统筹推进"五位一体"总体布局,协调推进"四个全面"战略布局等为依据,制定闽西南协同发展区协同发展指导思想和战略方针。闽西南协同发展区协同发展的实际运作与管理机构是闽西南协同发展办公室,由厦门市委常委、常务副市长黄强同志担任闽西南协同办主任,厦门、泉州、漳州、龙岩和三明五市重要部门、重要岗位的负责人组成协同办成员,协同办下设项目协调处、对接联络处、综合规划部等部门,并成立17个部门之间的业务对接机制,协同办将充分发挥闽西南协同发展的牵线搭桥作用,以项目为主要抓手,推动基础设施、产业链群、公共服务、生态治理、两岸交流等领域全方位的业务合作。由此可见,闽西南协同发展区办公室是闽西南协同发展联动机制的重要组织与管理机构,承担着组织、协同、管理和督促等方面的重要职责和职能。

二、计划与执行

闽西南协同发展区推动闽西南协同发展的主要抓手是项目推动,尤其是事关基础设施、产业链群、公共服务、生态治理等领域的重大项目是推动和促进闽西南协同发展的主要手段和方式。计划的制定主要是在闽西南协同发展区办公室的组织和协调下,通过闽西南协同发展联席会议进行沟通和协调,制定闽西南协同发展的规划和整体设计,然后由闽西南五市相关对接部门完成具体的计划和设计工作,并执行相关项目任务和实务。可见闽西南协同发展联动机制的实施以项目为导向,具体计划的制定主要由闽西南协同发展区办公室牵头和协调,通过闽西南协同发展联席会议或主任会议进行协商和审议,主要规划、计划和项目执行由相关对接和对口部门完成,体现了协调性、专业性和有效性。

三、监督与反馈

闽西南协同发展区协同发展和联动发展的项目在运作和实施过程中,需要加强过程监督与结果监控,以免发生偏差,进而影响协同发展的效率和效果。其监督与反馈职能主要是相关项目的对接部门和对口管理单位,以及闽西南协同发展区办公室也将定期对相关项目进行检查和督查,承担监督与督查的任务和职责,对相关项目在执行和实施进程中遇到的问题和偏差进行及时反馈,以便及时纠正偏差和解决问题,确保闽西南协同发展区协同发展的相关项目能够保质保量完成。为此,建议闽西南协同发展区建立多级的监督与反馈机制,一是相关项目或实务的执行与实施部门建立自我监督与反馈制度,定期对项目和实务开展自查与自我监督检查,并将自查和检查的结果进行反馈,作为对项目和实务进行改进和优化的重要依据;此外,对接管理部门、主管部门和闽西南协同发展区办公室也要对相关的项目和事务开展检查和监督工作,并对检查和监督的结果进行反馈,确保闽西南协同发展的相关项目和事务能够真正得到落实和执行,能够顺利完成项目和事务的预期目标,得到预期效果。

四、评价与改进

闽西南协同发展既是一项任务,也是一个复杂的系统项目,应该在推进闽西南协同发展的过程中,开展多层次、多维度、多视角、多主体的评估与评价工作。在宏观层面,应该定期对闽西南协同发展的状况进行全面、系统的评价,对闽西南协同发展投入与产出、实际结果与预期目标、协同发展测度的提升程度等进行定期评价;在中观层面,应该对闽西南协同发展区内某个城市或某个领域(如交通基础设施、产业链群、公共服务、生态治理、创新创业等)的运行与实施效果进行阶段性的评估与评价,并对评估与评价的结果出具相应的评价报告;在微观层面,应该对每个闽西南协同发展的项目,尤其是重大项目开展定期评估和评价,这种评估和评价至少应该在项目开工之前进行评估,项目实施中期开展中期评价,在项目结束后开展整体评价。相关的评价工作应该由专门的部门和人员构成,建立科学与合理的评价指标体系,采用定性与定量相结合的评价方法,使得对相关对象的评估与评价能够客观、真实与有效。此外,相关的评估与评价工作不仅是对过去工作的总结,更是对闽西南协同发展相关工作中存在的问题与不足进行提炼和分析,对改进和优化相关工作提供建议和策略,以提高闽西南协同发展相关工作的效率,改善闽西南协同发展相关工作的效果。

第四节 协调机制

一、事务协商机制

闽西南协同发展区在推进闽西南协同发展的过程中,一定会遇到很多涉及多城市且需要多城市多部门进行协调的事务,尽管闽西南协同发展区办公室已经下设了项目协调处,对闽西南协同发展区立项的相关项目进行统一协调和管理,但是在闽西南协同发展进程中,会碰到很多项目之外的协调事务和事项,建议在闽西南协同发展区办公室下设事务协商与处理机构,厦门、泉州、漳州、龙岩和三明五市都委派代表参与,常驻闽西南协同发展区办公室,对闽西南协同发展进程中出现的相关问题进行日常的、直接的沟通和协商,提高事务协商与处理的效率。在日常事务协商与处理中,厦门、泉州、漳州、龙岩和三明五市都应该以闽西南协同发展的大局为重,涉及各市的利益或资源分配问题时以成本共担、利益共享的原则进行协商与处理,不得以城市自身利益为由妨碍和影响闽西南协同发展相关项目和事务的开展和实施。

二、信息共享机制

信息是社会发展和市场运行中不可或缺的资源,且信息的作用和价值日益显著,在推进闽西南协同发展的进程中,闽西南五市应该通过合适的渠道与平台进行信息共享,消除信息壁垒和降低信息成本。为此,建议闽西南协同发展区办公室做好以下工作:(1)构建信息共享的信任机制。闽西南五市在转移和吸收对方的共享信息后,都能在一定程度上获得信息的价值和效用,但是共享的信息量和信息的价值由对方决定,自己无法掌控,因此,闽西南协同发展区各城市之间的信任程度和共享信息的意愿就成为左右信息共享活动能否顺利开展和实施的重要因素。(2)建立信息共享的激励机制。尽管闽西南协同发展区各城市通过信息共享都能在一定程度上获取信息的价值和效用,并从中受益;但是闽西南协同发展区通过知识共享获得的效果和收益仅仅通过"信息交易价格"进行初次分配有可能是不公平和不合理的,从而阻碍某一方的积极性和主动性。为此,需要对闽西南协同发展的效果和收益进行重新分配,使得效果和收益分配趋于公平和合理,可以通过成本分担、利益分享和税收优惠等多种手段进行激励。(3)完善信息共享的渠道与平台。阻碍和制约协同区域信息共享的一个重要因素是信息共享的成本与风险,当协同区域各城市之间进行信息共享时渠道有限、平台不力、沟通不畅、反馈滞后时,信息共享的成本将大幅度增加,从而侵蚀了信息共享的成果,这样协同区域各城市对信息共享的热情和意愿会大打折扣,影响信息共享的开展和实施。因此,闽西南协同发展系统为了顺利推行和实施信息共享体系,需要设计和构建多种信息共享的渠道和信息交互平台,并建立起良好的沟通机制和反馈机制。例如为了加快闽西南协同发展区的人才流动,可以考虑建立覆盖全区域的官方人才信息网。

三、利益分享机制

(一)利益分享机制内容

区域协同发展需要建立在互惠互利的基础上,要让参与区域协同发展的各城市、各主体都能按照一定的原则分享协同发展的成果和利益,这样才能激发各方主体的积极性、主动性和创造性。健全和完善"飞地经济",飞地经济是飞出地将资金、项目投向行政上互不隶属的飞入地,推进双方优势有机结合、实现互利共赢的区域经济发展模式。发展飞地经济,有利于解决区域资源禀赋、产业基础、生产要素在地区间分布不均的问题,带动和促进区域间协调与有序发展。要通过建立健全飞地经济财税利益分配机制,促进飞地经济有序发展,整合区域要素资源、缓解发展瓶颈制约。飞地经济相关各方分配的财税利益主要包括:企业在飞入地产生的所有税收及附加收入,要综合考虑双方在资金、土地、基础设施、管理服务等方面投入因素,赋予相应权重进行分配。推进园区合作共建模式,园区合作共建是政府间通过共同投资方式合作共建产业园区,通过建立健全园区合作共建财税利益分配机制,支持各方共建,促进地区间加强合作,发挥区域比较优势,推进产业转移,提升园区承载能力和集聚效应;园区合作共建相关各方分配的财税利益主要包括:共建园区产生的所有税收及附加收入,选择共建各方对园区的土地和基础设施建设投入、园区公共服务成本、园区所在地原有企业和共建各方迁入企业纳税等因素,赋予相应权重进行分配,体现利益分享的原则和机制。

(二)利益分享模型

1.基本原则

区域协同发展要将整个区域当成是一个统一的整体,打破传统行政区域治理体系的地方本位主义和保护主义,区域内各城市以区域整体利益最大化为目标,携手合作,强化区域统一规划、统一协调、相互促进,催生"1+1>2"的内生增长机制,推动区域高质量协同发展。但是,区域内每个城市都有自己独立的发展诉求、独立的财税体系,为了鼓励和激发每个城市参与区域协同发展的热情和积极性,不能靠行政命令施压,要靠协调发展机制的公平性、公正性和有效性。为此,区域内各城市积极参与区域协同发展建设所取得的成效要能够进行公平、合理和有效地分享,需要满足如下原则:一是协同发展原则,区域内不同城市的经济发展程度不同,资源禀赋不同,经济发达城市协助与支援经济欠发达城市是区域协同发展的目标和要求,因此在利益分享中应该体现出一定的倾向性,经济发达城市应该多分担些区域协同发展的成本与风险,少获得些区域协同发展的利益和成效。二是激励原则,利益分享策略和机制要能够有效体现各主体的参与程度、付出的努力及做出的贡献,各协同主体分享到的利益能够真实反馈其付出的努力和做出的贡献;又能够激发各主体的参与热情和积极性,增强各协同主体参与区域协同发展的积极性和主动性,增强区域协同发展各主体之间的凝聚力和感召力。三是多赢原则,在区域协同发展进程中,各协同主体获得的利益和收益应该多于不参与协同合作时,同样的努力和贡献所取得的利益和收益,使得参与各方都能够通过区域协同发展获得更好的发展,形成多方利益最大化的多赢局面。

2.成员构成和目标

在区域协同发展系统中,各协同主体就成为利益共享的成员,且协同主体通常是按照行政区划进行认定的,比如京津冀协同发展区的北京、天津和河北,长三角一体化的上海、江苏、浙江和安徽,粤港澳大湾区的广东、香港和澳门,闽西南协同发展区的厦门、泉州、漳州、龙岩和三明五个城市。而区域协同发展分享的客体是协同发展区各主体通过协同合作所取得的"利益"和"收益",这些利益和收益可以是经济和产业发展成果,也可以是社会、民生、创新、绿色等其他领域的协同合作成果。区域协同发展利益分享机制的目标是通过构建科学、合理、有效的利益分享模型,对区域协同发展的成果和收益进行分配,在体现公平、公正的同时,凸显协同发展区协同、激励与多赢的原则与效果,构建"1+1>2"的区域协同发展机制。

3.Shapley模型

区域协同发展系统的利益分配问题本质上是一个多人合作博弈问题,而Shapley值法是用于解决多人合作博弈情境下利益分配的常用方法,它可以确定当n个主体通过合作取得最大收益后,这一最大收益的分配问题。在区域协同发展系统中,各参与主体通过投入自身的资源参与到区域协同发展系统中,为推动和促进区域协同发展做出了自身的努力和贡献,取得了区域协同发展成果和收益,且此成果和收益往往比每个主体自身单打独斗所获得的成果与收益之和来得多,而Shapley值模型就提供了一种分配此区域协同合作成果和收益的方法。

(1)假设前提

假设区域协同发展系统有n个参与主体,这n个参与主体可以视作为一个合作博弈共同体。由于各个参与主体相互之间可进行信息交流,并且也可以任意订立合同契约进而保证区域协同发展框架下区域协同发展机制博弈后各主体应该获取的合理利益与成果,协同发展区内各个主体之间往往会在联盟系统寻求合适的合作伙伴,并且与各自的联盟伙伴合作作为一个共同的系统整体参与到更大的区域协同发展联盟的竞争与博弈过程之中,进而期望得到更加高额、实惠的利益。因此,在闽西南协同发展系统中,各参与主体组建初期联盟参与主体之间的合作,会形成各个不同的小系统联盟,在每一个小系统联盟之中,各个小系统联盟的成员能够齐心协力地保证小系统联盟在参与到大系统联盟博弈过程中能够获取更大的利益,分享到更多的合作成果。

(2)问题描述

一旦区域协同发展系统的博弈联盟达成,系统中各参与主体就可以根据事先商定好的具体分配方案对整体收益进行重新分配。为了便于说明问题,特做如下描述:

第一,在有 n 个参与主体的博弈联盟中,各参与主体集合用 $N=\{1, 2, \cdots, n\}$ 表示 N,N 的任意子集 S 表示参与区域协同发展系统的联盟主体。在区域协同发展博弈联盟 S 成立之后,构成博弈联盟主体 S 的各个参与主体就不再只关心自身的利益,而是为追求区域协同发展博弈联盟 S 的整体最大利益而共同努力。因此,当所有区域协同发展博弈联盟 S 的最大利益都确定以后,博弈联盟中各参与主体之间的利益与成果分配就可以进行了。

第二,在一个含有 n 个参与主体的区域协同发展系统中,S 所表示的是区域协同发展博弈联盟,$v(S)$ 是指在 S 和 $N-S=\{i|i\in n, i\notin S\}$ 中区域协同发展博弈联盟 S 的最大效用,$v(S)$ 又可以称为区域协同发展博弈联盟 S 的特征函数或效用函数。在实际联盟成员之间博弈的过程中,有 $v(\Phi)=0$,$v(\{i\})$ 表示参与主体 i 与全体其他参与主体博弈时的最大效用,记为 $v(i)$。在区域协同发展背景下,区域协同发展系统联盟能否构建取决于联盟成立后是否对各参与主体均有利,即能够实现多赢的格局。由于区域协同发展系统联盟的各参与主体都有自身独立的利益诉求和发展目标,只有当区域协同发展系统联盟成立后各参与主体获取的利益和成果高于各参与主体独立运作情况下所获得的利益和成果时,区域协同发展系统联盟才有成立的意愿和价值。

第三,为了方便讨论,在 (N,v) 的合作博弈中,N 所表示的是区域协同发展系统联盟各参与主体的集合,v 所表示的是特征函数或效用函数。对于特征函数 v,在区域协同发展系统联盟取得了比各成员独立运作更多的收益和成果的情况下,产生了协同效应,即超累加性。在区域协同发展系统联盟中,如果有区域协同发展博弈联盟 S_1 和 S_2,如果 $S_1 \cap S_2 = \Phi$,则有 $v(S_1 \cup S_2) \geqslant v(S_1) + v(S_2)$ 这就是区域协同发展系统联盟超累加性的数学模型。如果所建立的区域协同发展博弈联盟 S_i 不具备超累加性,那此区域协同发展博弈联盟将没有存在的意义和价值,可能无法持续生存和发展下去,面临解散的风险。

第四,设 S 是一个区域协同发展博弈联盟,特征函数 $v(S)$ 表示其对应的收益,S 的参与主体有 $1,2,\cdots,m$,即 $S = \{1,2,\cdots,m\}$,如果区域协同发展博弈联盟内部存在分配向量 $\boldsymbol{X} = \{x_1, x_2, \cdots, x_m\}$ 满足:$\sum_{i=1}^{m} x_i = v(S)$ 且 $x_i \geqslant v(i), i \in S$。如果区域协同发展博弈联盟的收益分配方案中存在 $x_i < v(i)$ 时,那么在联盟内部各参与主体 i 利益分配将小于它们单独运营时所获得的收益,则参与主体 i 就没有意愿参与到区域协同发展系统中。

(3)确定影响因素

①资源投入

因为区域协同发展博弈联盟内部各成员的资源投入量与博弈联盟所取得的成果与收益息息相关,也是衡量参与成员贡献的重要因素。所以资源投入是利益分配方案的重要因素。参与成员的资源投入越多,对博弈联盟的贡献越大,它们应该分得的利益就越多,反之亦然。本方案将资源投入细分为资金投入、土地投入、技术投入和人才投入。假设第 i 个成员的资金投入为 l_{i1},第 i 个成员的土地投入为 l_{i2},第 i 个成员的技术投入人员投入为 l_{i3},第 i 个成员的人员投入 l_{i4},α、β、γ、η 为四种影响因素的系数。使用熵值法对三个比例系数打分,得到第 i 个成员的资源投入 m_i,公式如下:

$$m_i = \alpha l_{i1} + \beta l_{i2} + \gamma l_{i3} + \eta l_{i4} \tag{7-1}$$

式中 $\alpha + \beta + \gamma + \eta = 1$,$\alpha$、$\beta$、$\gamma$、$\eta \in (0,1)$。归一化处理得到单个成员的资源投入度 M_i,即

$$M_i = \frac{m_i}{\sum_{k=1}^{n} m_k} \tag{7-2}$$

单个成员的资源投入度与平均资源投入之间的差值为 $\Delta M_i = M_i - \frac{1}{n}$,得到联盟成员 i 的实际收益为 $y_1(i) = y(i) + \Delta M_i y(i)$。

②经济发展程度

参与成员的经济发展程度是影响利益分配的重要因素,为了推进区域协调与均衡发展,区域内经济发达地区应该协助和支援区域内经济欠发达地区,利益分配应该向经济欠发达地区倾斜,经济发达地区应该适当多承担些成本、支出和风险,且少获得些区域协同发展的利益与成果;而经济欠发达地区应该适当少承担些成本、支出和风险,且多获得些区域协同发展的利益与成果。因此利益分配应该成为实现区域协同发展利益与成果再分配,以及区域协调与均衡发展的一个重要手段和途径。我国将经济发达程度划分为欠发达、初等发达、中等发达和发达四个等级,分别赋予 1、2、3、4 的量化数值。假设 d_i 为第 i 个成员的经济发展等级,由于 d_i 对于收益分配而言属于逆向指标,选取经济发展等级平方根的倒数 $d'_i = \frac{1}{\sqrt{d_i}}$ 作为经济发展程度影响因子,归一化处理后得到各个成员的经济发展程度影响因子 D_i,即:

$$D_i = \frac{d'_i}{\sum_{k=1}^{n} d'_k} \tag{7-3}$$

单个成员的经济发展程度影响因子与平均经济发展程度影响因子之间的差值为 $\Delta D_i = D_i - \frac{1}{n}$,得到联盟成员 i 的实际收益为 $y_2(i) = y(i) + \Delta D_i y(i)$。

③风险分担能力

参与成员的风险分担能力影响其在博弈联盟中的区域协同发展的运作状况,在区域协同发展进程中会产生各种风险,区域协同发展各阶段参与成员所承担的风险往往有差异。承担的风险越高,最后分配的利益也应越多。假设 p_i 为第 i 个成员的风险分担次数,r_i 为第 i 承担的风险等级,则成员 i 的风险分担能力为 $f_i = p_i \times r_i$。归一化处理后得到各个成

员的风险分担能力 F_i，即：

$$F_i = \frac{f_i}{\sum_{k=1}^{n} f_k} \tag{7-4}$$

单个成员的风险分担能力与平均风险分担能力之间的差值为 $\Delta F_i = F_i - \frac{1}{n}$，则联盟成员 i 实际收益为 $y_3(i) = y(i) + \Delta F_i y(i)$。

(4) 分配方案

区域协同发展的利益分享模型应该是受以上因素综合作用的结果，所设计的利益分配方案应该包含上述所有的影响因素。记 $v(s_i)(i=1, 2, \cdots, n)$ 为区域协同发展博弈联盟系统内第 i 个参与成员独立运营时所获得的收益，$v(s_i, s_{i+1}, \cdots, s_n)$ 表示区域协同发展博弈联盟系统内第 i, $i+1, \cdots, n$ 等参与成员结成联盟后获得的总收益。假设区域协同发展博弈联盟系统有 k 个参与成员，其利益分配向量为 $\varphi = \{\varphi(s_1), \varphi(s_2), \cdots, \varphi(s_n)\}$，则第 i 个参与成员的分配量为：

$$\varphi_i(s_i) = \sum_{i \in s} \frac{(|s|-1)!(k-|s|)!}{k!}[v(s) - v(s-\{i\})] \tag{7-5}$$

其中，$|s|$ 表示区域协同发展博弈联盟系统参与成员的数量。

四、成本分担与补偿机制

在利益共享的同时，应该建立相应的成本分担与补偿机制，对于为推动闽西南协同发展所立项的项目，应该根据属地、受益方、经济发展程度等综合因素制定成本分担比例，承担项目建设的相应成本，体现成本分担的公平性。对于在闽西南协同发展相关项目中付出土地迁用、生态破坏、人员占用、财产挪用等资源的城市，应该按照一定的原则和标准进行补偿，形成完善的补偿机制。将成本分担与补偿机制作为事务协商和项目协调的重要内容进行制度化和常规化管理，形成闽西南协同发展区协同发展的基本原则和机制。

第五节 保障机制

一、资金保障

闽西南协同发展区的协同发展以项目为导向,这些项目的建设与实施需要资金投入,尤其是那些重大的基础设施项目,需要投入大量的资金,只有相应的资金到位,才能确保项目开工建设,并确保项目建设进度。为此,应该根据项目的性质、建设周期、项目受益主体等因素多渠道筹集项目建设资金,在争取省政府专项资金支持的基础上,可以根据权责关系、受益程度、经济发展程度等因素确定各城市、各主体的出资比例和权重。在推进闽西南协同发展进程中,当政府资金不足或资金筹措困难的情况下,应该充分利用市场机制引进社会资本,尤其是对于一些公共进程设施,在条件允许的情况下,可以考虑引进PPP模式,即政府和社会资本合作的运作模式,让私营企业和民营资本与政府开展合作,参与公共基础设施的投资与建设。

二、政策与制度保障

福建省委、省政府在2018年推出闽东北、闽西南协同发展区以来,各种政策密集出台,为快速推进闽西南协同发展区建设起到了积极、有效的作用;2019年5月,《闽西南协同发展区发展规划》发布,为闽西南协同发展绘制了发展蓝图和发展愿景。在闽西南协同发展区办公室的组织与协调下,闽西南五市高层领导互动频繁,市长级联席会议多次召开,各跨区域的重大项目持续上线,为推动闽西南协同发展区协同发展提供强劲的政策驱动力。但是,我们必须清醒地意识到,闽西南协同发展是一个长期的过程,不可能一蹴而就,需要保持政策的稳定性和持续性,尤其是随着闽西南协同发展的不断深入,闽西南协同发展进入攻坚战、持久战时期,或者是闽西南协同发展的相关议题涉及各方核心利益的情况下,如何保持闽西南协同发展政策的持续性与有效性,是一个值得深入思考的问题。为此,应该在闽西南协同发展规划和战略的基础上,加强政策与制度的顶层设计,有效协调闽西南五市的利益分享机制和成本分担机制,保持各项政策和制度的持续性与有效性,维持闽西南五市参与闽西南协同发展的积极性、主动性和自觉性。

三、人才保障

闽西南协同发展对于福建和闽西南五市来讲,是一个全新的课题,缺乏相关的理论指导和实践经验,也缺乏相关领域的专业人才。为此,需要通过多渠道、多形式引进和培育相关领域的人才,组建适合闽西南协同发展需要的专业人才队伍,提高闽西南协同发展组织与管理人才的专业性、理论性和实践性。一方面要不断学习先进的区域协同发展的理论体系与实践经验,加强高校与科研院所对区域协同发展理论的研究与探索,尤其是针对省内跨市区域协同发展理论的研究;学习和借鉴国内外在区域协同发展方面取得成功经验的区域协同发展区、区域一体化、城市群的先进做法,结合闽西南协同发展的实际情况,提出适合闽西南协同发展的思路和行动方案。另一方面要不断充实闽西南协同发展的专业人才队伍,可以引进和招录相关专业背景的专职人才,也可以寻找在区域协同发展领域有较深造诣或实践经验的兼职人才,作为闽西南协同发展的顾问或专家团队,在条件成熟的情况下还可以成立相关智库,提供智力支持、智力保障,为闽西南协同发展献计献策。

四、文化保障

文化具有无形的力量,起到凝聚和黏合的作用,在沟通和协调过程中起到润滑和调剂的作用,是闽西南协同发展中各城市协商的重要助推力和保障力。为此,要加强闽西南协同发展各城市主体的文化交流和文化融合,增强文化互融、互通与互信,提高文化协同度,为闽西南协同发展提供一个良好的文化环境和文化氛围。一方面要加强同文化体系的交流与融合,同为闽西语系和闽南文化的厦门、泉州和漳州,尽管语言是相通的,但是在具体的习俗、风俗、思想观念、意识形态、思维方式、生活方式、饮食习惯、人情世故等方面也存在一些差异,需要通过不断的交流和沟通,才能进行有效的互通与融合,增强相互之间的信任感,起到文化的凝聚与黏合作用。另一方面要加强跨文化体系的交流与融合,闽南语系和闽南文化与闽西客家语系和客家文化差异较大,更需要加强文化交流和沟通,形成文化的互联、互通与互信,增强文化的包容度和吸纳度,提高闽南文化与闽西文化的融合度与协同度,使得闽南文化与闽西文化的差异不会成为闽西南协同发展区协作与合作的障碍,相反能够为闽西南协同发展过程中的沟通与协商提供助力和粘合力。

第六节 本章小结

区域协同发展需要构建多层次、系统化、高效率的联动机制,本章在分析构建闽西南协同发展联动机制的必要性和可行性的基础上,建立联动机制的框架体系。然后从动力机制、运行机制、协调机制和保障机制四个维度详细阐述闽西南协同发展联动机制的具体内容。在动力机制方面,本章将推动闽西南协同发展的动力归纳为政策驱动、需求驱动、目标驱动和文化驱动四个方面,并运用系统动力学模型对其动力系统进行建模和仿真,由仿真结果可见当闽西南协同发展系统采用强政策供给、中目标设置和高文化认同的组合优化策略时,区域协同发展效果最佳。在运行机制方面,本章从闽西南协同发展的组织与管理、计划与执行、监督与反馈、评价与改进四个方面进行机制设计,以此确保闽西南协同发展区建设的有序运转和稳步推进,尤其是通过实施此运行机制,可周期性和循环性地改善和优化运行机制和运行体系。在协调机制方面,本章从闽西南协同发展的事务协调机制、信息共享机制、利益分享机制、成本分担与补偿机制四个方面进行机制设计,以此作为闽西南五市在推进区域协同发展进程中沟通和协调的管道,以及利益分配的契约和依据;本部分还以利益分享机制为例,运用 Shapley 值理论建立区域协同发展区各参与主体的利益分配模型,为协同发展区各参与主体的利益分配提供科学的理论依据。在保障机制方面,本章从资金保障、政策与制度保障、人才保障和文化保障四个方面进行分析和阐述,为闽西南协同发展区建设保驾护航。

第八章 闽西南协同发展的困境与提升路径

第一节 闽西南协同发展的困境分析

闽西南协同发展是一项长期而艰巨的系统工程,涉及方方面面的因素,受到各种制约,使得目前闽西南协同发展还存在诸多问题,协同发展的难度较大,且随着闽西南协同发展工作的不断推进,改革的力度不断加大,协同发展向更深层次、更高水平迈进时,协同发展的难度将进一步加大。根据前面对闽西南协同发展区协同发展指数测度的情况分析,发现闽西南协同发展存在的关键问题主要体现在以下几个方面。

一、区域整体协同程度和层次不高

(一)整体协同程度偏低

通过上一章构建的闽西南高质量协同发展指数模型,并对闽西南高质量协同发展指数进行测度,发现2019年闽西南协同发展区高质量协同发展指数只有0.453。按照李琳在《区域经济协同发展:动态评估、驱动机制及模式选择》一书中区域协同发展程度的划分标准,闽西南协同发展指数只能属于中级协同的水平。说明闽西南五市在经济发展水平、创新驱动动力、协调发展水平、生态文明程度、市场开放程度、民生共享水平等方面的区域一体化和区域协同发展程度都存在一定的差距。尤其是在市场开放程度、民生共享水平、创新驱动动力方面五市的有序度差异显著,其中市场开放程度有序度的最大值(厦门)与最小值(三明)之间的差值高达0.754,民生共享水平有序度的最大值(厦门)与最小值(三明)之间的差值高达0.712,创新驱动动力有序度的最大值(厦门)与最小值(三明)之间的差值也达0.691。这三个维度有序度的差异性直接影响了闽西南高质量协同发展指数。

(二)各城市间差距明显

从上一章采集的闽西南五市(厦门、泉州、漳州、龙岩和三明)各指标的数据,以及各城市在经济发展、创新驱动、协调发展、生态文明、市场开放、民生共享六个维度的有序度看,各城市的整体发展水平呈现较大的差异性和不平衡性。厦门和泉州两市经济和社会发展处于较高水平,而漳州、龙岩和三明三市经济和社会发展处于相对滞后的状况。厦门属于经济特区和副省级城市,区位优势明显、政策供给充分,现代信息产业和高端服务业发达,推动经济快速发展,尽管厦门城市规模和经济总量不算高,但是人均GDP、城市环境、社会公共服务等方面都领跑闽西南协同发展区的五个城市;泉州制造业发达,民营经济活跃,经济规模巨大,经济发展动能强劲;漳州气候宜人、土壤肥沃,现代农业和食品加工业发达,但是工业整体发展水平滞后,陷入"无工不富"的泥潭中,经济发展水平与闽南金三角的地位不匹配;龙岩和三明地处闽西山区,自然条件恶劣、资源禀赋有限,经济滞后。

(三)协同发展速度偏缓

闽西南协同发展已经有一段时间的积累和一定的基础,从2010年提出厦漳泉同城化的战略设想至今已10余年,2014年设立的厦龙山海协作经济区,至今也有6年多的发展历程。厦漳泉同城化和厦龙山海协作经济区的设立为闽西南协同发展区的建设打下了一定的基础,为闽西南协同发展做了历史铺垫。但是,从上一章闽西南协同发展指数实证测度的结果看,尽管闽西南协同发展指数呈现稳步增长的态势,但是闽西南协同发展指数的提升速度整体偏缓,从2011年的0.342到2019年的0.453,

九年时间年均增长率仅为3.2%。可见,闽西南协同发展目前处于一个发展水平不高、发展速度不快的尴尬境地,为加快推动闽西南协同发展水平和程度,快速提升闽西南协同发展指数,需要寻求新的动能和新的突破点。

二、中心城市溢出和扩散效应不强

协同发展区的健康、稳定与有序发展离不开核心城市的引领与带动作用,但是在闽西南协同发展区建设中,厦门作为闽西南协同发展区最重要的核心城市,其引领与带动作用不强,在一定程度上限制了其引领与带动功能的发挥。造成厦门引领与带动作用不强的原因是多方面的,集中体现在以下几个方面:

(一)厦门城市规模小

厦门市的土地面积只有1 699.39平方公里,其中厦门本岛土地面积(含鼓浪屿)157.76平方公里,只有三明的0.07倍,龙岩的0.09倍,漳州的0.13倍,泉州的0.15倍;厦门人口也不多,尽管厦门人口密度较大,但是只有429万常住人口(2019年末),不足泉州人口的一半,与很多一线城市和二线城市相比,人口也是偏少,这影响和限制了厦门的发展空间和发展余地。同为经济特区的深圳,其陆域面积也不大,只有1 997.47平方公里,是厦门陆域面积的1.18倍,但是深圳2019年末常住人口却高达1 344万人,是厦门的3.13倍,深圳人口密度是厦门人口密度的2.67倍。可见厦门城市规模小,不仅体现在陆域面积小,其人口密度也不算大,还有吸引和容纳人口的空间和潜力。

(二)厦门经济总体实力不强

厦门作为副省级城市和经济特区,但是2020年的地区生产总值(GDP)只有6 384.02亿元,而2020年泉州GDP首次迈进万亿元大关,达10 158.66亿元,厦门GDP只有泉州的0.628倍;且厦门作为经济特区,享受政府各种优惠政策和对外开放的窗口地位,2020年经济增长速度仅为5.7%,增速低于同省的龙岩、宁德和福州,经济增长速度也逐渐丧失优势。在经济体量不大,经济规模偏小,经济总体实力不强的情况下,使得厦门在闽西南协同发展区中的地位和话语权受到一定的影响和制约。在协同发展区的发展案例中,京津冀的北京、粤港澳的广东、长三角的上海,无一例外的都是协同发展区域内的经济强者,且有明显的比较优势。在这种情况下,厦门作为闽西南协同发展区的核心城市比较勉强,中心城市地位的说服力较弱,难以独立承担闽西南协同发展区中心城市和核心城市的重任。为此,闽西南协同发展区可以由厦门和泉州共同协作,成为闽西南协同发展区的双核心城市,由双核驱动,共同推动闽西南协同发展。

(三)厦门经济的扩散效应和溢出效应不强

厦门经济和产业具有相对独立性,与闽西南协同发展区其他城市的产业关联性和互动性相对较小,使得厦门经济的扩散效应和溢出效应不强;相反,由于厦门在就业机会、城市环境、人才吸引力等方面具有比较优势和虹吸效应,弱化了周边城市的竞争力和经济发展潜力。一方面厦门缺乏在行业内具有绝对龙头地位和领先地位的大型企业和产业,不像其他大城市,都有大家耳熟能详的大企业和大品牌,周边城市可以形成为其提供生产配套的产业链,达到产业合作与协作的效果,这使得厦门经济和产业对周边地区的拉动和带动作用较小;另一方面闽西南五市资源禀赋差异较大,产业的异质性比较显著,产业链的关联程度不强,产业链合作空间有限,难以形成协同发展区内的产业聚集和产业集群。厦门聚焦于高新技术产业、现代服务业;泉州的县域经济发达,在传统制造领域具有比较优势;漳州现代农业发达,产业链较为完整;龙岩和三明产业集群优势还尚未挖掘,产业竞争力不强。

三、山海间经济和社会发展不均衡

闽西南协同发展具有多重任务和功能,其中加强山海协作是其重要任务和功能之一。厦门、泉州和漳州三个沿海城市,经济较为发达,社会发展程度较高;而龙岩和三明地处山区,经济发展滞后,社会发展比较落后,要通过多种渠道、多种方式、多种措施促进沿海城市与山区城市之间的协作与合作,支援龙岩和三明等山区城市的发展和建设,缩小沿海城市与山区城市之间的差距。

(一)经济发展不均衡

闽西南协同发展区由厦门、泉州和漳州三个沿海的闽南城市与龙岩和三明两个山区城市组成。由于资源禀赋、地理区位、发展历史、政策供给等方面的差异性和异质性,使得沿海城市经济发展较快,尤其是进入21世纪后,在对外改革开放的浪潮中,外向型经济发展十分迅速,各种资源和要素聚集,经济活力强,虹吸效应明显;而山区城市受到交通、资源、人才、政策等因素的制约,经济发展基础薄弱,发展速度偏缓,发展潜能不足,成为经济落后地区。2010年龙岩市GDP是厦门市的0.483倍、泉州市的0.278倍;2020年龙岩市GDP是厦门市的0.447倍、泉州市的0.269倍。2010年三明市GDP是厦门市的0.474倍、泉州市的0.273倍;2020年三明市GDP是厦门市的0.434倍、泉州市的0.262倍。可见沿海城市和山区城市之间的经济差异不是在缩小,而是在拉大,闽西南协同发展效应尚未呈现,闽西南协同发展任重而道远。

(二)社会发展不均衡

与闽西南协同发展区经济发展不平衡相对应的是社会发展不平衡,比如城市建设、公共交通网络、医疗服务、养老保障、教育资源等。在城市建设方面,厦门被称为高素质、高颜值的现代国际城市,城市建设和相关配套比较完善,公共服务体系较为完备;泉州的县域和城镇经济发达,县域建设处于领先地位;漳州、龙岩和三明的城市建设较为滞后。在公共交通网络方面,厦门具有独特优势,基本形成了地铁、BRT、公交、出租车、共享出行等立体市内交通网络,且在航空、航海、动车、高铁、高速公路等市外交通网络方面也独具优势;泉州和漳州的市内和市际交通网络也比较发达;而龙岩和三明的交通网络相对滞后。在医疗服务方面,厦门医疗资源较为丰富,三甲医院数量较多,其次是泉州和漳州,而龙岩和三明医疗资源较为匮乏,三甲医院数量较少;但是三明的医疗保障体系是走在全国先进行列。在教育资源方面,不管是初等教育、中等教育还是高等教育,厦门和泉州都走在前列,而漳州、龙岩和三明的教育资源相对比较缺乏。可见闽西南五市在社会发展领域也存在较大的差异性和不均衡性。

(三)厦龙山海协作经济区效果不显著

福建省委、省政府为推动区域协调发展,2014年提出厦门与龙岩之间的山海协作框架协议,即厦龙山海协作经济区。几年来,厦龙山海协作经济区通过项目拉动取得了一定的效果,但是从目前山海协作的现状看,进度偏慢,效果不够显著。一是龙岩和三明地处内陆,山高路远,整体而言交通基础设施较为落后,交通网络分布不够密集,在厦漳泉同城化环境下,闽南三城市之间的交通网络越来越发达,交通的立体化和层次感越发凸显,但是闽南金三角与龙岩和三明的交通连接却相对滞后。二是产业合作与产业转移力度不足,山海协作的关键是通过厦门和泉州发达的产业转移和产业合作,将泉州和厦门的优势产业引入龙岩和三明,采用飞地经济模式或产业园区合作模式支持和支援山区的产业发展和经济建设,但是从目前情况看,产业合作和产业转移已经逐渐启动,龙岩和三明逐渐开发和建设起一些工业园区,如龙岩长汀的晋江工业园区,但是进度较慢,规模较小,支撑与保障措施缺乏延续性,难以得到预期效果。三是在当前国家大力实施和落实精准扶贫的形势下,地处闽西山区的龙岩和三明是扶贫的重点地区,扶贫的压力较大,但是缺乏对口帮扶和支援的政策导向和实际行动,使得山海协作的效果不够凸显。

四、区域创新能力和创新动力不足

在当前"创新创业创造"成为驱动社会高质量发展的重要动力源的大背景下,闽西南协同发展区需要聚集创新资源和要素,激发创新活力和动能,促进区域创新能力和创新水平的提升。但是目前闽西南协同创新机制尚未建立,区域协同创新的作用和效果没有呈现出来,主要体现在以下几个方面。

(一)高校和科研院所的合作不足

高校和科研院所是推动创新的核心主体,他们具有高端人才、前沿技术、实验设备和器材等创新资源聚集优势,但是随着创新活动的演化,创新周期越来越短、创新技术越来越复杂、创新活动的跨境与跨领域现象越来越凸显,使得创新合作与创新联盟成为当前创新发展的潮流与趋势,但是闽西南协同发展区内高校和科研院所在创新项目和创新活动的横向合作方面不够活跃,缺乏类似区域高校创新联盟这样的机构来协调和促成创新主体之间的横向合作与无缝对接。一是福建和闽西南地区高等教育相对落后,福建属于东部沿海省份,经济较为发达,但是教育落后,尤其是高等教育不管是在数量和规模上,还是在质量和层次上,都难以与上海、江苏、浙江、广东、山东、天津等省(直辖市)相比拟;且福建的高等教育多聚集在省会福州市,闽西南地区除了厦门外,高等教育的数量、规模和层次都较为滞后,与沿海经济发达地区的地位不相匹配。二是闽西南协同发展区内高校的层次和水平参差不齐,科研能力和实力存在一定差距,合作难度较大,闽西南地区除了厦门大学之外,还没有双一流高校,难以形成像"长三角研究型大学联盟"这样高水平区域大学联合体,且高校数量也不多,除了厦门大学、华侨大学、集美大学、闽南师范大学外,其他都为学院级别的地方高校,科研实力不强,创新能力有限,区域影响力不足。三是缺乏高校之间开展科研协同和科研协作的机制、渠道和助推器,使得闽西南协同发展区内的高校和科研院所缺乏有效的合作与联动,难以产生科研协同效应。

(二)创新成果转化率不高

随着创新驱动发展战略的实施和落实,创新发展已经成为各级地方政府重点推动的重要政策之一。闽西南五市都出台了鼓励创新创业的相关政策,但是不同城市之间的创新创业政策内容存在较大的差异,相互之间缺乏协同性、衔接性和联动性;且总体上讲,对技术创新的扶持力度不足,技术创新成果转化的服务机制、孵化平台和服务措施比较缺乏。科研成果的需求方和供给方缺乏汇聚、交流和交易的场所、平台和市场,缺少供需之间的对接、衔接和匹配机制。一方面有科研成果和技术创新需求的企业、创业者难以快速和精准找到合适的科研和技术创新成果;另一方面有科研和技术创新成果供给的高校和科研院所难以快速和精准找到合适的需求方。这种信息不对称的现象导致科研成果和技术创新成果的转化率低,难以最大限度发挥科研成果和技术创新成果的效能和价值。一般而言,高校和科研院所作为科研创新和技术革新的主要提供者,具有人才、科研条件和资源优势;而企业作为科研创新和技术革新的主要运用者,提供创新成果实践和应用的场所。他们在创新活动中具有天然的互补性和协作性,但在实践中如何构建他们之间联系的桥梁、平台和纽带呢？还需要在区域创新实践中进一步研究和探索。

(三)创新要素流动不畅

创新活动离不开创新资本、创新人才等创新要素的支撑和保障,创新资本的投入和创新人才的聚集是创新成果产出和创新能力提升的基础和前提。目前闽西南协同发展区尚未建立起统一开放、竞争有序的创新要素市场,缺乏统一的区域创新要素对接、创新人才流动、创新信息共享、创新成果转化的区域协同创新平台,使得闽西南协同区内部的创新要素、创新人才、创新信息、创新成果相互之间相对分割,导致创新要素、创新人才、创新信息和创新成果无法进行自由和高效流动,影响了创新的效率和效果。尤其是厦门作为闽西南协同发展区的创新高地,在创新环境、创新政策、创新投入、创新机会等方面都具有一定的比较优势,对创新要素具有较强的虹吸效应,导致创新要素呈现单向流动和聚集的现象,不利于闽西南协同发展区各城市创新能力和创新活力的协同与均衡发展。

五、区域协同机制尚不健全

闽西南协同发展区成立以来,在省委、省政府的有力领导和指导下,在闽西南协同发展区办公室的大力推动下,取得了丰硕的成果。但是不可否认的是,目前闽西南协同发展区主要还是处于项目拉动的阶段,属于"输血"阶段,还难以实现自身的"造血"功能。随着闽西南协同发展的不断推进,协同发展的创新机制和改革措施向"深水区"迈进,需要构建完善、成熟的联动机制和内生增长机制,实现闽西南协同发展区的"造血功能",为闽西南协同发展区建设保驾护航。但是目前闽西南协同发展区的区域协同机制还不健全和完善,集中体现在以下几个方面。

(一)区域开放的广度和深度不足

闽西南协同发展区建设要打破传统行政治理的地方本位主义和地方保护主义,从闽西南协同发展区的整体利益出发,形成交通网络互联互通,政策相互协同且保持一致性,文化包容且相互融合,民生与公共服务共享,市场统一开放、竞争有序,逐渐推进区域一体化建设。但是,目前闽西南协同发展区建设在涉及各城市核心利益时仍然难以取得突破,协同发展区的开放性、统一性和一体化建设在广度和深度方面都存在深层次的痼疾。一是闽西南协同发展区交通基础设施的互联互通性不足,各城市内部的交通网络都较为发达,如厦门基本已经形成了完善的立体交通网络系统,泉州的环城高速公路网络便捷而高效,但是跨城市的交通网络建设却常常止步不前,难以取得重大突破,如厦漳R3城际交通线的建设规划已久,但是一直没有较大进展。二是不同文化之间的包容性与融合性问题,在闽西南协同发展区内部,主要存在厦门、泉州和漳州的闽南文化,以及龙岩和三明地区的客家文化,分别隶属于不同的文化体系,在缺乏交流与互动的情况下,难免出现冲突与矛盾,但是目前缺乏文化交流与沟通的渠道与平台。三是地方本位主义和地方保护主义依然盛行,长期以来各地方政府形成的以地方与社会发展为导向的治理体系,导致地区分割、市场垄断、区域封锁和行业分治,生产要素、商品和公共服务等无法自由和高效流动,市场整合程度低,社会资源配置效率低下,市场活力较弱,陷入区域统一市场建设的"囚徒困境"。

(二)市场一体化程度低

推进闽西南协同发展区生产要素市场、商品市场和公共服务市场的统一性和一体化,使协同发展区内各种资源和要素自由和高效的流动,构建统一、开放、竞争、有序的现代统一市场体系是推进闽西南协同发展的重要内容。但是由于长期以来形成的以城市独立发展为主导的行政治理体系,诱发地方本位主义和保护主义盛行,成为阻碍市场一体化建设的关键因素;普遍存在的流通体系不完善,市场信息共享程度低,文化和制度相融性不强,产业专业化分工不明确等加剧了区域统一市场建设的难度和困境。这些政府因素和非政府因素的叠加,造成条块分割、区域封锁和市场分散,生产要素和各种资源等无法在协同发展区内自由和高效流动,市场整合程度低,社会资源配置效率低下,市场活力较弱,陷入区域统一市场建设的"囚徒困境"。使得在协同发展区内部,无法发挥市场机制在资源和要素配置中的基础性和决定性作用,无法有效激发市场活力,导致市场"失灵"。

目前,闽西南协同发展区资源和要素市场一体化建设存在比较突出的主要问题有:劳动力和人才流动不顺畅,各地为了保障本地劳动力和人才的就业问题,人为设置劳动力门槛和招录条件,限制外地劳动力和人才的流入;地方本位主义和保护主义盛行,如在项目招投标中,有意保护本地企业的利益,影响市场公平竞争法则,设置不同标准限制和阻碍外地资源和商品市场流入等;行业垄断妨碍行业竞争的现象还屡禁不止,尽管反垄断法已经实施,但是一些大型企业,包括国有企业,为了自身的利益,利用其在政策、规模、技术等方面的优势,实施行业垄断的行为,破坏了行业的市场竞争;交通网络不发达,流通体系不完善,使得资源和要素流动和交易的成本高昂,也在一定程度上阻碍了闽西南协同发展区各种资源和要素的自由与高效流动。

(三)联动机制不成熟

目前闽西南协同发展区的各项联动机制还不够成熟,尚未形成体系化、制度化和常规化。一是尚未形成闽西南协同发展的动力机制,以驱动闽西南协同发展区的建设,目前闽西南协同发展主要靠政策和项目拉动,缺乏企业、民众和民间力量的参与,使得闽西南协同发展的力量单一,尚未形成合力。二是闽西南协同发展的运行机制不够完善,目前闽西南协同发展区建设的各项工作主要靠闽西南协同发展区办公室来协调和推进,但是闽西南协同发展涉及方方面面的复杂工作,闽西南协同发展区办公室所拥有的资源和权限还难以保障协同发展区各项工作的顺利运行和推进。三是闽西南协同发展区建设的协调机制还不够健全,一个健全和完善的协调机制需要有事务协商机制、信息共享机制、利益共享机制和成本分担与补偿机制等,但是目前闽西南协同发展区还缺乏完善的协调机制。四是保障机制缺乏协同性和联动性,闽西南五市由于经济发展程度与结构不同、城市行政治理体系不同、文化属性差异,导致其政策、制度和文化等的迥异性,实现协同运作需要循序渐进,难以一步到位;同时,推进闽西南协同发展区建设需要大量的资金、人才和资源的投入,尤其是在项目建设过程中需要投入大量的资金、人力和资源,如何筹措资金、人力和资源尚未形成一个常规与可持续的机制。

六、交通网络和流通体系建设滞后

闽西南协同发展区建设要打破传统行政治理的地方本位主义和地方保护主义,从闽西南协同发展区的整体利益出发,形成交通网络互联互通,政策相互协同且保持一致性,文化包容且相互融合,民生与公共服务共享,市场统一开放、竞争有序的整体,逐渐推进区域一体化建设。但是,目前闽西南协同发展区建设在涉及各城市核心利益时仍然难以取得突破,协同发展区的开放性、统一性和一体化建设在广度和深度方面都存在深层次的痼疾。

(一)交通网络的互联互通性不足

交通基础设施建设是区域发展和区域协同发展的基础和条件,由于闽西南地区由沿海的闽南地区和山区的闽西地区构成,闽西多为山丘和丘陵,交通较为落后,尤其是各市之间的立体交通网络不顺畅。近年来,随着城市交通的快速发展,各城市内部的交通网络都较为发达,如厦门基本已经形成了地铁、BRT、城市公交、共享出行等一体化的立体交通网络系统,泉州的环城高速公路网络便捷而高效,但是跨城市的交通网络建设却常常止步不前,难以取得重大突破,如厦漳R3城际交通线的建设规划已久,但是一直没有较大进展;连接各城市的高铁建设也尚未提上议程。

(二)物流业与产业经济之间的互动性和协同性不足

物流业是国民经济发展的支柱产业,起到支撑性、战略性、前瞻性的作用。物流业的健康、稳定与有序发展对推动产业经济的高质量发展具有十分重要的作用和价值,同时产业经济的高质量发展也将反过来拉动物流业的健康、稳定与有序发展,形成良性互动关系。但是,目前闽西南协同发展区物流业与产业经济之间的互动性和协同性不足,主要体现在以下几个方面:一是物流业整体较为滞后,且分布不均衡,物流的设施设备较为落后,多数仓储企业还在使用传统的低层货架,使用人力方式进行操作,机械化和自动化程度低,且多数大型、先进的物流业态和物流企业集中在厦门地区和泉州地区,而漳州、龙岩和三明缺乏大型、先进的物流业态和物流企业。二是物流业与产业经济之间的互动性和协同性不够,比如泉州制造业发达,需要生产制造物流的强力支撑,但是泉州缺乏专门从事生产制造物流的先进企业;漳州现代农业发达,但是冷链物流却比较落后,难以为其提供到位的服务。

(三)流通体系建设滞后

流通体系建设是促进区域商品流通、资源流通和要素流通的核心和关键,但是目前闽西南协同发展区流通体系建设相对滞后,主要体现在以下几个方面:一是各级政府部门对流通体系建设的重视程度不够,政策支持和政策供给不足,尤其是跨城市的流通体系建设需要协调各城市流通政策的协同性和联动性,难度大,协调效果不佳;二是流通组织效率偏低,流通体系建设是一个庞大的系统工程,涉及主体众多、要素繁杂、环节动态关联,需要科学运用系统科学、管理科学、组织行为学等理论、方法和工具进行统筹管理和协调,但是目前流通组织缺乏大型流通企业的整合和带动,使得流通环节涣散,产业链周期长,成本偏高,效率低下。

七、对台沟通桥梁优势发挥不佳

闽西南协同发展区沿海的厦门、泉州和漳州同属闽南文化,与海峡对岸的台湾一海之隔,地理相近、语言相通、文化相承、民心相连,具有天然的黏合功能,应该在两岸交流和沟通中发挥更加突出的优势和作用。但是,从目前情况看,闽西南协同发展区对台交流和沟通桥梁的优势尚未发挥出来,还有很大的发展空间和潜力。

(一)厦金共同城市圈雷声大雨点小

厦门和金门距离很近,两地具有良好的合作基础和合作条件,厦金共同城市圈设想由来已久,至少有 10 多年的历史。2019 年厦金两地再次对接,围绕"四通""三化"提出了 2019 年深化厦金交流合作的 35 个议题。议题处处关乎民生,努力做到应通尽通能通先通,"厦金生活共同圈"建设将全面提速。对接会上,双方就进一步深化厦金区域合作共商大计,尤其就"两岸要应通尽通,提升经贸合作畅通、基础设施联通、能源资源互通、行业标准共通"进行深入探讨。尽管厦门和金门在屡次对接会上商讨了诸多加强两地合作的议题,但是这些议题多数停留在纸面上,真正落地和付诸行动的很少,尤其是惠及两岸民生的事项和话题讨论了很多,但是真正惠及民生的实事办得很少,感觉就是雷声大雨点小。

(二)对台文化交流不频繁

闽台文化的同根性、互通性,使得福建处于对台文化交流和文化互动的核心地位,闽西南地区又是对台文化交流和文化互动的重心,具有无可比拟的地理区位优势和文化黏合优势。在台湾人口结构中,闽南人口比重最大,约占 72%,外省人约占 13%,客家人约占 11%,少数民族约占 3%,新住民约占 1%,闽南人和客家人合占 83% 的比重。其中闽南人是从厦漳泉移民到台湾的,客家人主要是从闽西、粤东等地移民到台湾的,由此可见不管是台湾的闽南人还是客家人,都与闽西南地区有着千丝万缕的联系,可以毫不夸张地说闽西南地区是台湾多数闽南人和客家人祖地。其文化、语言、习俗、生活方式、饮食习惯、思维方式、思想观念都具有极高的相似性。但是,由于受到台湾民进党执政等多重因素的影响,两岸文化交流大幅减少,两岸民间互动处于停滞不前的境地,两岸民众的亲情被无情阻隔。

(三)对台产业合作不密切

台湾经济发展较早,一些产业具有竞争优势和比较优势,长期以来,闽西南五市都十分重视引进台商进行投资,鼓励台商到闽西南各市兴资办厂,各地纷纷成立台商投资区,如厦门杏林台商投资区、泉州惠安台商投资区、漳州角美台商投资区、龙岩漳平台商投资区、三明台商投资区等,通过各种优惠政策招商引资,引进台湾具有竞争优势的产业和企业。但是闽西南地区与台湾地区的产业合作存在以下一些突出的问题:(1)引进台湾具有领先地位和优势的产业少,比如台湾的芯片产业链、精密加工与制造、FAB生产与制造、精细农业等;(2)引进的台湾企业多数规模小,技术含量低,来料加工或来样加工的企业居多,市场竞争力弱;(3)多地台商投资区的台资企业不多,而本地企业和外资企业反而更多,给人挂羊头卖狗肉的感觉和意味;(4)台资进入闽西南投资多,而闽西南企业进入台湾投资少,没有形成良性互动的局面。

第二节 闽西南协同发展的提升路径

一、政策与府际关系层面

闽西南协同发展区属于省内市域协同发展区,不同于京津冀、长三角、粤港澳等省域区域,没有上升为国家战略,政策的供给力度不足。目前主要的组织机构是闽西南协同发展区办公室和闽西南协同发展区联席会议,其中闽西南协同发展区办公室行政级别不高;联席会议主要由闽西南五市的各市领导组成,属于松散、非实体的组织机构,各市有自身的利益诉求和发展定位,遇到深层次的协同问题时往往面临无法协调的困境,具体建议如下。

(一)提高闽西南协同发展区办公室行政级别

目前闽西南协同发展区办公室由厦门市政府牵头,闽西南五市分别派出挂职干部构成的区域协同机构。闽西南协同发展区办公室主任由厦门市委常委、常务副市长黄强同志担任,厦门市发改委一级调研员吴辉艺同志担任闽西南协同发展区办公室执行副主任。为了给闽西南协同发展区争取更多的政策供给和社会资源,尤其是从福建省政府和国家争取闽西南协同发展的相关政策支持,建议适当提高闽西南协同发展区办公室的行政级别,提高闽西南协同发展区办公室人员的行政级别和行政待遇,建议闽西南协同发展区办公室直接隶属于福建省政府,等同于正厅级或副省级机构建制。从而使得闽西南协同发展区办公室有更高的政治站位,更多的行政资源和决策权限,减少闽西南协同发展建设的阻力和障碍,降低闽西南协同发展建设的协调难度,为闽西南协同发展区建设提供强有力的行政资源和行政支撑。

(二)加强闽西南五市的府际沟通与联系

闽西南五市地理位置相邻,文化相近,民间交往频繁,经济往来密切。尤其是厦漳泉同城化、厦门龙岩山海协作经济区的实施,加强了闽西南五市之间的交流、互信和互动,为闽西南五市之间的府际沟通与联系积累了深厚的基础。在加快推动闽西南协同发展区建设的新历史环境下,闽西南五市之间需要建立更紧密的沟通机制、沟通渠道和沟通模式,增强政府高层领导之间的互动与互信,提高闽西南协同发展的政治基础。首先要加强人文交流和民间互动,通过闽南文化和闽西文化之间的交流与融合,增强民间的信任感和认同感,发挥文化的纽带作用和黏合作用,为府际沟通与联系打下良好基础,营造良好氛围。其次要加强各市行业间、部门间的联系和互动,尤其是沿海城市与山区城市之间的行业与部门间的经验分享与学习交流。然后是适当增加闽西南协同发展区联席会议的频次,对共同关心和关注的事项进行坦诚、高效地交流、沟通和协调。

(三)将府际协调与协作纳入领导政绩考核的范畴

闽东北、闽西南两大协同发展区建设是福建省委、省政府推动福建协调发展的重要战略,是促进山海协同发展、城乡协同发展的重要抓手和着力点,具有十分重要的战略意义和价值。而闽西南五市是区域协同发展的主人和主要参与者,肩负着协调、参与和建设闽西南协同发展区的任务,闽西南五市领导人应该将促进闽西南协同发展作为一项重要的政治任务来落实、实施和实践。为了提高闽西南五市领导人参与区域协同发展的自觉性、主动性和积极性,建议将闽西南五市领导人在推动和促进闽西南协同发展方面的表现和作为纳入其政绩考核体系中,作为市级领导干部政绩评价、职位晋升的重要依据和凭证,对推动闽西南协同发展方面不作为、懒作为,表现不佳、效果不理想的领导干部要进行诫勉谈话,甚至影响领导干部的任免等。

二、基础设施互联互通层面

福建素有"八山一水一分田"之称,闽西南地区山高路远,交通闭塞,尤其是闽西地区,五市产业结构各异,使得闽西南地区存在交通连接、产业联动、资源流动和流通不畅等问题和不足,整体开放程度不够。为促进闽西南协同发展,应该破除行政区域限制,加强基础设施建设,实现交通网络的互联互通;强化物流业与产业经济之间的互动性与协同性,形成物流业与产业经济之间的良性互动和相互促进的良好局面;构建快速与高效的流通体系,降低市场交易成本,推动区域资源和要素的自由、高效和低成本流动,提升区域开放的广度和深度。对于厦门市而言,应该着力做好以下几个方面的工作。

(一)进一步扩大厦门交通网络的互联互通

近年来,闽西南五市的交通网络有了很大的改善,特别是2019年5月厦门"四桥一隧"取消收费、厦门轨道交通建设快速推进、漳龙高速完成扩容等都对构建和完善闽西南立体交通网络有十分重要的作用和价值,为提升闽西南协同发展区的交通便利性,缩短了闽西南五市之间的时间距离。随着厦门市轨道交通线路建设的逐渐延伸,厦门市的立体交通网络系统逐渐成熟和完善。但是厦门市与周边区域的交通连接还不够顺畅,还需要进一步扩大交通网络的互联互通程度。建议加快福建省及闽西南协同发展区的高速铁路建设和高速公路建设,作为区域出行的主要交通方式,高速铁路和高速公路网络的完善将大大缩短区域出行的交通时间,减少出行的时间成本和经济成本。此外,厦门地铁的延伸问题、厦漳R3城际轨道交通线建设等问题都需要尽快提上议事日程。

(二)强化物流业与产业经济之间的互动性与协同性

物流业是国民经济的大动脉和基础产业,起重要的支撑作用和先导价值,物流与经济的良性互动和协同发展有助于区域经济发展的高效性和协调性,推动区域经济高质量发展。基于厦门和泉州物流与经济复合系统协同性较高,而漳州、龙岩和三明物流与经济复合系统协同性较低的现实情况,应该重点提升漳州、龙岩和三明物流与经济复合系统的协同程度,通过改善物流基础设施建设、优化物流空间布局、扶持物流企业发展、改善物流营商环境等措施提升物流子系统的有序度,构建与地方经济结构和优势产业相配套、相协调的物流服务体系。具体建议如下:(1)对区域物流与区域经济的协同性进行动态评价和评估,以实时了解和全面掌握闽西南协同发展区物流子系统与经济子系统的协同发展程度,并找出其中的薄弱环节和关键短板,为制定闽西南协同发展区物流与经济协同发展的政策取向和实现路径提供依据。(2)针对物流薄弱环节和短板,以及难以支撑地方产业经济发展的物流功能,有针对性地实施物流刺激政策,通过财税政策、土地供给政策、资金贷款政策等多渠道、多途径鼓励社会资源和要素进入这些领域,以快速弥补区域物流的薄弱环节和短板,提升区域物流对区域经济的支撑与推动作用。

(三)构建快速与高效的流通体系,降低市场交易成本

闽西南协同发展区在改善交通基础设施、完善立体交通网络的基础上,应该加强流通组织和流通管理,提高闽西南协同发展区仓储、运输、装

卸、配送、信息服务等物流功能环节组织的效果和效率,降低交通运输的时间成本和费用成本,从而达到降低市场交易成本的目的,促进各种商品、资源、人才等要素在区域内快速、高效和低成本流动。一是要加强政策支持和政策供给,为流通企业在税收、用地、贷款等方面提供优惠,吸引优质社会资源进入流通企业;二是加强流通环节的组织、衔接与协调,目前流通领域的各环节分属不同的运作主体,相互独立,缺乏联动和互动,应该加强彼此之间的组织、衔接与协调,提高流通组织和运作的效率;三是加快流通领域的人才培育,通过高职院校的流通人才培养和企业的人才培育,为流通领域注入更多优秀的专业人才。

三、产业布局与规划层面

闽西南五市资源禀赋差异明显、经济发展基础不同、产业结构异质性比较显著,整体上具备推进主导产业梯度异构、减少同质性竞争、增强产业链深度合作的基础和条件,有利于推进闽西南协同发展区主导产业梯度异构与优化升级。

(一)统一编制闽西南五市的产业发展规划

在对闽西南五市的资源禀赋、产业相对比较优势、产业发展前景进行全面、综合评估的基础上,根据各市的产业基础、资源禀赋和比较优势统一编制闽西南五市的产业发展规划,有序引导闽西南五市产业差异化发展,降低产业同质化恶性竞争,提升区域产业发展的区分度、协作性和协调性。在编制闽西南五市产业发展规划时,应该根据各市现有产业基础、资源禀赋状况、城市发展定位和规划,以及闽西南五市之间的产业差异化和产业链的协作性等角度进行综合、系统和动态考量。比如厦门市应该聚焦于集成电路和光电产业、高端装备制造业、汽车与零部件产业、海洋高新产业、现代物流业、旅游业、电子信息等产业。泉州市应该重点发展纺织服装鞋业、建材建筑业、工艺制品业、食品饮料业、机械制造业、石油化工业等;漳州重点发展现代农业、机械制造业、电子信息业、能源产业、石油化工业、特种钢材业、汽车汽配业、船舶业等。龙岩重点发展绿色农业、有色金属业、机械装备业、建材产业、能源精化业、文旅康养业等。三明重点发展冶金及压延产业、汽车及机械装备产业、林产加工产业、纺织产业、新材料产业等。

(二)加强闽西南企业之间的业务合作

闽西南五市产业需要差异化发展,异构梯度发展,但并不意味着企业之间不需要开展业务合作,相反从产业链的角度看,尽管闽西南各市的支柱产业和优势产业需要差异化,但是产业上游、中游和下游可以分属于不同城市,为企业之间的合作提供可能和便利。比如一个服装贸易出口订单,可以是厦门的贸易公司接单,泉州的服装企业承接此订单的生产,三明的纺织厂提供布料等原材料,龙岩的服装加工厂完成加工任务,这不仅体现了闽西南五市之间的产业分工和产业差异化,也凸显了闽西南五市之间的产业合作关系。为了更好实现闽西南五市企业之间的业务合作,一方面需要在编制闽西南五市产业发展规划时,结合闽西南五市的产业基础和资源禀赋,设计出闽西南五市之间产业的分工与合作关系图,通过产业规划引导闽西南五市企业之间的合作关系。另一方面可以通过政府牵线、企业搭台等方式增强闽西南区域内企业之间的沟通、交流与合作关系。

(三)加快产业结构优化和转型升级

在当前经济社会发展新常态下,为推动区域经济高质量发展,需要实施供给侧结构性改革和加快传统产业转型升级的步伐。其中供给侧结构性改革需要淘汰高能耗、低效率的落后产业,通过技术改进、技术升级等方式引导传统产业更换技术装备,降低能源消耗,提高劳动生产效率,为市场提供契合消费者需求的产品和服务,达到优化产业结构的目的。而企业的转型升级是要鼓励和引导企业从低附加值的业务类型向高附加值的业务类型进行转移和迈进,尤其是那些加工和代工企业,可以往上游的研发、设计方面转移,也可以向下游的品牌建设、营销推广方面转移。此外,在经济高质量发展大环境下,应该引导和加快数字经济、新基建等前景广阔产业的布局与发展,培育新的经济增长动能。

四、区域统一市场建设层面

区域统一市场建设是一项涉及多主体、多领域、多目标的复杂系统工程,要通过打破传统行政区域治理体系的地方本位主义和保护主义,运用创新思维从政府因素和非政府因素等多维视角推进区域统一市场建设,促进区域要素市场、商品市场和公共服务市场从分割到整合、从封闭到开放、从竞争到竞合、从无序到有序的动态演进,构建统一、开放、竞争、有序的现代统一市场体系。实现市场机制在资源和要素配置中的基础性和决定性作用,发挥各地区的资源禀赋和比较优势并形成专业化分工,催生"1+1＞2"的内生增长机制,推动区域协同发展向深层次和高水平迈进。针对目前闽西南协同发展区资源和要素流动的现状,建议破除区域行政壁垒,加强区域统一市场建设的步伐,推进区域市场的一体化建设。

(一)改善政府治理体系,规范政府规制行为

在传统行政区划分的情况下,各城市以自身利益为前提,设置有形或无形的贸易壁垒和市场准入障碍,阻碍了自由竞争原则和统一市场建设。在区域协同发展的历史背景下,各地方政府应系统和全面梳理城市管理和治理中存在的地方本位主义和地方保护主义,对涉及地方本位主义和地方保护主义的政策和做法进行协调和修正。从现代治理体系的角度提高城市管理的开放性、包容性和协同性,并对地方政府的行为进行规制,界定政府、企业、市场、消费者的行为边界,正确处理好政府与市场、政府与企业、企业与消费者之间的关系,真正发挥市场在资源配置和交易行为中的主导作用和地位,尤其是地方政府对国有企业的保护措施和策略需要逐步取消,让国有企业和民营企业公平竞争,同台竞技,营造良好的营商环境,增强市场活力和动力。

(二)实施负面清单制度,提高市场自由度和开放性

为了推进区域统一市场建设,通常没办法一步到位,可以采取分阶段、分步骤、先易后难的策略逐步改善和推进,建议在闽西南协同发展区

办公室的组织与协调下,成立区域统一市场建设领导小组,对闽西南协同发展区内统一市场建设的实际情况进行全面、深入的调研,对劳动力与人才市场、资本市场、技术市场、商品市场、公共服务市场等存在的市场壁垒和阻碍市场统一性建设的问题实施负面清单管理制度,在各市、各部门的共同努力下,逐渐减少统一市场建设的障碍,不断提高市场的自由度和开放性。

(三)完善飞地经济和园区合作共建模式,跨区域整合要素资源

飞地经济是协同发展区域内两个经济发展水平不同、互相独立的行政区域,在经济发展过程中突破原有的体制或机制限制,借助于税收分配等合作机制,采取跨越空间的行政管理和经济发展战略,最终实现两地资源互补、互惠共赢的经济发展模式。一般情况下,拥有技术、资金、产业、管理等方面优势的厦门和泉州为"飞出地",而经济发展水平较低,在技术、资金、人才、管理等方面不具备优势的漳州、龙岩和三明为"飞入地"。飞地经济的核心在于打破原有体制和行政边界的限制,通过在行政上不存在隶属关系的另一地建立产业园区,进行跨区域的经济开发,实现产业链和相关要素的整体性转移,进而推动资源在协同发展区内进行优化配置。飞地经济可以有效解决厦门和泉州的产业转移承接地的问题,也缓解了受空间约束的厦门和泉州突破土地资源限制拓展发展空间的问题。同时,飞地经济也可以为漳州、龙岩和三明等经济欠发达地区解决资金、技术、人才、就业短缺问题提供新途径,依托飞地园区实现产业聚集、为培育新的经济增长极提供新的平台。为此,应该从制度配套、分公司设立手续、土地供给等方面建立利于飞地经济和园区合作共建的制度和配套政策。

五、区域协同创新体系构建层面

创新是区域高质量协同发展的重要引擎和动能。目前闽西南协同发展区的创新资源、创新人才和创新能力等方面发展不均衡,厦门和泉州的创新要素比较聚集,具有较强的创新氛围和创新实力,而漳州、龙岩和三

明的创新相对滞后,为更好地推进闽西南协同发展区创新、创业、创造的高质量协同发展,需要打造协同创新平台,聚集区域创新资源和激发创新活力。

(一)创新路径选择

厦门和泉州创新体系较为完善,创新能力较强,倾向于开展原创性和理论性创新;而漳州、龙岩和三明创新体系较为滞后,创新能力不强,倾向于开展技术性和应用性创新。厦门和泉州高校相对聚集,高校实力较强,尤其是厦门大学、华侨大学、集美大学等高校科研基础和实力较为雄厚;科研院所较多,尤其是中科系的科研院所比较集中,各种创新资源和要素比较聚集,具备开展原创性、理论性科学研究与探索的条件和基础。而漳州、龙岩和三明高校相对较少,且高校的办学层次不高,科研基础和实力较弱,开展原创性研究和理论研究的难点较大,可行性较低,且相对来说,这些城市的科研院所也比较少,科研资源相对滞后,比较适合开展科研难度相对较低的技术改造和应用性研究。

(二)建议成立闽西南高校创新联盟

高校是专业人才和高端人才最集中的地方,也是创新与研发资源最为聚集的场所,是创新系统的主阵地,充分发挥高校在人才、创新资源方面的优势,是推动和促进创新发展的重要渠道和途径。而不同的高校其办学层次和优势学科资源存在较大的差异性,建立区域高校创新联盟一方面可以支援和协助层次较低、办学基础较弱的高校发展,促进区域高校整体办学水平和办学层次的提升;同时又可以充分整合不同高校的创新资源,形成创新合力,带动区域创新水平和创新能力的提高。闽西南地区高校办学层次不同,优势学科各异,创新资源禀赋差异明显,具备成立高校创新联盟的基础和条件,可以通过联盟和合作推动闽西南高校之间的联合创新。闽西南地区的高校基本上形成了一超多强的格局,其中厦门大学属于双一流建设高校,综合实力强;华侨大学、集美大学、闽南师范大学也属于福建省重点建设高校,具备较强的综合实力;厦门理工学院、龙岩学院、三明学院、泉州师范学院等院校属于地方高校,办学特色鲜明,具备一定的办学基础和办学条件。这些高校办学层次不同,优势学科各异,创新资源禀赋差异明显,具备成立高校创新联盟的基础和条件。建立高校创新联盟后,可以整合不同高校的优势资源和优势学科,加快推进科学研究、技术创新、科研成果转化等工作。

(三)搭建区域协同创新平台

为更好推动创新驱动区域高质量协同发展战略,提升区域协同创新效率,建议闽西南协同发展区办公室下设区域协同创新领导小组,以利于推动闽西南协同发展区协同创新体系建设,搭建闽西南协同发展区协同创新平台。通过此区域协同创新平台,一方面起到一个创新、创业与创造相关资源、要素交易场所和平台的作用,可以整合闽西南协同发展区的人才、资金等创新资源和创新需求,将创新资源与创新市场需求进行高效对接,减少供需信息不对称的现象,激发市场活力和动力。另一方面可以通过举办区域创新创业培训、竞赛,挖掘创新创业人才和创新创业项目,以及举办创新技术对接活动等激发区域创新活力,为技术创新和科技产业化与市场化提供对接窗口和舞台,为优质的创新与创业项目落地提供资金、技术与管理支持,提高科技转化效率和效果。

六、区域公共服务体系共享层面

民生工程和公共服务体系的协同发展是闽西南高质量协同发展的重要内容,是社会民众获得感的集中体现。总体上讲,厦门在教育、医疗、交通、养老等民生和公共服务体系建设方面比较先进,应该分享民生工程和公共服务体系建设方面的成功经验,并将其民生工程和公共服务体系惠及闽西南协同发展区的其他城市,使闽西南协同区内的市民享受区域协同发展的成果,享有更大的获得感和实惠感。

(一)共享优质医疗资源和简化医疗保险报销结算

闽西南五市医疗资源差异明显,厦门有7家三甲医院,漳州有4家三甲医院,泉州有3家三甲医院,龙岩和三明都只有1家三甲医院,可见闽西南五市优质医疗资源分布极其不均衡,厦门优质医疗资源聚集,漳州和泉州优质医疗资源适中,但是考虑到泉州人口基数大,人均优质医疗资源也相对匮乏,龙岩和三明优质医疗资源匮乏。为促进闽西南五市医疗资源分布的相对均衡和协调发展,一方面要加大区域内各市医疗系统的交流、培训与支援力度,在医生培训、临床经验分享、科研提升等方面实施对口扶持策略,尤其是要协助龙岩和三明的医院提升医生临床水平和能力,提高他们的科研规模和层次。另一方面要为闽西南五市居民跨市就医提供便利,享受同等的医疗保险报销流程和比例,共享优质医疗资源。

(二)共享教育资源和加强教育领域的协作与交流

闽西南协同发展区教育资源布局不均衡,厦门和泉州在基础教育、职业教育和高等教育等方面都具有传统优势,而龙岩和三明在基础教育、职业教育和高等教育方面较为滞后。为促进闽西南五市教育事业的协调与均衡发展,建议在优秀教师交流、教学资源分享、教师培训、学科教学研讨、教学管理等方面加强对龙岩、三明的支援和协助。鼓励厦门和泉州各层次、各类别的教育机构与龙岩、三明的对口教育机构建立"一对一"或"多对一"结对帮扶与支援关系。如在高等教育领域,厦门大学、华侨大学、集美大学、厦门理工学院可以充分利用自身在师资、科研、创新等方面的优势对口帮扶和支援龙岩学院和三明学院,为龙岩学院和三明学院在学科发展、师资队伍建设、科学研究等方面提供支持和协助。

(三)加强民生工程的互联互通并为市民提供便利

随着交通日益便利,以及闽西南五市之间的联系越来越紧密,跨市旅游、生活和工作的现象越来越普遍。在原有的居民户籍制下,多数居民的生活标签都与户籍挂钩,且相互独立,无法跨市使用,给闽西南协同发展区内跨市旅游、生活和工作带来诸多不便。为了便于闽西南五市居民的跨市旅游、生活和工作,建议提高居民生活便利性、通用性和共享性。比如公交卡和"e通卡"的联网跨市通用,自来水资源的共享与城际引流,旅游年卡的跨区通用等。在条件成熟的情况下,闽西南五市市民可以制作统一的市民卡,市民卡在闽西南五市内可以共享、共用和通用,可以为闽西南五市市民的跨市旅游、生活和工作提供极大的便利,让市民分享闽西南协同发展的成果,并享受闽西南协同发展的实惠感和获得感。

七、区域中心城市的引领、辐射与带动作用层面

厦门和泉州是闽西南协同发展区的核心城市,要以闽西南协同发展区办公室为主要抓手充分发挥厦门和泉州的牵头服务、辐射带动和引领示范作用,利用厦门和泉州在经济发展、产业聚集、科技创新和高端服务等方面的优势,带动和促进漳州、龙岩和三明的经济发展,扩大厦门和泉州经济的扩散效应和溢出效应,推动闽西南协同发展区的协调与均衡发展。对于厦门市而言,应该着力做好以下几个方面的工作。

(一)加快厦门经济发展,增大经济体量

厦门作为经济特区、副省级城市,城市的综合实力和吸引力较强,但是城市规模较小,经济规模和总量偏小,在一定程度上限制和制约了其作为闽西南协同发展区核心城市的作用和影响力。因此,为了更好地发挥厦门在闽西南协同发展区中的引领与带头作用,应该加快经济发展速度,增强经济实力,增大经济体量。一是要不断改善和优化营商环境,将其打造成为国际化的营商热土,吸引世界五百强和中国五百强等大型企业进驻厦门投资或设立分支机构,迅速扩大厦门经济发展的动能;二是增强厦门对高端人才和优秀人才的吸引力,鼓励高端人才到厦门创业和就业,尤其是要大力引进高新技术产业、互联网+、人工智能等领域的高端人才,为他们创业和就业创造条件和环境;三是要大力培育具有发展前景和潜力的高新技术企业,尤其是培育具有"独角兽"潜力的高新技术产业,培育高新技术产业链,提高厦门经济发展的潜力和潜能。

(二)扩大厦门经济的扩散效应和溢出效应

厦门经济在发展质量、技术含量、发展潜力等方面都具有较强的比较优势和竞争优势,成为闽西南区域较发达的经济体,尤其是在港口、现代物流、旅游、电子信息等领域具有一定的扩散效应和溢出效应,但是总体

上其经济的扩散效应和溢出效应偏弱,仍需加强。为此,应充分挖掘厦门在区位、经济、产业、人才和教育等方面的优势,以及泉州、漳州、龙岩、三明等在地理空间、要素成本、传统产业的方面的比较优势,开展产业合作和产业分工,厦门重点发展"总部经济",注重研发设计、品牌建设、营销推广、现代物流服务等高附加值的环节,将生产和制造环节转移到泉州、漳州、龙岩、三明等区域,加强闽西南协同区各城市之间的产业合作与联动,带动这些区域的经济与社会发展。

(三)发挥厦门核心城市的引领与带动作用

为了更好发挥厦门核心城市的引领和带头作用,首先厦门市应该在经济、社会、民生、教育、公共服务、创新体系等方面做好表率和示范,成为闽西南协同区内的标杆和榜样,并以此为契机加强薄弱环节和薄弱领域的发展与建设,力争成为闽西南协同区内经济活力强、社会文明程度高、民生建设状况好、教育质量高、公共服务配套齐、创新能力强的典范。其次以厦门经验支持和协助闽西南协同发展区其他城市的发展与建设,加强闽西南协同发展区五市在经济、社会、民生、教育、公共服务、创新体系等领域的交流与合作,相互学习,相互促进,共同进步。然后厦门应该在闽西南协同发展区的建设中发挥核心与主导作用,在闽西南协同发展的战略规划、发展思路、实施方案、项目立项等方面,以主人翁的姿态发挥其在牵头、召集、协调、落实等方面的组织与管理作用。

八、发挥对台沟通、交流与互动优势层面

闽西南协同发展区与台湾地缘相近、血缘相亲、文缘相承、法缘相循,具有独特的战略地位,应该充分发挥其对台文化交流和经贸往来的区位优势,为台海局势的稳定和祖国统一大业做出应有的贡献。

(一)加快"厦金共同城市圈"建设

金门与厦门隔海相望、肉眼可见,加快"厦金共同城市圈"建设是两岸民心所向、民众福祉,是两岸交流和互动的桥梁和纽带,具有十分重要的

意义。厦门和金门的联系和互动历史悠久,从2008年的"小三通"到如今的"厦金共同城市圈",通水、通电、通气、通桥构成的"四通"将成为厦门和金门人民血脉相连的最好见证。2019年厦金两地对接会提出深化厦金交流合作的35个议题,使得"厦金共同城市圈"建设全面提速,促进金门与厦门的融合发展,落实"两岸要应通尽通,提升经贸合作畅通、基础设施联通、能源资源互通、行业标准共通"等倡议。但是受到多重因素影响,"厦金共同城市圈"建设进度缓慢,甚至有些议题出现停滞状态,不仅违背了对接会达成的意识,也损害了两岸人们的切实利益和民生期盼。厦门和金门两地应该回到协作和融合发展的正轨,真正落实对接会达成的共识,在为两岸人们谋福祉的基础上,发挥两岸联系的桥头堡作用。

(二)加强闽南文化的交流与互动

海峡两岸交流与互动终究是人与人之间的交流与互动,两岸同胞乡音、乡情、乡俗、乡味以及民间艺术等具有闽南文化特色的相似性和共融性,构成了两岸心灵契合的心理基础和情感基础。闽南文化是海峡两岸的闽南人共同创造的优秀地域文化,海峡两岸的闽南人对闽南文化有着强烈的认同感,这种认同感能升华台湾同胞的原乡记忆,产生强大的精神力量,增进台胞在中华文化上的认同感、精神上的归属感和情感上的依存感,从而达到心灵契合的境界。因此,需要通过多渠道、多方式、多路径加强和扩大海峡两岸的闽南文化交流与互动,一是要扩大闽南文化交流面,让更多台湾民众,尤其是台湾的青少年了解、认知和认同闽南文化;二是充分发挥各种社会力量促进海峡两岸的文化交流,鼓励群团组织、商会、协会、宗亲社团、文化艺术基金会、联谊会等民间力量参与两岸文化交流,鼓励大陆的大学、科研机构等学术机构与台湾学术机构和社团组织加强互动;三是不断创新两岸文化交流的途径,尤其是在当今移动互联网时代,要通过新媒体、社交网络平台等方式创新海峡两岸沟通与交流的平台。

(三)鼓励和吸引台湾民众来大陆就学、就业和创业

了解是互信的前提和基础,台湾一些民众对大陆缺乏动态的了解和

认知,尤其是对中国改革开放以来取得的快速发展缺乏直观和感性的了解和认知。为此,可以加大鼓励和吸引台湾民众来大陆就学、就业和创业的政策力度,让更多的台湾学生来大陆学习,让更多台湾民众来大陆就业和创业,通过他们在大陆学习、工作和生活,可以感受大陆的快速发展与社会变迁,体验祖国的日益强大和繁荣昌盛,进而增强民族的自豪感、骄傲感和获得感,进而增强"两岸一家亲"的同胞情怀和文化认同。

(四)加强两岸经济合作和经贸往来

经济合作和经贸往来是海峡两岸联系与互动的重要组成部分,台湾与闽西南区域资源禀赋互补性强、产业结构差异大,存在经济合作和经贸合作的基础和空间,尤其是台湾在芯片产业链、精密加工与制造、FAB生产与制造、精细农业等领域具有比较优势,是大陆需要大量进口和引进的产品和技术,可以为台湾相关企业和产业发展提供广阔的市场空间。为此,我们建议做好以下几个方面的工作:一是通过招商引资、技术合作等方式引进台湾优势产业,弥补大陆在这些领域的技术弱势;二是大力发展和经营好闽西南地区的台商投资区,为台商企业排忧解难,营造良好的营商环境;三是在机会允许的情况下,大陆具有竞争优势和比较优势的企业也可以到台湾进行投资,形成双向互动的良好局面。

第三节 本章小结

本章在综合前面闽西南协同发展动态评价指数以及识别影响闽西南协同发展关键制约因素的基础上,结合闽西南协同发展区建设的实际情况,从多维度、多视角和多层面分析闽西南协同发展的困境,并提出具有针对性和可行性的提升路径和策略。在闽西南协同发展困境方面,我们认为目前闽西南协同发展区存在以下几个方面的突出困境和问题:区域整体协同程度和层次不高、中心城市溢出和扩散效应不强、山海间经济和社会发展不均衡、区域创新能力和创新动力不足、区域协同机制尚不健全、交通网络和流通体系建设滞后、对台沟通桥梁优势发挥不佳。在闽西南协同发展的提升路径方面,从八个层面阐述闽西南协同发展的具体路径和策略。在政策与府际关系层面:提高闽西南协同发展区办公室行政级别,加强闽西南五市的府际沟通与联系,将府际协调与协作纳入领导政绩考核的范畴。在基础设施互联互通层面:进一步扩大厦门交通网络的互联互通,强化物流业与产业经济之间的互动性与协同性,构建快速与高效的流通体系以降低市场交易成本。在产业布局与规划层面:统一编制闽西南五市的产业发展规划,加强闽西南企业之间的业务合作,加快产业结构优化和转型升级。在区域统一市场建设层面:改善政府治理体系,规范政府规制行为;实施负面清单制度,提高市场自由度和开放性;完善飞地经济和园区合作共建模式,跨区域整合要素资源。在区域协同创新体系构建层面:创新路径选择,建议成立闽西南高校创新联盟,搭建区域协同创新平台。在区域公共服务体系共享层面:共享优质医疗资源和简化医疗保险报销结算,共享教育资源和加强教育领域的协作与交流,加强民生工程的互联互通并为市民提供便利。在区域中心城市的引领、辐射与带动作用层面:加快厦门经济发展,增大经济体量;扩大厦门经济的扩散效应和溢出效应;发挥厦门核心城市的引领与带动作用。在发挥对台沟通、交流与互动优势层面:加快"厦金共同城市圈"建设,加强闽南文化的交流与互动,鼓励和吸引台湾民众来大陆就学、就业和创业,加强两岸经济合作和经贸往来。

第九章 结论与展望

第一节 研究结论

随着我国经济社会的发展、变革与演化,区域一体化和城市群建设快速推进,京津冀协同发展区、长三角一体化、粤港澳大湾区的协同发展取得丰硕成果,逐渐成为驱动区域经济、社会、文化、创新和生态环境系统发展的重要引擎和推动力。在此背景下,福建省委、省政府高瞻远瞩、审时度势,于2018年适时提出"闽东北协同发展区"和"闽西南协同发展区"的战略规划和布局,构建区域协调发展的"福建方案",为福建区域的协同发展注入新活力和新动力,为福建经济、社会、文化、民生、生态和创新等系统的稳定、有序、和谐与可持续发展指明了新方向和新思路。本书以闽西南协同发展区为研究对象,通过对闽西南协同发展区五市开展深入的研究和田野调查,广泛收集相关的数据资料和信息,运用系统协同理论和高质量发展理论对闽西南协同发展的相关问题进行深度分析和研究,为推动闽西南协同发展建言献策。

首先,介绍本书绪论,从研究背景与意义、研究现状与评述、研究思路与主要内容、研究方法与主要创新点四个方面对本研究内容进行引导。其次,对本书的相关理论进行概述,对区域协同发展进行概念界定和内涵阐释,并对复杂系统理论、耗散结构理论、协同学理论、高质量发展理论进行概述。再次,对闽西南协同发展的现状进行描述和概括,包括闽西南协同发展的历史演化、闽西南协同发展区概况、闽西南协同发展的基础与条件、闽西南协同发展区建设的举措与成就四块内容。复次,构建闽西南协同发展区协同发展指数的测度模型,在采集相关数据的基础上对闽西南协同发展指数进行实证演算,并分析其空间分异与时序演化特征。又次,运用 DEMATEL-AHP 理论方法对影响闽西南协同发展的因素进行识别,将相关指标因素划分为原因型指标因素和结果型指标因素,结果发现创新投入、产业结构、政策开放、经济增速、人才开放、绿色投入六个指标因素是强原因型指标因素,成为影响闽西南协同发展的关键因素。从次,构建多维邻近性、空间关联与区域高质量协同发展之间的逻辑框架模型,运用空间计量分析方法实证研究了多维邻近性对区域空间关联以及区域空间关联对区域高质量协同发展的影响。继次,建立闽西南协同发展联动机制的框架体系,从动力机制、运行机制、协调机制和保障机制四个维度阐述闽西南协同发展联动机制的核心内涵,并对其具体内容进行详细阐述和设计。最后,结合闽西南协同发展区建设的实际情况,从多维度、多视角和多层面分析闽西南协同发展的困境,并提出具有针对性和可行性的提升路径和策略。本书的研究不仅丰富和充实了区域协同发展的理论框架和实践体系,且对闽西南协同发展区办公室和相关政府机构制定闽西南协同发展的相关政策具有一定的参考和借鉴价值。

第二节 不足与展望

由于学识所限,本书仍然存在许多不足和局限性,需要在将来研究中加以改进和完善。这些局限性主要体现在以下几个方面:一是可供参考和借鉴的研究成果较少,现有关于区域协同发展的研究绝大多数集中在省域区域协同发展领域,针对省内区域协同发展的研究成果还很罕见,且闽西南协同发展区成立时间有限,关于闽西南协同发展的理论研究和实践探索还处于初级阶段,影响本书的素材收集,导致一些研究工作难以深入开展,研究的系统性、全面性和深入性受到一定的影响和制约;二是研究样本选择方面,本研究以闽西南协同发展区的相关机构和个体的调查与访谈数据作为研究样本,由于受到时间和精力所限,且研究过程中恰逢新冠疫情暴发期间,对调查研究造成不利影响,导致无法收集到大量的问卷调查数据,也无法访问大量的机构和个体,使得调查对象受到限制,样本的普遍性和广泛性略显不足;三是闽西南协同发展的评价指数及其影响因素都是涉及多主体、多环节、多要素的非线性、动态的复杂系统,受到众多因素的影响和制约,闽西南协同发展的程度与效果测度、闽西南协同发展政策与策略的效率与效果评价等难以通过本书的研究方法进行全面和深刻的揭示与刻画,需要运用多种系统和科学的方法加以综合分析和阐述,这在本书中难以一一涉及;四是本研究所提出的闽西南协同发展的对策取向和路径选择的实施效果还有待实践检验,目前还无法预知这些对策取向和路径选择能否对闽西南协同发展带来显著的作用和效果。以上所述的这些不足与局限性将在本人往后的研究中做进一步研究和探索,同时也恳请通行专家指点迷津、不吝赐教,为本领域的后续研究提供方向和思路。

鉴于区域协同发展的现状及未来发展展望,我们认为以下几个方面可能会成为研究热点:协同发展区的协同治理模式,协同发展区的高质量发展,协同发展区的协同创新模式与创新动力,双循环背景下协同发展区的发展路径,协同发展区的政策效果评价等。

参考文献

[1] QI T.Research on regional cooperation mechanism of competition policies[J].Frontiers of law in China,2009,4(1):82-101.

[2] BOJARCZYK B.The Gulf Cooperation Council-regional integration mechanism[J].Annales UMCS,Sectio K(Politologia),2013,20(1):74-85.

[3] 赵峰,姜德波.长三角区域合作机制的经验借鉴与进一步发展思路[J].中国行政管理,2011(2):81-84.

[4] 刘爽.构建利益共同体:中俄区域合作的推动机制和目标选择[J].俄罗斯中亚东欧研究,2012(3):40-44,95-96.

[5] 郝寿义,程栋.长江经济带战略背景的区域合作机制重构[J].改革,2015(3):65-71.

[6] 满舰远,张可云.演化博弈视角下的区域合作机制研究[J].区域经济评论,2019(2):6-14.

[7] MASUO C.Competitive cooperation for regional development:Japan's new strategy towards rising China[J].Australian journal of politics and history,2019,65(3):430-448.

[8] Lin J J,LIU Y H.Developing regional cooperation strategies by multi-criteria decision making approaches[J].Annals of regional science,2012,49(1):191-211.

[9] 孙震海.东亚区域合作的经济需求与发展策略[J].世界经济研究,2007(12):33-36,87.

[10]李君安.中日韩区域合作困局及中国的策略[J].天府新论,2014

(5):84-89.

[11]沈铭辉.美国的区域合作战略:区域还是全球?——美国推动TPP的行为逻辑[J].当代亚太,2013(6):70-94,152.

[12]全毅.我国推进区域合作和FTA建设的进程、目标与策略[J].国际贸易,2020(8):11-20.

[13]LIN Q W,SHE S,WANG Q,et al.Factors affecting the cooperation in regional tourism and its countermeasures:a case from North Hainan,China[J].Current issues in tourism,2020,23(7):826-835.

[14] TIKHONOVICH E, CHIGAREVA T, SAMEDOVA E. Regional consumer market development as cross-border cooperation enhancement factor[J].AEBMR-Advances in economics business and management research,2018,39(8):645-649.

[15]罗若愚,邹玲.区域经济发展中区域合作治理的形成及影响因素分析——以长株潭和成渝经济区为例[J].经济问题探索,2012(1):126-131.

[16]赵雪.东亚区域合作中的美国因素分析[J].世界经济与政治论坛,2013(6):1-12.

[17]周琦,李易珊.后TPP时代:国家间实现区域合作协定的研究——基于三重因素下的动态解释[J].湘潭大学学报(哲学社会科学版),2018,42(3):135-139.

[18]刘再兴.九十年代中国生产力布局与区域的协调发展[J].江汉论坛,1993(2):20-25.

[19]蒋清海.论区域经济协调发展[J].开发研究,1993(1):37-40.

[20]国务院发展研究中心课题组.中国区域协调发展战略[M].中国经济出版社,1994.

[21]王琴梅.区域协调发展内涵新解[J].甘肃社会科学,2007(6):46-50.

[22]覃成林,姜文仙.区域协调发展:内涵、动因与机制体系[J].开发研究,2011(1):14-18.

[23]徐康宁.区域协调发展的新内涵与新思路[J].江海学刊,2014

(2):72-77,238.

[24]王曙光,李金耀,章力丹."以人为本"价值下区域协调发展战略的内涵与维度研究[J].商业研究,2019(3):36-43.

[25]XIONG G Q,LIU Y Q,TANG B Q.The evaluation study of coordinated development of regional society and economy based on DEA/SCA method[C].The 4th International Conference on Wireless Communications, Networking and Mobile Computing, Dalian, China, 2008:12748-12751.

[26]CHENG K,YAO J P,REN Y T.Evaluation of the coordinated development of regional water resource systems based on a dynamic coupling coordination model[J].Water science and technology-water supply,2019,19(2):565-573.

[27]曾珍香,段丹华,张培,等.基于主成分分析法的京津冀区域协调发展综合评价[J].科技进步与对策,2008(9):44-49.

[28]王继源.我国区域协调发展评价研究[J].宏观经济管理,2019(3):41-49.

[29]胡海洋,姚晨,胡淑婷.新时代区域协调发展战略的效果评价研究——基于中部崛起战略下的实证研究[J].工业技术经济,2019,38(4):154-160.

[30]毛阳海,贾雁岭,王婷.西藏区域协调发展的目标内涵与评价指标构想[J].西藏民族大学学报(哲学社会科学版),2019,40(3):38-42,154.

[31]冯江茹,范新英.中国区域协调发展水平综合评价及测度[J].企业经济,2014,34(8):136-139.

[32]SU T.Strategies for promoting coordinated development of urban and rural regional economic circulation in China[C].The 4th International Conference on Economics,Management and Humanities Science (ECOMHS),Kunming,China,2018:49-52.

[33]SHI W L,XV L,PENG X J.Development strategy under the coordinated development of Beijing-Tianjin-Hebei about Hengshui con-

struction background Jidong regional central city[C]. The 7th International Institute of Statistics and Management Engineering Symposium, Rizhao City, China, 2015:223-226.

[34]张学良,林永然.都市圈建设:新时代区域协调发展的战略选择[J].改革,2019(2):46-55.

[35]张首魁,赵宇.中国区域协调发展的演进逻辑与战略趋向[J].东岳论丛,2020,41(10):66-76,191.

[36]李松龄.新时代区域协调发展战略的路径选择与制度安排[J].湖湘论坛,2018,31(4):124-134.

[37]马交国,张卫国,宋昆.行政区划调整导向下济南都市圈区域协调发展策略[J].规划师,2020,36(4):5-12.

[38]姚鹏,叶振宇.中国区域协调发展指数构建及优化路径分析[J].财经问题研究,2019(9):80-87.

[39]QI T Z,SUN L,GUO C K.Research on the framework and path of low carbon synergy development in Beijing-Tianjin-Hebei region[J]. Agricultural science & technology,2016,17(4):983-988.

[40]FAN H Q,XU J G,GAO S.Modeling the dynamics of urban and ecological binary space for regional coordination:a case of Fuzhou coastal areas in Southeast China[J].Habitat international,2018,72(12):216-231.

[41]BORZEL T A.Coping with accession to the EU:new modes of environmental governance[M].London:Palgrave Macmillam,2009.

[42]李琳.区域经济协同发展:动态评估、驱动机制及模式选择[M].北京:社会科学文献出版社,2016.

[43]陈雯,王珏,孙伟.基于成本-收益的长三角地方政府的区域合作行为机制案例分析[J].地理学报,2019(2):1-11.

[44]BERGS R.Cross-border cooperation,regional disparities and integration of markets in the EU[J].Journal of borderlands studies,2012,27(3):345-363.

[45]李琳,刘莹.区域经济协同发展的驱动机制探析[J].当代经济研

究,2015(5):67-73.

[46]陈昭,林涛.新经济地理视角下粤港澳市场一体化影响因素研究[J].世界经济研究,2018(12):72-81,133.

[47]蒋敏娟,张弦.新时代京津冀协同发展及影响因素研究——基于整体性治理关键变量的分析框架[J].行政论坛,2019,26(6):139-146.

[48]YUAN Y Q,JIN M Z,REN J F,et al.The dynamic coordinated development of a regional Environment-Tourism-Economy system:a case study from Western Hunan province,China[J].Sustainability,2014,6(8):5231-5251.

[49]MA C P.Dissipative structure theory in the coordinated development of regional economy[J].Journal of interdisciplinary mathematics,2018,21(5):1217-1220.

[50]张杨,王德起.基于复合系统协同度的京津冀协同发展定量测度[J].经济与管理研究,2017,38(12):33-39.

[51]欧阳慧,阳国亮.基于 Haken 模型的区域协同发展测度方法[J].统计与决策,2019,35(12):9-13.

[52]穆东.矿城耦合系统的演化与协同发展研究[M].长春:吉林人民出版社,2004.

[53]黎鹏.区域经济协同发展及其理论依据与实施途径[J].地理与地理信息科学,2005(4):51-55.

[54]朱文秀.京津冀高技术产业区域协同发展路径研究[D].天津:天津师范大学,2019.

[55]赵成伟.区域协同发展视角下首都人口疏解作用路径及效果研究[D].北京:北京邮电大学,2019.

[56]覃成林,潘丹丹.粤港澳大湾区产业结构升级及经济绩效分析[J].经济与管理评论,2020(1):137-147.

[57]李瑞林,骆华松.区域经济一体化:内涵、效应与实现途径[J].经济问题探索,2007(1):52-57.

[58]狄增如.复杂系统研究及其对经济系统分析的影响[C].中国系统工程学会.全国青年管理科学与系统科学论文集第5卷.北京:中国系

统工程学会,1999:700-707.

[59]魏宏森,曾国屏.系统论——系统科学哲学[M].北京:清华大学出版社,1995.

[60]赫尔曼·哈肯.协同学[M].上海:上海译文出版社,2001.

[61]中国共产党第十九次全国代表大会文件汇编[G].北京:人民出版社,2017:24.

[62]刘迎秋.四大对策应对高质量发展四大挑战[N].中华工商时报,2018-01-23.

[63]张军扩.加快形成推动高质量发展的制度环境[J].中国发展观察,2018(1):5-8.

[64]王一鸣.改革开放新时代与推动经济高质量发展[N].学习时报,2018-11-16.

[65]胡敏.高质量发展要有高质量考评[N].中国经济时报,2018-01-18.

[66]赵剑波,史丹,邓洲.高质量发展的内涵研究[J].经济与管理研究,2019,40(11):15-31.

[67]高培勇.理解、把握和推动经济高质量发展[J].经济学动态,2019(8):3-9.

[68]闽东北闽西南两个协同发展区建设领导小组办公室.闽西南协同发展区发展规划[Z].福建省发展和改革委员会,2019-05-24.

[69]黄玉兴,陈忠暖,陈婷.长株潭"3+5"城市群经济系统协同演化的时空分析[J].华南师范大学学报(自然科学版),2018,50(4):81-89.

[70]中国社会科学院京津冀协同发展智库京津冀协同发展指数课题组,黄群慧,叶振宇,等.基于新发展理念的京津冀协同发展指数研究[J].区域经济评论,2017(3):44-50.

[71]邱洪全,罗键.新发展理念下区域协同发展测度与时空演化研究——以闽西南协同发展区为例[J].华东经济管理,2019,33(8):16-22.

[72]赵剑波,史丹,邓洲.高质量发展的内涵研究[J].经济与管理研究,2019,40(11):15-31.

[73]田秋生.高质量发展的理论内涵和实践要求[J].山东大学学报

（哲学社会科学版），2018(6):1-8.

[74]钞小静,薛志欣.新时代中国经济高质量发展的理论逻辑与实践机制[J].西北大学学报(哲学社会科学版),2018,48(6):12-22.

[75]宫汝娜,张涛.区域高质量发展的内涵与测度研究——九大国家中心城市的实证分析[J].技术经济与管理研究,2021(1):105-110.

[76]马茹,罗晖,王宏伟,等.中国区域经济高质量发展评价指标体系及测度研究[J].中国软科学,2019(7):60-67.

[77]简新华,聂长飞.中国高质量发展的测度:1978—2018[J].经济学家,2020(6):49-58.

[78]聂长飞,简新华.中国高质量发展的测度及省际现状的分析比较[J].数量经济技术经济研究,2020,37(2):26-47.

[79]王亚男,唐晓彬.基于八大区域视角的中国经济高质量发展水平测度研究[J].数理统计与管理,2021,40(1):1-16.

[80]张军扩,侯永志,刘培林,等.高质量发展的目标要求和战略路径[J].管理世界,2019,35(7):1-7.

[81]安淑新.促进经济高质量发展的路径研究:一个文献综述[J].当代经济管理,2018,40(9):11-17.

[82]任保平,宋雪纯.以新发展理念引领中国经济高质量发展的难点及实现路径[J].经济纵横,2020(6):2+51-60.

[83]姚鹏,王民,鞠晓颖.长江三角洲区域一体化评价及高质量发展路径[J].宏观经济研究,2020(4):117-125.

[84]李琳.区域经济协同发展:动态评估、驱动机制及模式选择[M].北京:社会科学文献出版社,2016.

[85]李琳,邓如.产业生命周期视角下多维邻近性对集群创新的动态影响——以中国电子信息产业集群为例[J].软科学,2018,32(8):24-27,62.

[86]FAN H Q,XU J G,GAO S.Modeling the dynamics of urban and ecological binary space for regional coordination:a case of Fuzhou coastal areas in Southeast China[J].Habitat international,2018,72(12):216-231.

[87]刘凤朝,肖站旗,马荣康.多维邻近性对技术交易网络的动态影响研究[J].科学学研究,2018,36(12):2205-2214.

[88]陈文婕,曾德明.低碳技术合作创新网络中的多维邻近性演化[J].科研管理,2019,40(3):30-40.

[89]李燕.粤港澳大湾区城市群R&D知识溢出与区域创新能力——基于多维邻近性的实证研究[J].软科学,2019,33(11):138-144.

[90]阮平南,王文丽,刘晓燕.基于多维邻近性的技术创新网络演化动力研究——以OLED产业为例[J].研究与发展管理,2018,30(6):59-66.

[91]李鹏,张俊飚,颜廷武.农业废弃物循环利用参与主体的合作博弈及协同创新绩效研究——基于DEA-HR模型的16省份农业废弃物基质化数据验证[J].管理世界,2014(1):90-104.

[92]崔松虎,金福子.京津冀环境治理中的府际关系协同问题研究——基于2014—2019年的政策文本数据[J].甘肃社会科学,2020(2):207-213.

[93]郑胜华,池仁勇.核心企业合作能力、创新网络与产业协同演化机理研究[J].科研管理,2017,38(6):28-42.

[94]陈怡俊,汪丁丁.社会公共服务领域的协同治理研究——基于地方政府与社会组织策略互动的动态演化视角[J].中山大学学报(社会科学版),2020,60(3):163-179.

[95]张营营,高煜.创新要素流动能否促进地区制造业结构优化——理论解析与实证检验[J].现代财经(天津财经大学学报),2019,39(6):98-113.

[96]朱建江.基于空间、时序与要素协同的区域平衡发展研究——以上海市长宁区为例[J].华东师范大学学报(哲学社会科学版),2019,51(5):135-143,240.

[97]白俊红,蒋伏心.协同创新、空间关联与区域创新绩效[J].经济研究,2015,50(7):174-187.

[98]党兴华,弓志刚.多维邻近性对跨区域技术创新合作的影响——基于中国共同专利数据的实证分析[J].科学学研究,2013,31(10):

1590-1600.

[99]JAFFE A B.Technological opportunity and spillovers of R&-D: evidence from firms' patents,profits,and market value[J].American economic review.1986,76(5):984-1002.

[100]马骁.基于复合系统协同度模型的京津冀区域经济协同度评价[J].工业技术经济,2019,38(5):121-126.

[101]王钺,刘秉镰.创新要素的流动为何如此重要?——基于全要素生产率的视角[J].中国软科学,2017(8):91-101.

[102]汪应洛.系统工程[M].北京:机械工业出版社,2017.

[103]王其藩.系统动力学[M].上海:上海财经大学出版社,2009.

[104]刘俊华,李瑶琴,长青.物流基础设施投资与经济增长关系研究——基于系统动力学与误差修正模型[J].华东经济管理,2013,27(12):65-70.

[105]杜英,李晥玲.基于子系统协同度评价的区域科技创新能力测度——以甘肃省为例[J].中国科技论坛,2021(2):91-99.

[106]梁春树,马明.粤港澳大湾区流通要素整合策略探讨——基于区域协同理论视角[J].商业经济研究,2021(2):17-20.

[107]岑聪,姜巍.互联网发展、空间关联与区域协同创新[J].统计与决策,2021,37(2):70-74.

[108]卜洪运,娄童童.京津冀制造业集群协同效应对区域经济增长的影响研究[J].燕山大学学报(哲学社会科学版),2021,22(1):90-96.

[109]魏巍."高位推动"模式下区域协同治理政策的时空演进——以2014—2019年京津冀协同发展的政策文本分析为例[J].长白学刊,2021(1):82-90.

[110]孙铁山,席强敏.京津冀制造业区域协同发展特征与策略[J].河北学刊,2021,41(1):165-172.

[111]LOCKETT M A.,MAULDIN P D.,ZHANG J W,et al.Facilitated regional collaboration and In-Hospital surgical complication[J]. Journal of the American college of surgeons,2020.

[112]吴慧,顾晓敏,赵衰军.长三角区域产业协同创新一体化的社会

网络研究[J].华东经济管理,2021,35(1):16-23.

[113]吴艳霞,李宇殊,梁志康.区域创新生态系统协同模型构建及实证研究[J].开发研究,2020(6):15-23.

[114]GONDHOWIAROJO S A,HANDOKO,THAM I,et al.Regional collaboration to improve quality of radiation therapy in Asia.[J].Journal of medical imaging and radiation oncology,2020.

[115]刘莹,李琳,张喜艳.中国区域经济协同网络演变及成因分析——以2003—2017年中国40470组两两城市对为样本[J].地理研究,2020,39(12):2779-2795.

[116]刘琦.知识流动与区域协同创新关系的实证检验[J].统计与决策,2020,36(23):81-84.

[117]孙超,王燕.高新技术产业与生产性服务业协同集聚对区域创新效率的影响[J].科技管理研究,2020,40(22):139-147.

[118]原毅军,高康.产业协同集聚、空间知识溢出与区域创新效率[J].科学学研究,2020,38(11):1966-1975,2007.

[119]胡彬.双循环发展视角下长三角区域协同治理问题研究[J].区域经济评论,2020(6):46-55.

[120]李志萌,盛方富.长江经济带区域协同治理长效机制研究[J].浙江学刊,2020(6):143-151.

[121]刘佳骏.以协同发展理念促进区域经济发展——基于京津冀区域协同发展驱动因素的分析[J].重庆理工大学学报(社会科学),2020,34(10):7-18.

[122]黄桂林,许如意,王新政,等.基于复合系统协同度模型的河南省区域创新协同度评价[J].河南农业大学学报,2020,54(6):1059-1066.

[123]陈建军.区域协同治理的体制困境与模式选择[J].探索与争鸣,2020(10):14-16,143.

[124]杜运泉.区域协同治理:区域协调发展的新机制[J].探索与争鸣,2020(10):4+143.

[125]王金营,贾娜.政策调整变迁与京津冀区域协同发展——基于合成控制法的分析[J].人口与经济,2020(5):72-86.

[126]杨柏,陈银忠,李爱国,等.政府科技投入、区域内产学研协同与创新效率[J].科学学研究,2021,39(7):1335-1344.

[127]罗芳,吴旋.市场一体化对区域协同创新的影响研究——以长三角城市群为例[J].经济论坛,2020(9):23-30.

[128]王云峰.粤港澳大湾区区域协同治理路径研究[J].学术探索,2020(8):136-141.

[129]李华军.区域创新驱动与经济高质量发展的关系及协同效应——以广东省为例[J].科技管理研究,2020,40(15):104-111.

[130]李国平,徐祯.粤琼区域协同与海南自由贸易港建设[J].资源科学,2021,43(2):241-255.

[131]刘汝浩.新发展格局视域下区域产业结构优化与居民消费升级协同发展——基于技术创新中介效应的实证[J].商业经济研究,2021(4):46-50.

[132]张雯.区域产业协同发展背景下郑州提升产业辐射带动力研究[J].中共郑州市委党校学报,2021(1):88-93.

[133]罗启轩,钟秉林.京津冀区域高等教育协同发展态势及推进策略研究[J].清华大学教育研究,2021,42(1):13-24.

[134]武翠,谭清美.基于生态位适宜度的区域创新生态系统与产业协同集聚研究[J].科技管理研究,2021,41(3):1-9.

[135]何文盛,岳晓.黄河流域高质量发展中的跨区域政府协同治理[J].水利发展研究,2021,21(2):15-19.

[136]纪江明,刘冬.协同视域下地方政府数据开放平台建设机制考察与优化策略——以长三角区域12个城市为例[J].江淮论坛,2021(2):86-92.

[137]陈玉玲,路丽,赵建玲.区域创新要素协同发展水平测度及协同机制构建——以京津冀地区为例[J].工业技术经济,2021,40(4):129-133.

[138]龙新梅.基于关系结构视角的协同治理困境及实现路径——以"锰三角"区域生态环境治理为例[J].长春师范大学学报,2021,40(3):31-37.

[139]何文盛,岳晓.黄河流域高质量发展中的跨区域政府协同治理[J].水利发展研究,2021,21(02):15-19.

[140]张新萍,欧幸妍,徐霞,等.四川构建全域开放区域协同创新体系研究[J].决策咨询,2021(1):32-36.

[141]闫志刚,卢中昌.政校企协同背景下区域经济耦合机制影响研究[J].陕西行政学院学报,2021,35(1):108-112.